Sasse

COMPILER

- **verstehen**
- **anwenden**
- **entwickeln**

EIN DATA BECKER BUCH

ISBN 3 - 89011 - 061 - 4

Copyright (C) 1984 DATA BECKER GmbH
                   Merowingerstr. 30
                   4000 Düsseldorf

Alle Rechte vorbehalten. Kein Teil dieses Buches darf in irgendeiner Form (Druck, Fotokopie oder einem anderen Verfahren) ohne schriftliche Genehmigung der DATA BECKER GmbH reproduziert oder unter Verwendung elektronischer Systeme verarbeitet, vervielfältigt oder verbreitet werden.

Wichtiger Hinweis!

Die in diesem Buch wiedergegebenen Schaltungen, Verfahren und Programme werden ohne Rücksicht auf die Patentlage mitgeteilt. Sie sind ausschließlich für Amateur- und Lehrzwecke bestimmt und dürfen nicht gewerblich genutzt werden.

Alle Schaltungen, technische Angaben und Programme in diesem Buch wurden von den Autoren mit größter Sorgfalt erarbeitet bzw. zusammengestellt und unter Einschaltung wirksamer Kontrollmaßnahmen reproduziert. Trotzdem sind Fehler nicht ganz auszuschließen. DATA BECKER sieht sich deshalb gezwungen darauf hinzuweisen, daß weder eine Garantie noch die juristische Verantwortung oder irgendeine Haftung für Folgen, die auf fehlerhafte Angaben zurückgehen, übernommen werden kann. Für die Mitteilung eventueller Fehler sind die Autoren jederzeit dankbar.

ÜBER DIESES BUCH

Wollten Sie nicht schon lange wissen, wie ein Übersetzer für Programmiersprachen arbeitet?

Oder vielleicht haben Sie sogar schon einmal mit dem Gedanken gespielt, einen Übersetzer für eine (selbstentwickelte?) Sprache zu schreiben?

Es ist einfach faszinierend herauszufinden, wodurch Programme in die Lage versetzt werden, Programme aus irgendeiner Sprache in irgendeine andere zu übersetzen!

Dieses Buch zeigt nun an einer speziell für diesen Zweck entwickelten Sprache auf, wie Rechner in die Lage versetzt werden, ein für sie zunächst unverständliches Programm in eines umzuwandeln, welches sie ausführen können. Dazu werden die benötigten Verfahren beschrieben und die Umsetzung in ein Basic-Programm vollzogen. Sie haben somit einen vollständigen Übersetzer für die in diesem Buch beschriebene Sprache, den Sie studieren können, den Sie aber auch nach Belieben verändern können, um z.B. die beschriebene Sprache zu erweitern.

Sie können aber auch diesen Übersetzer als Vorlage benutzen, um einen Übersetzer für die Sprache Ihrer Wahl zu schreiben. Vielleicht möchten Sie Ihren Rechner für einen bestimmten Zweck einsetzen, aber Sie haben für diesen Zweck noch nicht die richtige Sprache gefunden. Dann entwickeln Sie sich doch eine Sprache, die Ihren Problemen angepaßt ist und schreiben sich den passenden Übersetzer dazu!

Dieses Buch wendet sich jedoch nicht nur an diejenigen, die Compiler verstehen oder schreiben möchten, sondern auch an diejenigen, die mehr darüber wissen möchten, wie ihr Rechner arbeitet. Hierzu möchte ich auf das Kapitel über das Betriebssystem verweisen.

Sie können aber auch in die Programmierung in Assembler (Maschinensprache) einsteigen, denn in diesem Buch sind ein kompletter Assembler und ein Disassembler beschrieben und aufgelistet. Eine Einführung in einige Maschinenbefehle des 6510, die wir zum Übersetzen benötigen, finden Sie ebenfalls.

Sie erhalten so die Grundlage, mit denen Sie sich ein vertieftes Verständnis von Programmiersprachen und Rechnern erarbeiten können.

INHALTSVERZEICHNIS

Über dieses Buch 1

Inhaltsverzeichnis 3

Was ist ein Compiler?

    - Warum gibt es Compiler? 6
    - Wie sind sie aufgebaut? 10

Unsere Sprache:

    - Ein Überblick 14
    - Das Hauptprogramm 16
    - Ausgabe von Texten 19
    - Ausgabesteuerung 21
    - Ausgabe auf den Drucker 24
    - Setzen der Bildschirmfarben 26
    - Vereinbarung von Variablen 29
    - Daten Ein- und Ausgabe 31
    - Zuweisung von Werten 33
    - Funktionen 38
    - Entscheidungen 43
    - Schleifen 52
    - Sprünge 65
    - Unterprogramme 67

Die lexikalische Analyse

- Warum eine lexikalische Analyse? 70
- Wie arbeitet der Scanner? 72
- Programm lesen und Protokollzeile ausgeben. 74

Die syntaktische Analyse 102

- Die Regeln der Grammatik 111
- Der Index der Grammatik 115
- Wie arbeitet der Übersetzer mit der Grammatik? 117
- Die Analysestrategie 120
- Die Auswahl der Alternativen 123
- Die Betrachtung fehlerhafter Programme 129
- Weitere Aufgaben 133
- Der Parser 140
- Das Listing des Parsers 141
- Das Drucken des Parser Outputs 161

Die semantische Analyse und die Codegenerierung

- Die Vorbemerkung 201
- Das Programm 203

Die Assemblersprache des 6502

- Eine kleine Einführung 227
- Der Befehlssatz des Assemblers 243
- Das Programm des Assemblers 245
- Der Disassembler 273
- Das Programm des Disassemblers 278

Das Betriebssystem des CBM-64 292

Wie machen wir unsere Programme kleiner? 320

Literaturhinweise   335

WAS IST EIN COMPILER?

WARUM GIBT ES COMPILER?

Die "Herzen" der heutigen Rechner sind Mikroprozessoren. Die Mikroprozessoren können jedoch nur Programme ausführen, die in ihrer "Maschinensprache" geschrieben sind. Nun werden Sie vielleicht einwenden, daß Ihr Computer aber auch die Programmiersprache Basic versteht. Aber dieser Widerspruch ist nur scheinbar! Ihr Rechner versteht nur deshalb Basic, weil er ein Programm in Maschinensprache gespeichert hat, das es ihm gestattet, Basic-Befehle zu erkennen und auszuführen. Wenn Sie also ein Basic-Programm laufen lassen, so führt Ihr Rechner in Wirklichkeit ein Maschinenprogramm aus, das die Anweisungen Ihres Basic-Programmes interpretiert, d.h. ihre Bedeutung erfaßt und entsprechende Aktionen auslöst. Eine recht aufwendige und vor allen Dingen zeitverschlingende Art der Programmausführung. Es stellt sich die Frage, wieso man dann nicht einfach in Maschinensprache programmiert?

Nun, Maschinensprache ist für den menschlichen Geist eine sehr unzugängliche Art der Programmierung. Maschinenprogramme werden als Folge von Dual- oder Hexadezimal- oder Dezimalzahlen aufgeschrieben. Diese Folge von Zahlen ist das getreue Abbild des Programmes, so wie es der Mikroprozessor im Speicher des Rechners vorfindet.

Beispiel:

Was, glauben Sie, macht Ihr Commodore-Rechner, wenn er auf folgendes Maschinenprogramm stößt? :

Das Maschinenprogramm in dezimaler Schreibweise:

169 65 32 210 255

Das Maschinenprogramm in hexadezimaler Schreibweise:

A2 41 20 02 FF

Das Maschinenprogramm in binärer Schreibweise:

10101001 01000001 00100000 11010010 11111111

Wüßte ich es nicht, es würde mir schwer fallen, hieraus zu erkennen, daß der Buchstabe A auf dem Bildschirm angegeben werden soll.

Der Basic-Befehl :´print "A";´ ist da schon sehr viel zugänglicher für menschliche Denkweisen. Allerdings, um das zu ´print "A";´ gehörige Maschinenprogramm zu starten, benötigt der Basic-Interpreter ein Maschinenprogramm, das einige hundertmal so lang ist bzw. der Mikroprozessor verbringt eine ganze Weile damit zu erkennen, was zu tun ist, bevor er es tun kann. Nicht selten benötigt das Erkennen eines Befehls mehr Zeit als dessen Ausführung. Ganz verrückt wird die Sache, wenn der Basic-Befehl ´print "A";´ tausendmal hintereinander ausgeführt werden soll. Der Befehl muß dann tausendmal hintereinander erkannt werden, was sicherlich nicht sehr effektiv ist, aber mit einem Interpreter nicht anders möglich ist.

Hier steht jetzt folgende Überlegung an:

Nehmen wir doch das Programm, welches wir in einer höheren Programmiersprache (z.B. Basic) geschrieben haben und wandeln es einmal in ein Maschinenprogramm um. Dann haben wir ein Programm, das wir bequem schreiben können und das trotzdem schnell abgearbeitet werden kann, weil das dauernde Erkennen der Befehle entfällt.

Nun, das Ganze macht ein Compiler!

Ein Compiler ist also nichts anderes als ein Programm, das eine bestimmte Aufgabe hat.

Es stellt sich nun zwangsläufig die Frage: In welcher Sprache schreiben wir unseren Compiler?

Wenn wir ganz arm dran wären, säßen wir auf einer Insel mit einem Rechner, bei dem aus einem unerklärlichen Grunde der Baustein defekt ist, der den Basic-Interpreter enthält. Dann hätten wir keine andere Wahl: Wir müßten unseren Compiler in Maschinensprache schreiben.

Doch bin ich mir recht sicher, daß wir nach kurzer Zeit überlegen würden, ob wir nicht wenigstens die Maschinensprache ein wenig lesbarer machen könnten. Denn der Mikroprozessor führt gewisse Aktionen aus, und die könnten wir auch anders aufschreiben.

Betrachten wir doch unser Beispiel von eben:
Wir könnten dann schreiben:

    169 + 65   heißt: Lade den Akkumulator
                            direkt mit "A".

    32 + 210 + 255   heißt: Springe zu dem Unterprogramm,
                            das ab Speicherstelle
                            65490 beginnt.

oder abkürzend:

```
LDA # "A"
JSR 65490
```

Wir würden uns dann daran machen, ein Maschinenprogramm zu schreiben, welches diese Kürzel in Maschinensprache übersetzen könnte. Sicher eine lohnende Arbeit, denn dann müßten wir uns nicht mehr mit den Zahlenreihen abplagen.

Die Kürzel nennt man übrigens "Mnemonics" und ein Programm aus diesen Kürzeln ein "Assemblerprogramm" und ein Programm, das ein Assemblerprogramm in ein Maschinenprogramm umwandeln kann, "Assembler". Aber dazu später noch mehr.

Nun, aber auch ein Übersetzer in Assembler ist noch ein recht undurchschaubares Objekt. Da wir lernen wollen, wie ein Compiler funktioniert und zudem keine defekten Basic-Bausteine besitzen, schreiben wir unseren Übersetzer in der komfortabelsten Sprache, die wir zur Verfügung haben, und das ist Basic!

WIE SIND SIE AUFGEBAUT?

Wie wir schon wissen, hat ein Compiler die Aufgabe, ein Programm aus einer bestimmten Sprache in Maschinensprache umzuwandeln. Wir wollen uns einmal anschauen, welche Aufgaben im einzelnen dabei zu erledigen sind. Ich teile diese Aufgaben in vier verschiedene Bereiche ein:

1) Die lexikalische Analyse.
2) Die syntaktische Analyse.
3) Die semantische Analyse.
4) Die Codegenerierung.

Wie man schon erkennen kann, geht man beim Compiler-Bau denselben Weg wie überall in der Programmierung, wenn man eine komplexe Aufgabe zu bewältigen hat. Man zergliedert die Aufgabe in viele kleine Teilaufgaben, die leichter zu übersehen und zu programmieren sind. Vielleicht verwundert es Sie, daß bei den Unterpunkten dreimal das Wort Analyse auftaucht, aber nur einmal das Wort Generierung (hiermit ist die Erzeugung des Maschinenprogramms bzw. Assemblerprogramms gemeint). Aufgabe der ersten drei Teile ist es, unser Programm auf Fehler hin zu untersuchen und die notwendigen Informationen zu gewinnen, die nötig sind, um das Maschinen- bzw. Assemblerprogramm erzeugen zu können.

Zu Punkt 1):

In der lexikalischen Analyse wird das zu übersetzende Programm in die kleinsten Sinnträger, die Worte, zerteilt. Dazu wird überprüft, ob die Worte auch innerhalb der Sprache zulässige Worte sind.

Dies soll am Beispiel eines Satzes aus der deutschen Sprache verdeutlicht werden:

Der Elefant übt Sackhüpfen.

In der lexikalischen Analyse würde dieser Satz wie folgt zerlegt:

Der / Elefant / übt / Sackhüpfen / .

Da jedes Wort ein gültiges deutsches Wort ist, wäre dieser Satz lexikalisch korrekt.

Zu Punkt 2):

Die syntaktische Analyse prüft, ob unser Satz gemäß der syntaktischen oder grammatischen Regeln ein korrekter Satz ist.

Unser deutscher Satz ist dies zweifellos. Auf die Programmiersprache bezogen bedeutet dies nichts anderes als die Frage: Ist unser Programm korrekt aufgebaut?

Ein Beispiel für ein syntaktisch korrektes Basic-Programm:

```
10 for j = to 10
20 for i = to 10
30 print j,i
40 next j
50 next i
60 end
```

Dieses Programm ist zwar syntaktisch korrekt, aber ergibt es auch einen Sinn?

Zu Punkt 3):

Bei der semantischen Analyse des Basic-Programms würden wir nun feststellen, daß die Schleifen falsch geschaltet sind. Die Zeilen 40 und 50 müßten vertauscht werden, um ein lauffähiges Programm zu erhalten. Auch unser deutscher Satz ergibt keinen Sinn, denn Elefanten können nicht sackhüpfen.

Zu Punkt 4):

Bei der Codegenerierung wird nun - vorausgesetzt, unser Programm hat die vorausgehenden Prüfungen bestanden - das Programm in Maschinenspache übersetzt. Oft wird das Programm aber auch in einen sogenannten Zwischencode übersetzt. Diesen Zwischencode kann der Mikroprozessor nicht verstehen, aber man kann einen schnellen Interpreter konstruieren, der diesen Zwischencode interpretiert.

Wir wollen aus unserem Programm erstmal ein Assemblerprogramm machen, das wir dann mit dem Assembler in Maschinensprache übersetzen können. Dies hat zwar den Nachteil, daß die Übersetzungszeit länger wird, hat aber besonders für einen Lern-Compiler entscheidende Vorteile:

1) Wir können bequem verfolgen, in welche Maschinenbefehle unser Programm übersetzt wird.
2) Die Codegenerierung wird um vieles durchsichtiger.

Ihnen geht dabei jedoch keinerlei Erkenntnis verloren, denn wenn Sie verstehen, wie der beigefügte Assembler arbeitet, ist es für Sie sicherlich kein Problem, die Codegenerierung so umzugestalten, daß direkt ein Maschinenprogramm erzeugt wird.

Dies mag uns als Vorgeschmack auf die folgenden Kapitel erst einmal genügen. Aber ein grober Überblick verhindert oft, daß man "den Wald vor lauter Bäumen" nicht mehr sieht.

Abschließend möchte ich noch bemerken, daß es natürlich beliebig viele verschiedene Arten gibt, einen Compiler zu schreiben, aber die grundsätzlichen Aufgaben sind immer dieselben, mögen sie auch sehr unterschiedlich in einem Compiler-Programm umgesetzt sein!

Es gilt auch hier die Regel: Einmal etwas Grundsätzliches verstanden, gibt die Fähigkeit, es in seinen verschiedenen Erscheinungsformen zu erkennen.

UNSERE SPRACHE

EIN ÜBERBLICK

Ich möchte Ihnen in diesem Kapital einen kurzen Überblick über die Sprache geben, für die wir einen Compiler schreiben wollen. Da wir in der Wahl einer Sprache frei sind, habe ich einfach eine erfunden, die für unsere Zwecke gut geeignet ist.

Es ist klar, daß wir für unsere Zwecke eine überschaubare Sprache brauchen, damit der Compiler handlich bleibt. Wir wollen aber der Tendenz innerhalb der Programmiersprachentwicklung folgen und eine blockstrukturierte Sprache wählen. Ich habe eine Auswahl von grundsätzlichen Möglichkeiten getroffen, die Sie in jeder modernen Programmiersprache finden.

Unsere Sprache habe ich ´MINIATUR´ getauft. Zum einen, weil sie die elementaren Möglichkeiten umfaßt, zum anderen, weil sie leicht erweiterbar ist, falls Sie dies wollen.

Aber was kann denn nun MINIATUR?

Ein MINIATUR-Programm besteht aus einem Hauptprogramm und, falls erwünscht, aus einer Reihe von Unterprogrammen. Um mit dem Rechner kommunizieren zu können, brauchen wir eine Ein- und Ausgabe von Daten, die Ausgabe von Texten und Steuerzeichen auf Bildschirm und Drucker.

Um rechnen zu können, ist in MINIATUR eine Fließkommaarithmetik möglich, die Wertzuweisung und das

Errechnen von Werten elementarer Funktionen wie z.B. Sinus, Cosinus, Logarithmus usw.

Den Programmablauf können wir mit Schleifen, Entscheidungen und Sprüngen steuern.

Diese Möglichkeiten reichen aus, um die Arbeitsweise eines Compilers erläutern zu können. Die Sprache ist übrigens so aufgebaut, daß Sie sie ohne weiteres erweitern können. Wer z.B. die Fließkommaarithmetik verstanden hat, dem wird es ein leichtes sein, eine Ganzzahlarithmetik zu implementieren, da sie prinzipiell nichts ´Neues´ erfordert.

Aber schauen Sie sich die folgenden Kapitel in Ruhe an, Sie werden mir dann sicher zustimmen, daß man in MINIATUR schon ganz nette Programme schreiben kann!

DAS HAUPTPROGRAMM

Programme in MINIATUR haben folgenden grundsätzlichen Aufbau:

```
100  programm anfang ist
110  --
120  -- Hier werden später die Variablen erklärt,
130  -- mit denen unsere Programme arbeiten werden.
140  --
150  beginne
160  --
170  -- Hier erscheinen später die ausführbaren
180  -- Anweisungen unserer Programme
190  --
200  leer.
210  pende anfang.
```

In MINIATUR ist dies das kleinste mögliche Programm. Es hat den Namen "anfang". Der Name erscheint am Anfang und am Ende des Programms. Unser Programm beginnt mit dem Schlüsselwort "programm".

Was sind Schlüsselwörter?

Schlüsselwörter sind Worte, die innerhalb einer Sprache eine ganz besondere Rolle spielen und mit einer bestimmten Bedeutung belegt sind. Der Benutzer kann diese Bedeutung nicht verändern und darf diese Worte nur ihrer vereinbarten Bedeutung gemäß verwenden. Mit Hilfe der Schlüsselworte bauen wir das "Gerüst" unseres Programms und teilen es dem Übersetzer mit. "programm" bedeutet hier, daß ein Hauptprogramm beginnt. Nach "programm" kommt der Name des Programms, den wir frei wählen dürfen. Wir wollen Namen von Programmen "Programmbezeichner" nennen.

Was sind "Bezeichner" in MINIATUR?

Bezeichner sind vom Benutzer frei wählbare Namen, die Objekte in MINIATUR benennen, z.B. Programme, Unterprogramme, Schleifen, Variablen usw .... .

Bezeichner können höchstens eine Länge von 80 Zeichen haben und dürfen nur aus Buchstaben bestehen.

Nach dem Namen folgt das Schlüsselwort "ist". Zwischen die Schlüsselwörter "ist" und "beginne" kommen später die Vereinbarungen über die Variablen, die wir in unserem Programm benutzen wollen.

Kommentarzeilen wollen wir in MINIATUR durch zwei unmittelbar aufeinanderfolgende Minuszeichen kennzeichnen. Kommentare nehmen also eine ganze Zeile ein.
Die Zeilen 110 - 140, 160 - 190, 210 sind somit Kommentarzeilen.

Die Zeilennummern sollen in einem MINIATUR-Programm nur dazu dienen, daß wir uns als Benutzer im Programm besser zurechtfinden und wir Programme mit dem im CBM-64 eingebauten Editor erstellen können. Ferner werden wir bei der Übersetzung auf die Zeilennummer zurückgreifen, um uns fehlerhafte Zeilen mit Nummer ausgeben zu lassen und um den Verlauf des Übersetzens besser verfolgen zu können.

Um ein MINIATUR-Programm zu schreiben, wollen wir unseren Rechner auf Groß-Kleinschreibung umstellen. Schlüsselworte und Bezeichner wollen wir klein schreiben.

Zwischen den Schlüsselwörtern "beginne" und "pende", (als Abkürzung für "Programm-Ende") schreiben wir später eine Folge von Anweisungen, die ausgeführt werden soll. Eine

Anweisungsfolge, die logisch zusammengehört, nennt man auch "Block". Ein Block soll aber mindestens eine Anweisung enthalten. Wenn wir jedoch noch nicht wissen, aus welcher Anweisungsfolge ein bestimmter Block bestehen soll, so setzen wir einfach eine Anweisung ein, die zwar formal eine Anweisung ist, deren Wirkung aber darin besteht, daß sie eben nichts bewirkt. Diese Anweisung soll in MINIATUR die Anweisung "leer." sein.

In MINIATUR werden Anweisung, Programme und Unterprogramme durch einen Punkt abgeschlossen!

Nach "pende" folgt noch einmal der Name des Programms und danach ein Punkt.

Das Programm "anfang" genügt den Bedingungen, die wir an ein MINIATUR-Programm stellen. Es löst im Rechner keinerlei Aktionen aus, wenn wir es in Maschinensprache übersetzen würden.

Wichtig zu erwähnen scheint mir noch einmal folgendes:

Die Zeilennummern haben bei MINIATUR-Programmen keine Bedeutung. Wir hätten das Programm auch in folgender Form aufschreiben können:

1 programm anfang ist beginne leer. pende anfang.

Diese Form ist sicherlich nicht sehr schön, da die Struktur des Programms nicht mehr sichtbar ist. Bemühen wir uns also, die Struktur eines Programms herauszuarbeiten, und geizen wir nicht mit Kommentaren!

AUSGABE VON TEXTEN

Damit ein Programm uns seine Ergebnisse auf vernünftige Weise ausgeben kann, sind wir auf die Ausgabe von Texten angewiesen.

Dazu haben wir in MINIATUR zwei Möglichkeiten:

    zeige "Zeichenkette".
    zeigez "Zeichenkette".

Unter einer Zeichenkette wollen wir eine Folge von Zeichen verstehen, die wir mit der Tastatur erzeugen können. Die Zeichenkette schließen wir in Anführungszeichen ein. Wollen wir die Anführungzeichen selbst angeben, so schauen Sie bitte im nächsten Kapitel nach. Abgeschlossen werden diese Befehle mit einem Punkt. Zu Anfang der Anweisung steht entweder das Schlüsselwort zeige oder zeigez. Bei beiden Befehlen wird die Zeichenkette ab der momentanen Curserposition ausgegeben.

Bei Verwendung von zeige steht der Curser am Ende der Ausgabe auf dem nächsten Ausgabefeld, bei zeigez am Anfang der nächsten Ausgabezeile, d.h. es wird zusätzlich zur Zeichenkette ein Zeichenvorschub gesendet. Das voreingestellte Ausgabegerät ist der Bildschirm. Wie Sie Ausgaben auf den Drucker bringen, erfahren Sie im übernächsten Kapitel.

Hier nun ein Beispiel für die Textausgabe:

Es sollen in einer Zeile "Beispiel fuer" und in der nächsten Zeile die beiden Zeichenketten "die Text" "ausgabe" unmittelbar hintereinander ausgegeben werden.

```
100    programm   ausgabe    ist
110    --
120    --
130    beginne
140    --
150    zeigez    "Beispiel fuer".
160    zeige     "die Text".
170    zeige     "ausgabe".
180    --
190    pende     ausgabe.
```

AUSGABESTEUERUNG

Nun möchte man aber gerne die Ausgabe noch weiter beeinflussen als wir es mit ´zeige´ und ´zeigez´ können, z.B. den Cursor an eine beliebige Stelle auf den Bildschirm setzen, den Bildschirm löschen und einen Zeilenabstand erzeugen.

Einen Zeilenvorschub erreichen wir mit dem Befehl:

    vorschub.

Zeilenvorschub bedeutet, daß die Ausgabe in der aktuellen Zeile abgeschlossen wird. Haben Sie in der letzten Zeile eine Ausgabe mit ´zeige´ gemacht, so wird mit ´vorschub´ auf die nächste Zeile umgeschaltet. Wurde die letzte Ausgabe mit ´zeigez´ gemacht, so entsteht eine Leerzeile.

Den Bildschirm löschen wir mit dem Befehl:

    schirmfrei.

Um den Cursor in eine bestimmte Spalte zu setzen, benutzen wir folgenden Befehl

    cuspalte   Spalte.

Mit ´Spalte´ ist eine Ganzzahl zwischen 1 und 40 gemeint. Beispiel: Setzen wir den Cursor in Spalte 25.

    cuspalte 25.

Um mit dem Cursor in eine bestimmte Zeile zu gehen, geben wir folgenden Befehl:

    cuzeile Zeile.

Mit ´Zeile´ ist eine Ganzzahl zwischen 1 und 24 auszuwählen. Beispiel: Setzen des Cursors auf Zeile 15.

    cuzeile 15.

Nun gibt es bei unserem Commodore-Rechner noch die Möglichkeit, mit Hilfe der Ausgabe von Steuercodes den Bildschirm zu steuern. Beispielsweise wandert der Cursor um eine Stelle nach rechts, wenn wir ein Zeichen, das dem ASCII-Code von 29 entspricht, an den Bildschirm senden. Einzelne Zeichen können wir mit folgendem Befehl senden:

    zeigeas ASCII-Code.

Dabei darf ASCII-Code eine Zahl zwischen 0 und 255 sein. Die Bedeutungen der einzelnen Codes entnehmen Sie bitte dem Handbuch zu dem Rechner. Ich schreibe hier nur exemplarisch die wichtigsten auf.

    3   Stop
   10   line-feed
   17   Cursor-runter
   18   Revers ein
   19   Cursor-home
   20   Zeichen loeschen
   29   Cursor nach rechts
   32   Leerzeichen
   34   Anführungsstriche
  145   Cursor nach oben
  146   Revers aus

147 Schirm loeschen
148 Zeichen einfügen
157 Cursor nach links

Ein Beispielprogramm:

```
1000 programm   ausgabeb ist
1010 --
1020 --
1030 -- Dieses Programm löscht der Bildschirm,
1040    setzt den Cursor in Zeile 5, Spalte 5,
1050 -- gibt in reverser Schrift den Satz
1060 -- "Ausgabe auf Schirm" aus, erzeugt
1070 -- 2 Leerzeilen und gibt diesen Satz
1080 -- noch einmal normal aus.
1090 --
1100 --
1110 beginne
1120 --
1130 schirmfrei.
1140 --
1150 cuzeile 5. cuspalte 5.
1160 --
1170 zeigeas   18.
1180 --
1190 zeige "Ausgabe auf Schirm".
1200 --
1210 zeigeas   146.
1220 --
1230 vorschub. vorschub. vorschub.
1240 --
1250 zeigez "Ausgabe auf Schirm" .
1260 --
1270 --
1280 pende ausgabeb.
```

AUSGABE AUF DEN DRUCKER

Um das Protokoll eines Programms auch fixieren zu können, gibt es die Möglichkeit, die Ausgabe statt auf den Bildschirm auf einen Drucker zu geben.

Wir leiten alle Ausgaben auf ein anderes Gerät, darum lautet die Anweisung:

>ausgabegeraet drucker.

Um die Ausgaben wieder auf den Bildschirm zu holen, sagen wir:

>ausgabegeraet schirm.

So haben wir in einem Programm die Möglichkeit, den Drucker anzusteuern.

Wir müssen nur darauf achten, nicht zweimal hintereinander das gleiche Ausgabegerät zu adressieren, da wir einen Datenkanal in dieser Form nur einmal eröffnen können.

Ein Beispiel:

```
1000   programm  drucker  ist
1010   --
1020   --
1030   -- Dieses Programm schreibt auf den Drucker
1040   -- den Satz "Jetzt druckt der Drucker!" und
1050   -- gibt dann den Satz "wieder auf
1060   -- den Schirm!" auf dem Bildschirm aus.
1070   --
1080   --
1090   beginne
1100   --
1110   ausgabegeraet drucker.
1120   --
1130   zeigez "Jetzt druckt der Drucker!".
1140   --
1150   ausgabegeraet schirm .
1160   --
1170   --
1180   zeigez "Wieder auf den Schirm!".
1190   --
1200   --
1210   pende drucker.
```

SETZEN DER BILDSCHIRMFARBEN

Um die Bildschirmsteuerung komplett zu machen, haben wir die Möglichkeit, die Farbe des Rahmens, des Hintergrundes und der Schrift zu verändern.

Ich zähle die Befehle mit den möglichen Farben einfach auf. Achten Sie bitte auf die Schreibweise der Farben.

Wählen der Rahmenfarben:

    rahmen   schwarz.
    rahmen   weiss.
    rahmen   tuerkis.
    rahmen   rot.
    rahmen   violett.
    rahmen   gruen.
    rahmen   blau.
    rahmen   gelb.
    rahmen   orange.
    rahmen   braun.
    rahmen   hellrot.
    rahmen   graua.
    rahmen   graub.
    rahmen   grauc.
    rahmen   hellgruen.
    rahmen   hellblaub.

Wählen der Hintergrundfarbe:

    hintergrund   schwarz.
    hintergrund   weiss.
    hintergrund   rot.
    hintergrund   tuerkis.
    hintergrund   violett.

```
hintergrund   gruen.
hintergrund   blau.
hintergrund   gelb.
hintergrund   orange.
hintergrund   braun.
hintergrund   hellrot.
hintergrund   graua.
hintergrund   graub.
hintergrund   grauc.
hintergrund   hellgruen.
hintergrund   hellblau.
```

Wählen der Schriftfarbe:

```
schrift   schwarz.
schrift   weiss.
schrift   rot.
schrift   gruen.
schrift   blau.
schrift   purpur.
schrift   gelb.
schrift   cyan.
```

Ein Beispielprogramm:

```
100    programm   farbe   ist
110    --
120    --
130    -- Dieses Programm setzt
140    -- die Hintergrundfarbe auf schwarz,
150    -- die Rahmenfarbe auf weiss und
160    -- die Schriftfarbe auf weiss;
```

```
170   --
180   -- gibt in Zeile 12 ab Spalte 17
190   -- das Wort "Farbe" revers geschrieben
200   -- aus und setzt die Hintergrundfarbe
210   -- auf weiss und die Rahmenfarbe auf schwarz.
220   --
230   --
240   beginne
250   --
260   schirmfrei.
270   --
280   hintergrund  schwarz.
290   rahmen  weiss.
300   schrift weiss.
310   --
320   cuzeile 12.    cuspalte 17.
330   zeigeas  18.   zeigez "Farbe".   zeigeas 146.
340   --
350   hintergrund weiss.
360   rahmen  schwarz.
370   --
380   --
390   pende  farbe.
```

VEREINBARUNG VON VARIABLEN

Wenn wir in einem Programm Variablen verwenden wollen, so müssen wir diese zu Anfang des Programms vereinbaren.

In unserem Compiler wollen wir eine Fließkommaarithmetik implementieren und deshalb brauchen wir nur die Deklaration für diesen Typ.

Fließkommavariablen können Werte im Bereich von

+ - 1.70141183E+38 und
+ - 2.93873588E-39 annehmen.

Es gibt zwei Formen der Deklaration:

1) Vereinbarung einer Fließkommavariablen:

   Fliess Variablenbezeichner.

2) Vereinbarung von mehreren Fließkommavariablen:

   Fliess Variablenbezeichner, Variablenbezeichner,... .

Ein Beispielprogramm:

```
100  programm vereinbarung ist
110  --
120  --
130  -- Es sollen otto, enno, benno als
140  -- Fließkommavariablen deklariert werden.
150  --
160  --
170  fliess otto.
180  fliess enno, benno.
198  --
200  --
210  beginne
220  --
230  leer.
240  --
250  pende vereinbarung.
```

DATEN EIN- UND AUSGABE

Nachdem wir nun wissen, wie wir Variablen vereinbaren können, ist der nächste Schritt die Ein- und Ausgabe der Werte der Variablen.

Zur Ausgabe benutzen wir die uns schon bekannten Befehle zeige und zeigez.

    zeige Variablenbezeichner.
    zeigez Variablenbezeichner.

Der Unterschied zwischen zeige und zeigez besteht wieder darin, daß bei zeigez die Ausgabe auf die nächste Zeile umgeschaltet wird.

Zur Eingabe benutzen wir folgenden Befehl:

    hole Variablenbezeichner.

Eingaben können von der Tastatur aus gemacht werden. Bei der Ausführung des Befehls 'hole' wird auf dem Bildschirm ein Fragezeichen sichtbar und es wird eine Fließkommazahl angefordert. Die Eingabe wird durch Betätigen der Return-Taste abgeschlossen.

Ein Beispielprogramm:

```
100  programm ein ist
110  --
120  --
130  -- Dieses Programm fordert Ihr Alter
140  -- an und gibt es wieder aus.
150  --
```

```
160  --
170  fliess alter.
180  --
200  beginne
210  --
220  schirmfrei.
230  --
240  zeige "Ihr Alter:".
250  hole alter. vorschub.
260  zeige "Sie sind  ".
270  zeige alter.
280  zeigez "  Jahre alt".
290  --
300  --
310  pende ein.
```

ZUWEISUNG VON WERTEN

Wir können schon Variablen vereinbaren, ihnen von der Tastatur aus Werte zuweisen und ihre Werte ausgeben lassen. Es fehlt uns nun noch die Möglichkeit, die Werte innerhalb eines Programms unabhängig von einer Eingabe zu verändern.

Wir wollen uns in diesem Bereich mit recht einfachen Konstruktionen zufrieden geben, die sich jedoch gut durch die Compilerprogramme hindurch verfolgen lassen. Einer Erweiterung steht nach dem Verstehen dieser Möglichkeiten sicher nichts im Wege. Deshalb wollen wir zuerst nur die Zuweisung von positiven Werten zulassen.

Belegen einer Variablen mit einer Fließkommazahl:

    uebertrage Fließkommazahl nach Variablenbezeichner.

Beispiel:

    uebertrage 3.4e+17 nach otto.

Nach der Ausführung dieses Befehls hat die Variable otto den Wert 3.4e + 17.

Belegen einer Variablen mit dem Wert einer anderen Variablen:

    uebertrage Variablenbezeichner nach Variablenbezeichner.

Beispiel:

    uebertrage otto nach enno.

Der Wert der Variablen enno entspricht nach diesem Befehl dem Wert der Variablen otto.

Addition zweier Variablen:

addiere Variablenbezeichner zu Variablenbezeichner nach Variablenbezeichner.

Beispiel:

addiere otto zu enno nach otto.

Der neue Wert von otto ergibt sich aus dem alten Wert von otto plus dem Wert von enno.

Subtraktion einer Variablen von einer anderen:

subtrahiere Variablenbezeichner von Variablenbezeichner nach Variablenbezeichner.

Beispiel:

subtrahiere otto von benno nach enno.

Der Wert von enno gibt sich zu dem Wert von benno abzüglich des Wertes von otto.

Multiplikation zweier Variablen:

multipliziere Variablenbezeichner mit Variablenbezeichner nach Variablenbezeichner.

Beispiel:

multipliziere benno mit enno nach enno.

Der Wert von benno wird mit dem Wert von enno multipliziert und in enno abgelegt.

Division von Variablen:

dividiere Variablenbezeichner durch Variablenbezeichner nach Variablenbezeichner.

Beispiel:

dividiere otto durch benno nach enno.

Der Wert von enno ergibt sich aus dem Wert von otto dividiert durch den Wert von benno.

Potenzierung zweier Variablen:

potenziere Variablenbezeichner mit Variablenbezeichner nach Variablenbezeichner.

Beispiel:

potenziere benno mit enno nach otto.

Der Wert von otto ergibt sich zu dem Wert benno hoch enno.

Ein Beispielprogramm:

```
1000   programm arithmetik ist
1010   --
1020   --
1030   -- Dieses Programm demonstriert die
1040   -- Fließkommaarithmetik.
1050   --
1060   --
```

```
1070  fliess monika, thomas, caecilia.
1080  fliess benno, enno, otto.
1090  --
1100  --
1110  beginne
1120  --
1130  --
1140  schirmfrei. vorschub.
1150  zeigez "Demonstration der Fliesskommaarithmetik".
1160  vorschub.
1170  --
1180  uebertrage 2 nach monika.
1190  uebertrage 5 nach thomas.
1200  uebertrage thomas nach caecilia.
1210  --
1220  --
1230  zeige "monika = ". zeigez monika.
1240  zeige "thomas = ". zeigez thomas.
1250  zeige "caecilia = ". zeigez caecilia.
1260  --
1270  --
1280  addiere monika zu thomas nach benno.
1290  vorschub.
1300  zeige "2 + 5 =". zeigez benno.
1310  --
1320  subtrahiere caecilia von benno nach enno.
1330  zeige "7 - 2". zeigez enno.
1340  --
1350  multipliziere thomas mit monika nach otto.
1360  zeige "5 x 2 =". zeigez otto.
1370  --
1380  dividiere caecilia durch monika nach enno.
1390  zeige "5 / 2 =". zeigez enno.
1400  --
1410  potenziere monika mit thomas nach benno.
1420  zeige "2 hoch 5 =". zeigez benno.
```

1430 --
1440 --
1450 pende arithmetik.

FUNKTIONEN

In diesem Kapitel wollen wir die numerischen Funktionen kennenlernen, die wir implementieren wollen.

Der allgemeine Befehlsaufbau lautet wie folgt:

Bilde Funktionsbezeichner von Variablenbezeichner nach Variablenbezeichner.

oder:

Bilde Funktionsbezeichner von Variablenbezeichner.

Der Unterschied zwischen den beiden Anweisungen besteht darin, daß im ersten Fall der errechnete Wert der Variablen zugeordnet wird, deren Name nach dem Schlüsselwort "nach" steht, im zweiten Fall jedoch der errechnete Wert der Variablen zugeordnet wird, von der der Funktionswert errechnet wurde. Siehe hierzu auch im Beispielprogramm.

Im folgenden wird nach dem Wort Funktion jeweils der Funktionsbezeichner angegeben und im darauffolgenden Abschnitt die Funktion erläutert. Vielleicht schlagen Sie auch das Beispielsprogramm auf und lesen "parallel", dort ist für jede Funktion ein Beispiel zu finden.

Funktion: absolut

Der Absolutbetrag des Wertes wird gebildet.

Funktion: actangens

Der Arcustangens des Wertes wird errechnet. Der Wert ist im Bogenmaß anzugeben.

Funktion: cosinus

Der Cosinus des angegebenen Wertes im Bogenmaß wird ausgerechnet.

Funktion: exponent

Der Wert e hoch Variable wird berechnet, wobei
e = 2.71827183 ist.

Funktion: integer

Wenn wir eine Fließkommazahl in eine gerundete Ganzzahl umwandeln wollen, so benutzen wir diese Funktion. Z.B. ist Integer von 3.45 gleich 3 und Integer von - 4.6 gleich - 5.

Funktion: logarithmus

Von dem Wert der Variablen wird der natürliche Logarithmus zur Basis e genommen.

Funktion: speicherwert

In dieser Funktion gibt die Variable die Adresse einer Speicherstelle an und deren Wert wird ausgelesen.

Funktion: zufall

Mit dieser Funktion können Sie Zufallszahlen im Bereich zwischen 0 und 1 erzeugen. Die Zufallszahlen werden in Abhängigkeit vom Wert der Variablen gebildet. Ist der Wert der Variablen negativ, wo wird eine neue Zufallszahlenreihe initialisiert, d.h. bei einem immer gleichen negativen Wert werden die gleichen "Zufallszahlenreihen" erzeugt. Ist der Wert der Variablen größer oder gleich Null, so werden immer neue Zahlen gebildet.

Funktion: vorzeichen

Die Funktion "vorzeichen" ergibt folgende Werte:

   -1 wenn der Wert der Variablen kleiner als Null ist.
    0 wenn der Wert der Variablen gleich Null ist.
   +1 wenn der Wert der Variablen größer als Null ist.

Funktion: sinus

"sinus" ergibt den Sinus des im Bogenmaß angegebenen Winkels.

Funktion: quadratwurzel

Die Quadratwurzel des Wertes wird errechnet. Der Wert muß positiv sein.

Funktion: tangens

Der Tangens des im Bogenmaß angegebenen Winkels ist das Ergebnis.

Das Beispielprogramm:

```
1000  programm funktionen ist
1010  --
1020  --
1030  -- Dieses Programm demonstriert die
1040  -- Verwendung von Funktionen in
1050  -- der Sprache Miniatur.
1060  --
```

```
1070   --
1080   fliess a, b, c, d, e, f, g.
1090   fliess piviertel.
1110   --
1120   beginne
1120   --
1130   uebertrage 4 nach a.
1140   uebertrage 4 nach b.
1150   uebertrage 3.1415 nach c.
1160   dividiere c durch b nach piviertel.
1170   --
1180   schirmfrei.
1190   zeigez "Demonstration der Funktionen".
1200   --
1210   vorschub.
1220   bilde integer von c nach d.
1230   --
1240   -- Die gerundete ganyyahl von c wurde
1250   -- berechnet und in d gespeichert.
1260   -- a wurde nicht verändert.
1270   --
1280   zeige " c = ". zeigez c.
1290   zeige " d = ". zeigez d.
1300   --
1310   bilde absolut von a.
1320   --
1330   -- Bei dieser Form wird der
1340   -- Inhalt von a verändert.
1350   --
1360   zeige " absolute von 4 = ". zeigez a.
1370   --
1380   --
1390   bilde actangens von piviertel nach e.
1400   zeige " actangens von piviertel = ". zeigez e.
1410   --
1420   bilde cosinus von piviertel nach e.
```

```
1430    zeige " cosinus von piviertel = ". zeigez e.
1440    --
1450    bilde exponent von b nach e.
1460    zeige "exponent von 4 =". zeigez e.
1470    --
1480    bilde integer von piviertel nach e.
1490    zeige " integer von piviertel = ". zeigez e.
1500    --
1510    bilde logarithmus von b nach e.
1520    zeige " logarithmus von 4 = ". zeige e.
1530    --
1540    bilde speicherwert von b nach f.
1550    zeige " inhalt von speicherstelle 4 = ". zeigez f.
1560    --
1570    bilde zufall von a nach g.
1580    zeige " zufall von a = ". zeigez g.
1590    --
1600    bilde vorzeichen von b nach g.
1610    zeige " vorzeichen von 4 = ". zeigez g.
1620    --
1630    bilde sinus von piviertel nach f.
1640    zeige "sinus von piviertel = ". zeigez f.
1650    --
1660    bilde quadratwurzel von b nach g.
1670    zeige " quadratwurzel von 4 =". zeigez g.
1680    --
1690    bilde tangens von piviertel nach f.
1700    zeige "tangens von piviertel = ". zeigez f.
1710    --
1720    zeigez "hat alles geklappt?".
1730    --
1740    --
1750    pende funktionen.
```

ENTSCHEIDUNGEN

Bis jetzt kennen wir noch keine Möglichkeit, in unseren Programmen Anweisungen zu überspringen. Wir wollen jetzt kennenlernen, wie wir in Abhängigkeit vom Wert einer Variablen entscheiden können, welche Anweisungen ausgeführt werden sollen. Wir teilen dazu ein Programmstück in zwei Alternativen und verzweigen dann zu der einen oder andern Alternative, je nachdem, ob der Wert unserer Testvariablen eine bestimmte Bedingung erfüllt oder nicht.

Formal sieht das zunächst so aus:

wenn   Bedingung

dann
--
--
--   Anweisungsblock 1
--
--
sonst

--
--
--   Anweisungsblock 2
--
--
wende.

Eine Bedingung ist wie folgt aufgebaut:

    Variablenbezeichner   Operator   Variablenbezeichner

Als Operatoren stehen zur Verfügung:

```
Operator    Bedeutung
=           gleich
/=          ungleich
<           echt kleiner
<=          kleiner gleich
>           echt größer
>=          größer gleich
```

Gleich ein Beispiel, um keine Unklarheiten aufkommen zu lassen:

```
wenn    otto = enno
dann
zeigez  "otto ist gleich enno".
--
sonst
--
zeigez  "otto ist nicht gleich enno".
--
wende.
```

In diesem Beispiel werden die Werte von otto und enno miteinander verglichen. Sind die Werte gleich, so erscheint auf dem Schirm die Zeile: "otto ist gleich enno". Sind die Werte nicht gleich, so erscheint die Zeile: "otto ist nicht gleich enno". Das Programm wird dann mit der Anweisung fortgesetzt, die nach dem Schlüsselwort "wende" steht.

Die Anweisung "wenn dann sonst wende." kapselt so zwei Anweisungsblöcke. Jeder Block ist eine abgeschlossene Folge von Anweisunen. In MINIATUR muß jeder Block aus mindestens einer Anweisung bestehen. Jede Anweisung, die einen Block kapselt, hat genau einen "Eingang" und einen "Ausgang". In der "wenn dann sonst wende." Anweisung ist der Eingang bei "wenn" und der Ausgang bei "wende".

Ein Vorteil einer blockstrukturierten Sprache ist, daß man die Anweisungen, die logisch zusammengehören, schnell erkennen kann.

An dieser Stelle sollen einige Bemerkungen zu den Beispiel- und Testprogrammen eingefügt werden.

Da wir es uns zum Ziel gesetzt haben, einen Compiler zu verstehen bzw. zu schreiben, ist es für uns sehr wichtig, genügend Beispielprogramme zu haben, die die Möglichkeiten des Übersetzers systematisch durchgehen und an Hand dessen wir sehen können, was der Compiler bei einer bestimmten Eingabe macht. Die Beispielprogramme in diesem Buch sind somit gleichzeitig Testprogramme, die als erstes übersetzt werden sollten, wenn wir unseren Compiler entwickelt haben. Da es prinzipiell unendlich viele Programme gibt, die wir in MINIATUR schreiben können, ist es klar, daß wir nur die grundsätzlichen Möglichkeiten testen können. Es besteht dann berechtigte Hoffnung, daß der Compiler auch dann fehlerfrei arbeitet, wenn wir z.B. zwei Anweisungen miteinander vertauschen. Wie Sie vielleicht schon an den vorhergehenden Beispielen gemerkt haben, sollten die Testprogramme so geschrieben werden, daß Fehler bei der Ausführung offensichtlich werden.

Hierzu ein Beispiel aus dem folgenden Programm:

Das Programm soll entscheiden, ob eine eingegebene Zahl gerade oder ungerade ist. Danach soll entweder "Die Zahl ist gerade." oder "Die Zahl ist ungerade." ausgegeben werden.

Eine gute Möglichkeit zu entscheiden, ob unser Programm korrekt übersetzt ist und fehlerfrei arbeitet, ist es, jeweils den Satz und die Zahl auszugeben:

    zeige zahl. zeigez "Die Zahl ist gerade.".

oder

    zeige zahl. zeigez "Die Zahl ist ungerade.".

BEISPIELPROGRAMME:

```
1000    programm gerade ist
1010    --
1020    --
1030    -- Dieses Programm fordert eine
1040    -- Zahl von der Tastatur an und
1050    -- entscheidet, ob diese Zahl gerade
1060    -- oder ungerade ist.
1070    --
1080    --
1090    fliess zahl, hilf, zwei, null, hilfv.
1100    --
1110    beginne.
1120    --
1130    schirmfrei. vorschub. uebertrage 2 nach zwei.
1140    --
1150    zeige "bitte eine positive ganze zahl eingeben.".
1160    hole zahl. vorschub.
1170    --
1180    --
1190    uebertrage zahl nach hilf.
1200    dividiere hilf durch zwei nach hilf.
1210    bilde integer von hilf.
1220    dividiere zahl durch zwei nach hilfv.
1230    subtrahiere hilf von hilfv nach hilf.
1240    --
1250    uebertrage 0.0 nach null.
1260    --
1270    wenn hilf = null dann
1280    --
1290    zeige zahl. zeigez "Dies ist eine gerade Zahl."
1300    --
1310    sonst
```

```
1320   --
1330   zeige zahl. zeigez "Dies ist eine ungerade Zahl."
1340   --
1350   wende.
1360   --
1370   pende gerade.


1000   programm wahl ist
1010   --
1020   --
1030   -- Dieses Programm gibt einen Satz in
1040   -- Abhängigkeit von einer Eingabe
1050   -- auf den Drucker oder Schirm.
1060   --
1070   --
1080   fliess test, eins.
1090   --
1100   beginne
1120   schirmfrei. vorschub.
1130   --
1140   zeige "Ausgabe Drucker (1) / Schirm (2) ?".
1150   hole test.
1160   vorschub.
1170   uebertrage 1.0 nach eins.
1180   --
1190   wenn test = eins  dann
1200   --
1210   ausgabegeraet drucker.
1220   zeigez "Ausgabe auf den Drucker.".
1230   ausgabegeraet schirm.
1240   --
1250   sonst
1260   --
1280   zeigez "Ausgabe auf den Schirm.".
1280   --
```

```
1290    wende.
1300    --
1310    pende wahl.



1000    programm entscheidungstest ist
1010    --
1020    --
1030    -- Dieses Programm testet die
1040    -- verschiedenen Möglichkeiten,
1050    -- Entscheidungen zu treffen.
1060    --
1070    --
1080    fliess  drei, vier.
1090    --
1100    beginne
1110    --
1120    schirmfrei. vorschub.
1130    --
1140    uebertrage 3.0 nach drei.
1150    uebertrage 4.0 nach vier.
1160    --
1170    --
1180    zeigez "Entscheidungen:".
1190    --
1200    --
1210    wenn drei = vier dann
1220    --
1230    zeigez "Fehler bei =!".
1240    --
1250    sonst
1260    --
1270    zeigez "Kein Fehler bei =!".
1280    --
1290    wenn drei > vier dann
```

```
1300  --
1310  zeigez "Fehler bei > !".
1320  --
1330  sonst
1340  --
1350  zeigez "Kein Fehler bei > !".
1360  --
1370  wenn drei >=vier dann
1380  --
1390  zeigez "Fehler bei >=!".
1400  --
1410  sonst
1420  --
1430  zeigez "Kein Fehler bei >=!".
1440  --
1450  wenn drei /= vier dann
1460  --
1470  zeigez "Kein Fehler bei /=!".
1480  --
1490  wenn drei < vier dann
1500  --
1510  zeigez "Kein Fehler bei < !".
1520  --
1530  wenn drei <= vier dann
1540  --
1550  zeigez "Kein Fehler bei <=!".
1560  --
1570  sonst
1580  --
1590  zeigez "Fehler bei <=!".
1600  --
1610  wende.
1620  --
1630  sonst
1640  --
1650  zeigez "Fehler bei < !".
```

```
1660 --
1670 wende.
1680 --
1682 sonst
1684 --
1690 zeigez "Fehler bei /=!".
1700 --
1710 wende.
1720 wende.
1730 wende.
1740 wende.
1750 --
1760 pende entscheidungstest.
```

SCHLEIFEN

Um einen Anweisungsblock mehrfach durchlaufen zu können, benötigen wir die Konstruktion von Schleifen.

In MINIATUR wollen wir dazu zwei Anweisungen zur Verfügung stellen.

1) Eine Endlosschleife mit einer Ausgang-Anweisung
2) Eine Schleifenanweisung mit Parametern

1) Die Endlosschleife:

   schleife schleifenbezeichner ueber
   --
   --
   ausgang schleifenbezeichner wenn bedingung.
   --
   --
   sende schleifenbezeichner.

Eine Variante ist die Endlosschleife folgender Form:

   schleife schleifenbezeichner ueber
   --
   --
   -- Anweisungsblock
   --
   --
   sende schleifenbezeichner.

Dies ist die einfachste Form einer Schleife, zugleich aber auch die Form, die am wenigsten gebraucht wird. Denn ist man erst einmal in dieser Schleife, wird die angegebene Anweisungsfolge so oft und so lange ausgeführt, bis der Rechner ausgeschaltet wird. Eine sinnvolle Anwendung wäre z.B.: Beim Einschalten Ihres Rechners gelangt dieser in eine Endlosschleife. Er wartet auf einen Befehl von Ihnen und kommt, wenn er diesen ausgeführt hat, wieder an seinen Ausgangspunkt zurück. Diese Interpretationsschleife ist dann die oberste Struktur im Rechner und alle anderen Strukturen sind der Schleife untergeordnet. Es würde Ihnen nicht gelingen, dieser Schleife zu entfliehen.

Oder eine andere Anwendung:
Ihr Rechner soll nacheinander alle positiven ganzen Zahlen ausgeben:

```
100     programm endlos ist
110     --
120     --
130     -- Dieses Programm gibt
140     -- alle positiven ganzen Zahlen
150     -- aus dem Rechenbereich aus.
160     --
170     --
180     fliess zahl, eins.
190     --
200     beginne
210     --
220     uebertrage 1.0 nach eins.
230     --
240     uebertrage 0.0 nach zahl.
250     --
260     schleife ganz ueber
270     --
280     zeigez Zahl.
290     --
300     addiere eins zu zahl nach zahl.
```

```
310    --
320    sende ganz.
330    --
340    pende endlos.
```

Um uns nur die ersten 100 positiven ganzen Zahlen ausgeben zu lassen, brauchen wir die Möglichkeit, die Schleife 'endlos' zu verlassen, wenn die Ausgabe abgebrochen werden soll.

Die Anweisung 'ausgang' hat folgenden Aufbau:

ausgang schleifenbezeichner wenn bedingung.

Wie eine 'bedingung' aufgebaut ist, wissen wir schon aus dem letzten Kapitel:

Variablenbezeichner   Operator   Variablenbezeichner

Als Operatoren stehen wieder zur Verfügung:

Operator	Bedeutung
=	gleich
/=	ungleich
<	echt kleiner
<=	kleiner gleich
>	echt größer
>=	größer gleich

Ist die Bedingung erfüllt, so wird im Programm zum Ende der Schleife gesprungen, dessen Name angegeben ist, d.h. es wird die Anweisung ausgeführt, die nach der Schleife steht.

Betrachten wir doch unser Beispiel mit dieser Anweisung:

```
100      programm hundert ist
110      --
120      --
130      -- Dieses Programm gibt
140      -- alle positiven ganzen Zahlen
150      -- bis Hundert aus.
160      --
170      --
180      fliess zahl, eins, hundert.
190      --
200      beginne
210      --
220      uebertrage 1.0 nach eins.
230      --
240      uebertrage 0.0 nach zahl.
250      --
260      uebertrage 100.0 nach hundert.
270      --
280      schleife ganz ueber
290      --
300      zeigez zahl.
310      --
320      addiere eins zu zahl nach zahl.
330      --
340      ausgang ganz wenn hundert = zahl.
350      --
360      sende ganz.
370      --
380      pende hundert.
```

Jeder Schleife innerhalb eines Programms einen Namen zu geben, scheint auf den ersten Blick reichlich überflüssig, hat aber entscheidende Vorteile:

- Die Programmstruktur wird für den Bearbeiter deutlicher.
- Werden Schleifen verschachelt, so wird dies übersichtlicher.
- Mit der Ausgang-Anweisung kann auch aus verschachtelten Schleifen gesprungen werden.

Beispiel:

```
100     programm ausgang ist
110     --
120     --
130     -- Dieses Programm testet
140     -- das Verlassen von
150     -- verschachtelten Schleifen.
160     --
170     --
180     fliess gudrun, enno, eins.
190     --
200     beginne
210     --
220     uebertrage 1.0 nach eins.
230     uebertrage 0.0 nach enno.
240     uebertrage 100.0 nach gudrun.
250     --
260     --
270     schleife aussen ueber
280     --
290     --
300     schleife innen ueber
310     --
320     --
```

```
330    zeigez enno.
340    --
350    ausgang aussen wenn enno = gudrun.
360    --
370    addiere eins zu enno nach enno.
380    --
390    --
400    sende innen.
410    --
420    sende aussen.
430    --
440    pende ausgang.
```

Sowohl die innere als auch die äußere Schleife werden verlassen, wenn die Bedingung ´enno = gudrun´ erfüllt ist.

Es folgt noch ein ´kurzes´ Testprogramm, um die Funktionen der Ausgang-Anweisung zu prüfen.

```
1000  programm ausgangtest ist
1010  --
1020  --
1030  -- Dieses Programm testet die
1040  -- Ausgang-Anweisung.
1050  --
1060  --
1070  fliess gudrun, enno, monika.
1080  --
1090  beginne
1100  --
1105  schirmfrei. vorschub.
1110  zeigez "Test fuer die Ausgang-Anweisung.".
1120  vorschub.
1130  -
1140  uebertrage 2.0 nach gudrun.
1150  uebertrage 2.0 nach monika.
1160  uebertrage 7.0 nach enno.
1170  --
1180  --
1190  schleife schleifea ueber
1120  --
1210  schleife schleifeb ueber
1220  --
1230  schleife schleifec ueber
1240  --
1250  schleife schleifed ueber
1260  --
1270  schleife schleifee ueber
1280  --
1290  schleife schleifef ueber
1300  --
```

```
1310  schleife schleifeg ueber
1320  --
1330  schleife schleifeh ueber
1340  --
1350  --
1360  ausgang schleifeh wenn gudrun /= enno.
1370  --
1380  zeigez "Ausgang schleifeh fehlerhaft.".
1390  --
1400  sende schleifeh.
1410  --
1420  zeigez "Ausgang schleifeh in Ordnung.".
1430  --
1440  ausgang schleifeg wenn gudrun < enno.
1450  --
1460  zeigez "Ausgang schleifeg fehlerhaft.".
1470  --
1480  sende schleifeg.
1490  --
1500  zeigez "Ausgang schleifeg in Ordnung.".
1510  --
1520  ausgang schleifef wenn gudrun <= enno.
1530  --
1540  zeigez "Ausgang schleifef fehlerhaft.".
1550  --
1560  sende schleifef.
1570  --
1580  zeigez "Ausgang schleifef in Ordnung.".
1590  --
1600  ausgang schleifee wenn gudrun <= monika.
1610  --
1620  zeigez "Ausgang schleifee fehlerhaft.".
1630  --
1640  sende schleifee.
1650  --
1660  zeigez "Ausgang schleifee in Ordnung.".
```

```
1670 --
1680 ausgang schleifed wenn enno > monika.
1690 --
1700 zeigez "Ausgang schleifed fehlerhaft.".
1710 --
1720 sende schleifed.
1730 --
1740 zeigez "Ausgang schleifed in Ordnung.".
1750 --
1760 ausgang schleifec wenn enno > monika.
1770 --
1780 zeigez "Ausgang schleifec fehlerhaft.".
1790 --
1800 sende schleifec.
1810 --
1820 zeigez "Ausgang schleifec in Ordnung.".
1830 --
1840 ausgang schleifeb wenn gudrun >= monika.
1850 --
1860 zeigez "Ausgang schleifeb fehlerhaft.".
1870 --
1880 sende schleifeb.
1890 --
1900 zeigez "Ausgang schleifeb in Ordnung.".
1910 --
1920 ausgang schleifea wenn gudrun = monika.
1930 --
1940 zeigez "Ausgang schleifea fehlerhaft.".
1950 --
1960 sende schleifea.
1970 --
1980 zeigez "Ausgang schleifea in Ordnung.".
1990 --
2000 zeigez "Testprogramm beendet.".
2010 --
2020 pende ausgangtest.
```

Vielleicht kommt Ihnen das ´kurz´ vom Anfang nun höhnisch vor, aber Testprogramme werden leicht ´länglich´. Auch dieses Testprogramm ist im Grunde viel zu kurz; wir haben z.B. noch nicht getestet, ob sich die Bildung von Schleifen mit den Entscheidungen verträgt. So sind noch viele Fälle denkbar, die zu Fehler führen können, aber wir wollen uns einstweilen mit diesen Programmen begnügen. Es ist gut, daß das Programm in der Lage ist, selbst zu sagen, was nicht in Ordnung ist.

2) DIE SCHLEIFENANWEISUNG MIT PARAMETERN:

Wenn wir gerne wissen möchten, wie oft eine Sequenz von Anweisungen durchlaufen werden soll, so wählen wir diese Art der Schleifenanweisung.

Die allgemeine Form lautet:

    fuer Variablenbezeichner von Variablenbezeichner
    bis Variablenbezeichner wiederhole
    --
    --
    --
    sende.

Gleich ein Beispiel:

```
100    programm abzaehlen ist
110    --
120    --
130    -- Dieses Programm gibt die Zahlen
140    -- von 1 bis 10 aus.
150    --
160    --
170    fliess index, untergrenze, obergrenze.
180    --
190    beginne
200    --
210    uebertrage 1.0 nach untergrenze.
220    uebertrage 10.0 nach obergrenze.
230    --
240    fuer index von untergrenze bis obergrenze wiederhole
```

```
250   --
260   zeigez index.
270   --
280   sende.
290   --
300   pende abzaehlen.
```

Ich nehme an, daß die Schleifanweisung klar genug wurde.

Das Testprogramm für verschachtelte Schleifen:

```
1000  programm partest ist
1010  --
1020  --
1030  -- Dieses Programm testet verschachtelte
1040  -- Schleifen mit Parametern.
1050  -- Das Ergebnis soll 1000 sein.
1060  --
1070  --
1080  fliess indexa, indexb, indexc.
1090  fliess untergrenze, obergrenze, zahl, eins.
1100  --
1110  beginne
1120  --
1130  uebertrage 1.0 nach untergrenze.
1140  uebertrage 10.0 nach obergrenze.
1150  uebertrage 0.0 nach zahl.
1155  uebertrage 1.0 nach eins.
1160  --
1170  --
1180  fuer indexa von untergrenze bis obergrenze wiederhole
1190  --
1200  fuer indexb von untergrenze bis obergrenze wiederhole
1210  --
```

```
1220  fuer indexc von untergrenze bis obergrenze wiederhole
1230  --
1240  addiere eins zu zahl nach zahl.
1250  --
1260  sende.
1270  sende.
1280  sende.
1290  --
1300  zeigez "Das Ergebnis ist:". zeigez zahl.
1310  --
1320  pende partest.
```

SPRUNGE

Manchmal ist es innerhalb eines Programmes notwendig, an eine bestimmte Stelle zu springen. Dies erledigt man mit einem Sprungbefehl, in Basic z.B. mit Hilfe des Goto-Befehls. Beispiel: Goto 100. Dies heißt: "Gehe zur Zeile mit der Nummer 100". In MINIATUR haben aber die Zeilennummern keine Bedeutung. Wir müssen uns etwas anderes einfallen lassen.

    sprungmarke Name.

Einen Sprung auf diese Stelle könnten wir mit dem Befehl:

    springe Name.

erreichen. Hierbei ist ´Name´ eine Buchstabenkombination, die im Programm sonst nicht vorkommt.

Ein Beispiel:

```
100    programm sprung ist
110    --
120    --
130    -- Dieses Programm wird durch die
140    -- Eingabe einer 1 beendet.
150    --
160    --
170    fliess   eins, test.
180    --
190    beginne
200    --
210    uebertrage 1.0 nach eins.
```

```
220    --
230    sprungmarke anfang.
240    --
250    hole test. vorschub.
260    --
270    wenn test = eins dann
280    --
290    leer.
300    --
310    sonst
320    --
330    springe anfang.
340    --
350    wende.
360    --
370    pende sprung.
```

UNTERPROGRAMME

Unterprogramme benutzt man, wenn man eine Folge von Anweisungen nur einmal abspeichern möchte. Unterprogramme in MINIATUR sollen nicht mit lokalen Variablen arbeiten, sie dürfen nur ausführbare Anweisungen enthalten.

Unterprogramme werden an das Hauptprogramm angehängt und wie folgt definiert:

> unterprogramm unterprogrammbezeichner ist
> --
> --
> -- Anweisungsblock
> --
> --
> uende unterprogrammbezeichner.

Sie werden mit folgendem Befehl aufgerufen:

> rufe unterprogrammbezeichner.

Auch hier wird nur ein Beispielprogramm angegeben, das die Anweisung besser erklärt als viele Worte.

```
100    programm uprogtest ist
110    --
120    --
130    -- Dieses Programm ruft wahlweise
140    -- Unterprogramm A oder B auf.
150    --
160    --
170    fliess test, eins.
180    --
190    beginne
200    --
210    uebertrage 1.0 nach eins.
220    --
230    sprungmarke anfang.
240    --
250    zeigez "Unterprogramm a(1)/b(2)".
260    --
270    hole test. vorschub.
280    --
290    wenn test /= eins dann
300    --
310    rufe a.
320    --
330    sonst
340    --
350    rufe b.
360    --
370    wende.
380    --
390    springe anfang.
400    --
410    pende uprogtest.
420    --
430    --------------------------
440    unterprogramm a ist
```

```
450    --
460    zeigez "Unterprogramm a.".
470    --
480    uende a.
490    --
500    --------------------------
510    unterprogramm b ist.
520    --
530    zeigez "Unterprogramm b.".
540    --
550    uende b.
```

DIE LEXIKALISCHE ANALYSE

WARUM EINE LEXIKALISCHE ANALYSE?

Die lexikalische Analyse ist der erste Schritt in der Analyse eines Programms. Sie hat die Aufgabe, die Programme in eine Form zu bringen, die es gestattet, die nachfolgenden Schritte einfacher zu gestalten.

Die Programme sollen auf eine Normalform gebracht werden, die keine für das Programm unwichtigen Teile mehr enthält. Wir können ein MINIATUR-Programm auf vielfältige Art und Weise niederschreiben, ohne die Logik des Programms selbst zu verändern. Wir können zwischen Groß- und Kleinschreibung wählen, so viele Leerzeichen zwischen den einzelnen Worten lassen wie wir wollen, Kommentare anfügen, Zeilennummern willkürlich wählen und, und, und ... .

Die lexikalische Analyse soll nun sozusagen die Spreu vom Weizen trennen. Dies wohlgemerkt aus der Sichtweise eines Compilers, denn ein Programm ohne Kommentare ist aus der Sichtweise eines Benutzers wohl eher eine Zumutung. Das Programm wird in sogenannte Token zerlegt, das sind die kleinsten Sinneinheiten unseres Programms. Die Token in MINIATUR-Programmen sind die Schlüsselworte wie z.B. Programm, ist, =, ., /, Pende, ... Auch die vom Benutzer gewählten Worte wie z.B. Programmbezeichner, Variablenbezeichner ... werden als Token bezeichnet, ebenso wie Zeichenketten oder Zahlen.

Ein Programm, das aus einer Folge von Zeichen (unser Miniatur-Programm) die Token (Worte) heraussucht, nennt man auch Scanner.

Damit wäre fürs erste erklärt, wozu eine lexikalische Analyse nötig ist. Die Einzelheiten, wie der Scanner arbeitet, erfahren Sie im folgenden Kapitel und warum der Scanner eine wichtige Aufgabe erfüllt, lesen Sie im Kapitel über die syntaktische Analyse.

WIE ARBEITET DER SCANNER?

Betrachten wir dazu doch einmal eine Zeile aus einem der Programme aus dem letzten Kapitel!

340   ausgang ganz wenn hundert=zahl.

Wie geht der Scanner nun vor, wenn er diese Zeile bearbeiten soll?

Am Anfang der Zeile steht die Zeilennummer. Da diese für das Programm unwichtig ist, wird sie überlesen. Dann folgt die Buchstabenkombination 'ausgang'. Nach dieser Kombination steht ein Leerzeichen. An diesem Leerzeichen erkennt der Scanner, daß das Wort zu Ende ist. Nun wollen wir aber gerne noch wissen, ob 'ausgang' ein Schlüsselwort ist oder ein vom Benutzer gewähltes Wort. Dazu schaut der Scanner in der Tabelle der Schlüsselworte nach und findet es dort auch. Für alle weiteren Analyseschritte ist es nun nicht mehr nötig, uns das ganze Wort zu merken, sondern wir ordnen den Schlüsselworten Zahlen zu, die wir uns an deren Stelle merken. Dies erleichtert den Umgang mit Schlüsselworten insofern, als wir nicht noch öfter in einer Tabelle nachschlagen müssen, um welches Schlüsselwort es sich handelt.

Nach dem Wort 'ausgang' liest der Scanner das Wort 'ganz', dessen Ende er wiederum durch das Leerzeichen erkennt. Dieses Wort ist kein Schlüsselwort und wir merken uns das Wort "ganz". Wie der Scanner das folgende Wort 'wenn' erkennt und welche Aktionen er ausführt, wissen wir bereits.

Es gibt in jeder Sprache Zeichen, die eindeutig markieren, wenn ein Wort zu Ende ist. Diese Zeichen nennt man Begrenzer (engl. Delimiter). In MINIATUR sind u.a. das Gleichheitszeichen und der Punkt Begrenzer. Nun ist klar, wie der Rest der Zeile bearbeitet wird.

Nach dieser noch sehr unpräzisen Beschreibung, die uns ein wenig Anschauung liefern sollte, könnte fast schon losgelegt und das Programm für den Scanner geschrieben werden. Aber die Teilaufgaben des Scanners sind erst noch einmal genauer zu formulieren. Einige Vorarbeiten müssen noch ausgeführt werden.

Die Teilaufgaben:

Programm lesen und Protokollzeile ausgeben.
Begrenzer erkennen.
Schlüsselworte erkennen.
Leerzeichen entfernen, außer in mit Anführungsstrichen versehene Zeichenketten, wie z.B. in "Enno der Cocker".
Kommentarzeilen entfernen.
Token ausgeben.

PROGRAMM LESEN UND PROTOKOLLZEILE AUSGEBEN:

Damit der Rechner ein Programm analysieren kann, muß er es erst einmal lesen können. Dies ist oft leichter gesagt als getan.

Es wurde bis jetzt noch nicht besprochen, mit welchen Hilfsmitteln die Programme geschrieben werden sollen, die zu übersetzen sind. Ein Programm, mit dem man Programme schreiben kann, nennt man Editor.

Editoren können z.B. Textverarbeitungsprogramme sein oder es kann auch ein eigenes für die Eingabe von Programmen einer bestimmten Sprache geschriebenes Programm sein. Für uns ist zunächst folgender Fall am einfachsten:

Wir nehmen den im Gerät eingebauten Editor, mit dem wir normalerweise Basic-Programme schreiben. Diese Programme können dann in gewohnter Weise bearbeitet, geändert, abgespeichert und ausgedruckt werden. Des weiteren gehen wir davon aus, daß sich unser zu übersetzendes Programm auf einer Diskette abgespeichert befindet. Dieses Programm ist für uns in diesem Sinne nur eine Textdatei, die wir im 'Klartext' lesen wollen. Unter 'Klartext' wird die Buchstabenfolge verstanden, die in den Rechner eingeschrieben wurde und auch so auf einem Rechner gelistet werden kann. Nun ist es aber nicht selbstverständlich, daß die Textdatei schon im Klartext vorgefunden wird. Der Basic-Editor speichert alle Basic-Schlüsselworte als eine Zahl. Z.B. wird 'For' durch die Zahl 129 ersetzt. Der Basic-Editor führt bei Eingabe einer Zeile eine lexikalische Analyse durch, allerdings für ein Basic-Programm und keinesfalls für ein MINIATUR-Programm. Diese Analyse müssen wir nun rückgängig machen. Auch werden die Zeilen innerhalb des Speichers in einer bestimmten Form abgelegt und auch in dieser Form auf die Diskette übertragen.

Schauen wir uns also an, welche Form wir vorfinden, wenn wir eine Textdatei lesen, die mit dem Basic-Editor erzeugt wurde. Zu Anfang der Datei lesen wir zwei Zeichen, die als Information beinhalten, ab welcher Speicherstelle sich der Programmtext im Speicher des Rechners befand, als er erstellt wurde. Diese beiden Zeichen interessieren uns nicht. Dann folgen die einzelnen Programmzeilen jeweils in der folgenden Form:

Die ersten beiden Zeichen stellen eine Koppeladresse dar, die dem Basic-Editor gesagt hat, an welcher Speicherstelle die nächste Programmzeile anfängt. Auch diese beiden Zeichen überlesen wir.

Dann folgen zwei Zeichen, die entschlüsselt die Zeilennummer der Programmzeile darstellen. Für unsere MINIATUR-Programme sind die Zeilennummern zwar überflüssig, aber falls wir zu einem späteren Zeitpunkt ein Protokoll unseres Programms erstellen wollen, werden sie als Bezugspunkte benötigt. Die Zeilennummern sind wie folgt zu entschlüsseln:

Der ASCII-Wert des ersten Zeichens wird zu dem 256fachen des ASCII-Wertes des zweiten Zeichens addiert.

Beispiel:

Wir lesen die Zeichen A und I. Die ASCII-Werte von A und I sind: A = 65 und I = 73. Dann ergibt sich die Zeilennummer zu 65 + 73 * 256 = 18751.

Nun lesen wir die einzelnen Zeichen unserer Programmzeile, wobei die Basic-Schlüsselworte verschlüsselt angegeben sind. Die Basic-Worte werden in Zeichen verschlüsselt, deren

ASCII-Werte zwischen 128 und 203 liegen. Die normalen Zeichen haben aber nur einen ASCII-Wert bis 127, so daß wir genau wissen, wann wir ein Basic-Wort und wann ein normales Zeichen gelesen haben. Das verschlüsselte Basic-Wort entschlüsseln wir und erhalten dadurch unseren Klartext.

Beispiel:

Wir lesen folgende ASCII-Werte:

```
       80 , 128, 69
80 = "p" , 128 = "end" , 69 = "e"
damit ergibt sich das Wort "pende".
```

Das Ende einer Zeile kennzeichnet der Basic-Editor durch ein Zeichen mit dem ASCII-Wert null.

Das Ende des Programms ist durch eine Koppeladresse gekennzeichnet, die aus den ASCII-Werten null null besteht.

Wir wollen jetzt ein Programm schreiben, das eine Textdatei liest, sie in Klartext umwandelt und zeilenweise auf den Bildschirm ausgibt. Dazu benötigen wir die Liste über die Zuordnung der Buchstaben und Zeichen zu den ASCII-Werten und die Zuordnung der verschlüsselten Basic-Worte zu den ASCII-Werten.

Wenn von ASCII-Werten gesprochen wird, so sind damit die dezimalen Werte der Zeichen und Schlüsselworte gemeint, die der CBM-64 intern gebraucht. Bei einem anderen Gerät sehen diese Listen vermutlich anders aus, aber das können Sie durch Ihr Handbuch zum Rechner feststellen.

Hier nun die Liste der Zeichen/Worte und ihrer ASCII-Werte.

Wert	Zeichen	Wert	Zeichen
32	Leerstelle	33	!
34	"	35	#
36	$	37	%
38	&	39	'
40	(	41	)
42	*	43	+
44	,	45	-
46	.	47	/
48	0	49	1
50	2	51	3
52	4	53	5
54	6	55	7
56	8	57	9
58	:	59	;
60	<	61	=
62	>	63	?
64	Paragraph	65	a
66	b	67	c
68	d	69	e
70	f	71	g
72	h	73	i
74	j	75	k
76	l	77	m
78	n	79	o
80	p	81	q
82	r	83	s
84	t	85	u
86	v	87	w
88	x	89	y
90	z	91	eckige Klammer auf
92	Pfund	93	eckige Klammer zu

94   ^   95   Pfeil-links
96   geshiftete Leerstelle

Hier folgen jetzt Grafik-Symbole bis zum ASCII-Wert 128.

128	end	129	for
130	next	131	data
132	input#	133	input
134	dim	135	read
136	let	137	goto
138	run	139	if
140	restore	141	gosub
142	return	143	rem
144	stop	145	on
146	wait	147	load
148	save	149	verify
150	def	151	poke
152	print#	153	print
154	cont	155	list
156	clr	157	cmd
158	sys	159	open
160	close	161	get
162	new	163	tab(
164	to	165	fn
166	spc(	167	then
168	not	169	step
170	+	171	-
172	*	173	/
174	Pfeil hoch	175	and
176	or	177	<
178	=	179	>
180	sgn	181	int
182	abs	183	usr
184	fre	185	pos
186	sqr	187	rnd
188	log	189	exp

190	cos	191	sin
192	tan	193	atn
194	peek	195	len
196	str$	197	val
198	asc	199	chr$
200	left$	201	right$
202	mid$	203	go

Nun zu dem Programm, das eine Textdatei in Klartext
unwandelt und Zeile für Zeile ausgibt. Dieses Programm
werden wir dann um die restlichen Teilaufgaben erweitern.
Wir wollen es auch gleich so schreiben, daß wir es als
Unterprogramm für die syntaktische Analyse gebrauchen
können.

Das Programm für die syntaktische Analyse wird das Programm
für die lexikalische Analyse jedesmal aufrufen, wenn es ein
neues Token braucht. Dies als kleine Vorausschau.

Zur Aufteilung des Programms:

Die Zeilen bis zur Nummer 1000 wollen wir zur Vereinbarung
und Erklärung der verwendeten Variablen gebrauchen.

Die Zeilen bis zu Nummer 2000 werden für vorzubereitende
Aufgaben reserviert.

Von Zeile 2000 - 50000 steht das Programm für die
syntaktische Analyse.

Ab Zeilennummer 50000 wollen wir das Programm für die
lexikalische Analyse schreiben.

Die einzelnen Zeilen sollen nicht in der Reihenfolge
besprochen werden, in der sie dann später im fertigen
Programm auftauchen, sondern es soll versucht werden, das
Programm vom logischen Aufbau her zu erklären.

```
10   rem   Programm fuer die lexikalische
20   rem   und syntaktische Analyse
30   rem   von Miniatur-Programmen.
40   rem   --
50   rem   Vereinbarungen
60   rem   --
```

70 :

Wir gehen davon aus, daß sich das zu übersetzende Programm auf einer Diskette befindet und am Rechner eine Diskettenstation angeschlossen ist. Diese Ausgaben der syntaktischen Analyse wollen wir auf eine Datei auf der Diskette schreiben und das Programmprotokoll wahlweise auf den Bildschirm oder einen Drucker ausgeben.

```
80    fl = 8: rem    Geraetenummer der Diskettenstation
90    be = 15: rem   logische Filenummer und
                     Sekundaeradresse
95    :      rem     des Befehlskanals der Diskettenstation
100   in = 8: rem    logische Filenummer und
                     Sekundaeradresse
105   :      rem     des Eingabekanals für die Eingabedatei
110   ou = 7: rem    logische Filenummer und
                     Sekundaeradresse
115   :      rem     des Ausgabekanals für die Ausgabedatei
120   pr = 3: rem    Ausgabekanal für Programmprotokoll
125   :      rem     Bildschirm ist voreingestellt.
130   i1$="":i2$="":i3$="": rem   Eingabevariablen
140   i1=0  :i2=0  :i3=0  : rem   Die entsprechenden
                                  ASCII-Werte.
```

Wenn Sie möchten, können Sie das Programm so wie es besprochen wurde eingeben. Sonst finden Sie aber am Ende des Buches das Programm ohne Kommentare.

Beginnen wir nun mit den Vorbereitungen, die das Programm bei seinem Start erledigen muß:

```
1000   rem --
1010   rem Vorbereitungen
1020   rem --
1030   :
```

1040   print " Taste clr " : rem Bildschirm loeschen

In Zeile 1040 soll der Bildschirm gelöscht werden, darum anstelle von "Taste clr" einfach diese Taste drücken.

1050   print: print"Der Miniatur-Uebersetzer:": print
1060   print "Protokoll auf Drucker oder Schirm (d/s)?"
1070   get i1$: if i1$ = "d" or i1$ = "s" then 1090
1080   goto 1070
1090   if i1$= "d" then pr = 4
1100   open pr,pr,7 : rem Oeffnen Protokollkanal

Der entsprechende Ausgabekanal für das Programmprotokoll wird eröffnet.
Für den Schirm ergibt sich: open 3,3,7
und für den Drucker: open 4,4,7

Der Drucker muß also die Geräteadresse 4 haben, sonst müssen Sie den Befehl entsprechend ändern.

1110   print : print "Bitte Datendiskette einlegen."
1120   print "Weiter mit Return !" : print
1130   get i1$: if i1$<>chr$(13) then 1130
1140   print "Welches Programm soll uebersetzt werden?"
1150   input "Name:",i2$

Nun haben wir alle Informationen, um die entsprechenden Dateien auf der Diskette zu eröffnen. Als erstes wollen wir jedoch den Befehlskanal zur Diskettenstation eröffnen und die Diskettenstation initialisieren, d.h. in den Zustand versetzen, den sie direkt nach dem Einschalten hatte.

Vielleicht werden Sie die Arbeitsweise mit der Diskettenstation für etwas umständlich halten, aber ich habe im Umgang mit der Diskettenstation schon die "tollsten Dinger" erlebt. So erhalten die meisten Angaben, die auf den ersten Blick überflüssig erscheinen, doch ihren Sinn.

Die Ausgaben der syntaktischen Analyse wollen wir auf eine sequentielle Datei mit dem Namen "miniatur-syn" schreiben. Falls wir mit der Diskette schon eine Übersetzung gefahren haben, existiert diese Datei bereits. Wir löschen sie deshalb. Nun kann es geschehen, daß der Benutzer des Programms bei der Anforderung der Datendiskette zwar die Return-Taste gedrückt, aber keine Diskette eingelegt hat. Wir wollen deshalb ein Unterprogramm schreiben, das wir immer dann aufrufen, wenn wir wissen wollen, ob die Diskettenstation einen Fehler gefunden hat.

Eröffen des Befehlskanals:

```
1160    open be,fl,be
1170    print#be,"i"
```

Das Unterprogramm zur Fehlerbehandlung:

```
60000   rem   Fehlerkanal Diskettenstation lesen
60010   :
60020   input#be,en,em$,et,es :if en=0 then return
60030   print
60040   print "****  Fehler auf Diskette!"
60050   print "****  Fehlernummer : ";en
60060   print "****  Fehlernachricht :"
60070   print "****  ";em$
60080   print "****  Fehlerhafter Sector : ";et
60090   print "****  Fehlerhafte Spur :";es
60100   print#be,"i"
60110   close be : close pr
60120   print : print "**** Programm abgebrochen!"
60130   end
```

Wir benutzen hier die neuen Variablen en, em$,et,es.

Also ergibt sich Zeile 150 zu:

```
150    en=0:em$="":et=0:es=0   : rem Fehlerkanal lesen
```

Löschen von "miniatur-syn":

```
1180   print#be,"s:miniatur-syn"
1190   Input#be,en,em$,et,es
1200   if en<>1 then 60030
```

Nach dem Löschen einer Datei hat en den Wert 1. Darum können wir nicht direkt das Unterprogramm aufrufen, sondern müssen den Fehlerkanal selbst abfragen.

Eröffnen wir nun die Ein- und Ausgabedateien:

```
1210    open in,fl,in,i2$+"p,r"   : gosub 60000
1220    get#in,i1$,i1$
1230    open ou,fl,ou,"miniatur-syn,s,w" : Gosub 60000
```

In Zeile 1220 überlesen wir die ersten beiden Zeichen der Eingabedatei, die für uns keine Bedeutung haben.

```
1240    gosub 59000
```

In dem Unterprogramm ab Zeile 59000 wollen wir in ba$ die verschlüsselten Basic-Worte im Klartext speichern. Da es insgesamt 76 Basic-Worte gibt, lautet Zeile 160:

```
160     dim ba$(75)   : rem Klartext Basic-Worte
```

```
59000   rem Basic-Worte im Klartext
59005   :
59008   ba$(0)="end"
59010   ba$(1)="for"
59020   ba$(2)="next"
59030   ba$(3)="data"
59040   ba$(4)="input#"
59050   ba$(5)="input"
59060   ba$(6)="dim"
59070   ba$(7)="read"
59080   ba$(8)="let"
59090   ba$(9)="goto"
59100   ba$(10)="run"
59110   ba$(11)="if"
59120   ba$(12)="retore"
59130   ba$(13)="gosub"
59140   ba$(14)="return"
59150   ba$(15)="rem"
```

```
59160    ba$(16)="stop"
59170    ba$(17)="on"
59180    ba$(18)="wait"
59190    ba$(19)="load"
59220    ba$(20)="save"
59210    ba$(21)="verify"
59220    ba$(22)="def"
59230    ba$(23)="poke"
59240    ba$(24)="print#"
59260    ba$(26)="cont"
59270    ba$(27)="list"
59280    ba$(28)="clr"
59290    ba$(29)="cmd"
59300    ba$(30)="sys"
59310    ba$(31)="open
59320    ba$(32)="close"
59330    ba$(33)="get"
59340    ba$(34)="new"
59350    ba$(35)="tab("
59360    ba$(36)="to"
59370    ba$(37)="fn"
59380    ba$(38)="spc("
59390    ba$(39)="then"
59400    ba$(40)="not"
59410    ba$(41)="step"
59420    ba$(42)="+"
59430    ba$(43)="-"
59440    ba$(44)="*"
59450    ba$(45)="/"
59460    ba$(46)="Pfeil nach oben"
59470    ba$(47)="and"
59480    ba$(48)="or"
59490    ba$(49)="<"
59500    ba$(50)="="
59510    ba$(51)=">"
59520    ba$(52)="sgn"
```

```
59530 ba$(53)="int"
59540 ba$(54)="abs"
59550 ba$(55)="usr"
59560 ba$(56)="fre"
59570 ba$(57)="pos"
59580 ba$(58)="sqr"
59590 ba$(59)="rnd"
59600 ba$(60)="log"
59610 ba$(61)="exp"
59620 ba$(62)="cos"
59630 ba$(63)="sin"
59640 ba$(64)="tan"
59650 ba$(65)="atn"
59660 ba$(66)="peek"
59670 ba$(67)="len"
59680 ba$(68)="str$"
59690 ba$(69)="val"
59700 ba$(70)="asc"
59710 ba$(71)="chr$"
59720 ba$(72)="left$"
59730 ba$(73)="right$"
59740 ba$(74)="rnd$"
59750 ba$(75)="go"
59760 return
59770 :
```

Dieses Unterprogramm durchlaufen wir einmal zu Anfang der lexikalischen Analyse.

Jetzt sind wir fast soweit, daß wir das Programm schreiben können, welches die syntaktische Analyse fürs erste vertreten soll. Dieses Programm soll nichts anderes machen, als vor dem Unterprogramm für die lexikalische Analyse solange ein neues Token verlangen, bis das Ende der Datei gelesen ist. Aber wir müssen dem Programm für die lexikalische Analyse noch eine Starthilfe geben, nämlich die erste Koppeladresse und die erste Zeilennummer lesen. Dazu schreiben wir ein Unterprogramm ab Zeile 51000, welches wir später immer dann aufrufen, wenn wir das Ende einer Zeile erreicht haben und diese Aufgaben zu erledigen sind.

Bei der lexikalischen Analyse sollten wir in i1$ das Zeichen haben, welches wir gerade bearbeiten und in i2$ und i3$ die nächsten beiden Zeichen, so daß wir in der Lage sind, in unserem Programm ein Stück vorauszuschauen. Dies ist eine sehr praktische Sache, wie wir noch sehen werden. In i1,i2,i3 sollen wir die ASCII-Werte der entsprechenden String-Variablen speichern.

Das Unterprogramm, welches ein Zeichen einliest und die Werte von i1$, i2$, i3$ entsprechend verschiebt, schreiben wir ab Zeile 51500.

```
51500   rem Zeichen einlesen
51505   :
51510   i1$=i2$ : i2$=i3$ : get#in,i3$
51520   i1=i2   : i2=i3    : if i3$="" then i3=0 : return
51530   i3=asc(i3$): return
51540   :
```

Dieses Unterprogramm müssen wir zweimal aufrufen, bevor wir in das Unterprogramm für den Zeilenanfang ab 51000 springen:

```
1250    gosub 51500 : gosub 51500 : gosub 51000
```

```
51000   rem Zeilenanfang
```

In i2$ und i3$ steht die Koppeladresse für die nächste Zeile, diese überlesen wir.

Dann kommen die beiden Zeichen, die die Information der Zeilennummer enthalten. Die Zeilennummer wollen wir auf die Ausgabedatei schreiben, damit wir später wieder auf sie zurückgreifen können. Dazu senden wir als erstes ein Zeichen mit dem ASCII-Code 254 und dann die beiden Zeichen der Zeilennummer zur Diskettenstation. Das Zeichen 254 kann in keinem anderen Zusammenhang auftreten, so daß wir später beim Lesen des Zeichens 254 die nachfolgende Zeilennummer erkennen können.

Des weiteren soll die Bildschirmausgabe bzw. Druckerausgabe auf die nächste Zeile eingestellt werden. Dazu wird ein Wagenrücklaufzeichen auf dem Kanal PR gegeben. Anschließend geben wir die Zeilennummer im Klartext aus.

Dann muß i1$,i2$,i3$ aktualisiert werden. In i1$ soll das erste Zeichen der neuen Zeile stehen.

```
51005  :
51010  gosub 51500 : gosub 51500 : gosub 51500
51020  print#ou,chr$(254);i1$;i2$;
51030  print#pr,chr$(13);str$(i1+i2*256);
51040  gosub 51500 : gosub 51500 : return
```

Es scheint das Schicksal der Programmierung zu sein, daß man tausend Worte braucht, um ein paar Programmzeilen zu beschreiben, aber ohne die Erklärung ist es oft nicht mehr möglich, den Sinn eines Programms zu erschließen.

Noch eine Bemerkung, die wichtig erscheint:

Um das Programm übersichtlich zu gestalten, kommt ein Teil der Unterprogramme die oft durchlaufen werden, sehr weit nach hinten im Gesamtprogramm. Für Programme, die nur interpretiert werden, ist das nicht gut, da ein Aufruf dieser Programme länger dauert, als wenn sie weit vorne stünden. Bei übersetzten Programmen tritt dieser Effekt nicht auf. Ebenfalls bei Assemblerprogrammen hat man dieses Problem nicht.

Das Programm, das die syntaktische Analyse vertritt:

```
2000    gosub 50000 : if t$<>chr$(255) then 2000
2010    print#pr,chr$(13)"Lexikalische Analyse
        abgeschlossen!"
2020    close pr
2030    close in
2040    close ou
2050    close be
2060    end
```

Dieses Programm fordert solange ein neues Token an, bis t$=chr$(255) erfüllt ist. Dieses Zeichen soll bei uns das Ende des Programms bedeuten. Die geöffneten Dateien werden geschlossen, um das Programm zu einem wohldefinierten Ende zu bringen.

Zurück zur Aufgabe ´Programm lesen´ und ´Protokollzeile ausgeben´:

```
50000   rem lexikalische Analyse
50010   if i1=0 then if i2=0 then if i3=0 then t$=chr$(255) :
return
```

Sind i1 und i2 und i3 gleich Null, so bedeutet das, daß wir das Programmende erreicht haben. Die Koppeladresse ist Null.

```
50020   if i1=0 Then Gosub 51000
```

Das Zeilenende wird erkannt und wir verzweigen zum passenden Unterprogramm.

50030   if i1>127 and i1<204 then i1$=ba$(i1-128)

Ist i1 größer als 127 und kleiner als 204, dann handelt es sich bei i1$ um ein verschlüsseltes Basic-Wort, das wir entschlüsseln müssen.

i1$ wird durch den Klartext ersetzt, der in ba$ gespeichert ist.

50200   print#pr, i1$; gosub 51500
50210   return

Wir lassen uns einige Zeilennummern frei, um von hier die restlichen Aufgaben des Scanners zu steuern.

Das Programm, wie wir es bis hier entwickelt haben, können Sie jetzt laufen lassen. Sie erhalten dann ein Protokoll Ihres MINIATUR-Programms.

Kommentarzeilen entfernen:

Als nächstes wollen wir uns ansehen, wie wir Kommentarzeilen entfernen können.

Kommentare sind gekennzeichnet durch zwei unmittelbar aufeinanderfolgende Minuszeichen. Danach muß der Rest der Zeile überlesen werden.

Folgende Zeile erkennt Kommentare:

50040   if i1$=171 then if i2$=171 then gosub 51700 : goto 50000

Folgende Zeilen lesen die Programm-Zeile bis zum Ende und geben sie auf den Bildschirm aus:

```
51700    rem  Zeile bis zum Ende ueberlesen
51705    :
51710    print#pr,i1$; : gosub 51500 : if i1=0 then return
51720    if i1>127 and i1<204 then i1$=BA$(i1-128)
51730    goto 51710
51740    :
```

Überflüssige Leerzeichen überlesen:

Wenn wir in unserem MINIATUR-Programm zwei oder mehr Leerzeichen hintereinander setzen, so sind diese bis auf eines überflüssig. Entfernen wir die überflüssigen mit folgender Zeile:

50050 if i1$=" " then if i2$=" " then print#pr,i1$; : gosub 51500 : goto 50000

Nun sind Token aber meistens aus mehreren Zeichen

zusammengesetzt. Das Ende eines Token erkennen wir durch die Begrenzer. Dies bedeutet, daß wir i$ um T1$ erweitern wollen, solange in i2$ kein Begrenzer ist.

50190   t$=t$+i1$

Zeile 2000 erweitern wir um:

2000   t$=" " : gosub 50000 ... .

Jetzt benötigen wir noch zwei Unterprogramme:

Eines um herauszufinden, ob ein Token ein MINIATURschlüsselwort ist, und ein anderes, um Zeichenketten zusammenzusetzen, da innerhalb von Zeichenketten weder Groß- in Kleinschrift umgewandelt noch Leerzeichen gelöscht werden dürfen.

Ersteres werden wir ab Zeile 52000 und letzteres ab Zeile 53000 schreiben.

50070   if i1=34 then gosub 53000 : goto 50000

Ist das aktuelle Zeichen das Anführungszeichen, so ist eine Zeichenkette zu überlesen.

53000   rem Zeichenkette überlesen
53010   t$=t$+i1$: gosub 51500 : ifi1<>34 then goto 53010
53020   t$=t$+i1$: return
53030   :

Begrenzer sind bei uns:=,´,<,>,.,,,´,´,Zeilenende,", Leerzeichen.

Es gibt nun verschiedene Fälle, die eintreten können:

1) Wir haben eine Zeichenkette gelesen, auf die ein Punkt folgt.

50080   if i1=34 then if i2$="." then 50200
50085   if i1=32 then if i2=34 then goto 50130

2) In i2$ taucht ein Begrenzer auf:

50090   ifi2$="=" or i2$="/" or i2$="<" or i2$=">"
        then gosub 52000 : goto 50200
50100   ifi2$="." or i2$=" " or i2=0 or i2=34
        then gosub 52000 : goto 50200
50110   if i2$=´,´ then gosub 52000 : goto 50200

3) In i1$ steht ein Begrenzer:

50126   if i1$="." or i1$="," or i1$="=" then t$=i1$: goto 50200
50128   if i1$="/" or i1$="<" or i1$=">" then t$=i1" : goto 50200

4) i1$ ist ein Leerzeichen:

50130   if i1$=" " then print#pr," "; : gosub 51500 : goto 50000

Jetzt fehlt nur noch das Unterprogramm ab Zeile 52000, das erkennen soll, ob ein Token ein MINIATUR-Schlüsselwort ist oder nicht. ist das Token ein Schlüsselwort, so wollen wir in t$ eine Zahl übergehen, die das Schlüsselwort verschlüsselt darstellt. Wir wollen den MINIATUR-Schlüsselworten Zahlen ab 128 zuordnen.

Als erstes nun eine Liste über die Schlüsselworte und die

Zahlen, die wir ihnen zuordnen wollen:

Wert	Schlüsselwort
128	addiere
129	ausgabegeraet
130	ausgang
131	beginne
132	bilde
133	cuspalte
134	cuzeile
135	dann
136	durch
137	dividiere
138	fliess
139	hintergrund
140	hole
141	ist
142	leer
143	mit
144	multipliziere
145	noch
146	pende
147	potenziere
148	programm
149	rahmen
150	rufe
151	schrift
152	schirmfrei
153	schleife
154	sende
155	sonst
156	springe
157	sprungmarke
158	subtrahiere
159	ueber

```
160     uebertrage
161     wende
162     unterprogramm
163     von
164     vorschub
165     wende
166     wenn
167     zeige
168     zeigez
169     zeigeas
170     zu
```

Wir könnten einfach so vorgehen, daß wir t$ mit jedem Schlüsselwort vergleichen. Dies wäre jedoch sehr zeitaufwendig. Es soll deshalb wie folgt vorgegangen werden: Wir sehen uns den ersten Buchstaben von t$ an und dann wissen wir bereits, welche Schlüsselworte überhaupt in Betracht kommen können. Es sind dies dann meist nur noch sehr wenige, die wir schnell durchsucht haben.

Die MINIATUR-Schlüsselworte werden wir ebenfalls in einem Bereich ablegen. Dies ist zwar im Moment nicht unbedingt nötig, da wir sie aber in der syntaktischen Analyse bei der Fehlerbehandlung noch einmal benötigen, sparen wir insgesamt Speicherplatz.

Es gibt insgesamt 49 MINIATUR-Schlüsselworte.

```
170     dim mi$(48) : rem Klartext MINIATUR-Worte

1245    gosub 58000

58000   rem MINIATUR-Worte im Klartext
58005   :
58008   mi$(0)="addiere"
58010   mi$(1)="ausgabegeraet"
```

```
58020    mi$(2)="ausgang"
58030    mi$(3)="beginne"
58040    mi$(4)="bilde"
58050    mi$(5)="cuspalte"
58060    mi$(6)="cuzeile"
58070    mi$(7)="dann"
58080    mi$(8)="durch"
58090    mi$(9)="dividiere"
58100    mi$(10)="fliess"
58110    mi$(11)="hintergrund"
58120    mi$(12)="hole"
58130    mi$(13)="ist"
58140    mi$(14)="leer"
58150    mi$(15)="mit"
58160    mi$(16)="multipliziere"
58170    mi$(17)="nach"
58180    mi$(18)="pende"
58190    mi$(19)="potenziere"
58200    mi$(20)="programm"
58210    mi$(21)="rahmen"
58220    mi$(22)="rufe"
58230    mi$(23)="schrift"
58240    mi$(24)="schirmfrei"
58250    mi$(25)="schleife"
58260    mi$(26)="sende"
58270    mi$(27)="sonst"
58280    mi$(28)="springe"
58290    mi$(29)="sprungmarke"
58300    mi$(30)="subtrahiere"
58310    mi$(31)="ueber"
58320    mi$(32)="uebertrage"
58330    mi$(33)="uende"
58340    mi$(34)="unterprogramm"
58350    mi$(35)="von"
58360    mi$(36)="vorschub"
58370    mi$(37)="wende"
```

```
58380   mi$(38)="wenn"
58390   mi$(39)="zeige"
58400   mi$(40)="zeigez"
58410   mi$(41)="zeigeas"
58420   mi$(42)="zu"
58430   mi$(43)="fuer"
58440   mi$(44)="bis"
58450   mi$(45)="wiederhole"
58460   mi$(46)="/="
58470   mi$(47)="<="
58480   mi$(48)=">="
58490   return
58500   :


52000   rem  Ist t$ ein Token?
52010   :
52020   t$=t$+i1$ : t=0 : a=asc(left$(t$,1))
```

t soll den ASCII-Wert des Schlüssels des MINIATUR-Wortes bekommen. Ändert t seinen Wert beim Durchlaufen des Unterprogramms nicht, so ist in t$ kein Schlüsselwort gespeichert. a soll den ASCII-Wert des ersten Zeichens von t$ erhalten.

```
180   t$=" ":t=0 : rem Variablen für Token
190   a=0           : rem Hilfsvariable lexikalische Analyse
```

Ist in t$ überhaupt eine Buchstabenkombination gespeichert?

```
52030   if a<65 or a>90 then return
```

Jetzt folgt ein berechneter Sprung auf die Unterprogramme für die einzelnen Buchstaben. In Basic sieht das etwas komplizierter aus, ist es aber nicht.

Als erstes teilen wir das Alphabet in 5 Abschnitte zu je 5 Buchstaben und einen Abschnitt mit einem Buchstaben ein.

52040   on int ((a-65)/5) goto 52060,52070,52080,52090,52100

Nun können wir zu den Buchstaben verzweigen. Ist a im Bereich von 65-69, so ist int ((a-65)/5) gleich Null und die nächste Zeile wird genommen.

Gibt es zu einem Buchstaben kein Schlüsselwort, so springen wir in Zeile 52900, in der ein "return" steht:

52900   return

52050   on (a-64)goto 52200,52220,52240,52260,52900
52060   on (a-69)goto 52300,52900,52340,52360,52900
52070   on (a-74)goto 52900,52380,52400,52420,52900
52080   on (a-79)goto 52440,52900,52460,52480,52900
52090   on (a-84)goto 52500,52520,52540,52900,52900
52100   goto 52560

Nachdem wir nun die Prozedur für einen Buchstaben durchlaufen haben, gehen wir zu Zeile 52800.

52800   if t=0 then return
52810   t$=chr$(t) : return

Ist T=0, so ist t$ kein Schlüsselwort, anderenfalls wird das verschlüsselte Schlüsselwort in t$ gespeichert.

52200   b=0 : c=2 : gosub 52700 : return : rem a
52220   b=3 : c=4 : gosub 52700 : rem b
52230   b=44: c=44: gosub 52700 : return : rem bis
52240   b=5 : c=6 : gosub 52700 : return : rem c

```
52260  b=7  : c=9  : gosub 52700 : return : rem d
52300  b=10 : c=10 : gosub 52700 : rem f
52310  b=43 : c=43 : gosub 52700 : return : rem fuer
52340  b=11 : c=12 : gosub 52700 : return : rem h
52360  b=13 : c=13 : gosub 52700 : return : rem i
52380  b=14 : c=14 : gosub 52700 : return : rem l
52400  b=15 : c=16 : gosub 52700 : return : rem m
52420  b=17 : c=17 : gosub 52700 : return : rem n
52440  b=18 : c=20 : gosub 52700 : return : rem p
52460  b=21 : c=22 : gosub 52700 : return : rem r
52480  b=23 : c=30 : gosub 52700 : return : rem s
52500  b=31 : c=34 : gosub 52700 : return : rem u
52520  b=35 : c=36 : gosub 52700 : return : rem v
52540  b=37 : c=38 : gosub 52700 : rem w
53550  b=45 : c=45 : gosub 52700 : return : rem wiederhole
52560  b=39 : c=42 : gosub 52700 : return : rem z


52700  for d=b to c
52710  if  t$=mi$(d) then t=128+d
52720  next d
```

Diese Konstruktion ist doch nett oder?

In mi$ sind die MINIATUR-Worte gespeichert. Fürjeden obengenannten Buchstaben haben wir in mi$ Eintragungen. In b ist die untere, in c die obere Grenze dieser Eintragungen gespeichert. Vergessen wir nicht b,c,d anzumelden.

190   a=0:b=0:c=0:d=0:rem Hilfsvariablen lex. Analyse

Damit wären wir am Ende der lexikalischen Analyse. In diesem Buch sollen Möglichkeiten der Programmierung in Basic gezeigt werden, die leicht zu verstehen, zu ändern und zu erweitern sind. Es sind Möglichkeiten, die häufig ein

längeres Nachdenken erfordern, aber im Programm dann ganz einfach sind.
Wenn Sie das Programm eingegeben haben, so vergleichen Sie es bitte mit dem Listing weiter hinten im Buch. Es heißt ´Das Listing des Parsers´.
Dieses Listing ist mit einem Programm in dieses Buch übernommen worden, während die Zeilen oben von Hand getippt wurden. Im Zweifellsfalle ist das Listing maßgebend.

DIE SYNTAKTISCHE ANALYSE:

Die Frage, die sich bei der syntaktischen Analyse stellt, ist folgende: Entspricht unser Miniatur-Programm den Regeln der Miniatur-Grammatik? Wir fassen das Miniatur-Programm als Satz in der Sprache Miniatur auf und müssen prüfen, ob der Satz ein gültiger Miniatur-Satz ist. Die Aufgabe können wir vergleichen mit dem Problem, das sich ergibt, wenn wir feststellen wollen, ob ein Satz den Regeln der deutschen Grammatik entspricht. Sehen wir uns zunächst als Beispiel die Analyse eines deutschen Satzes an und übertragen wir dann das Bekannte auf das Unbekannte.

Wir wollen den Satz ´Der Hund bellt.´ analysieren. Verkürzen wir die Regel für einen deutschen Satz auf folgende:

Satz::= Subjekt Prädikat "."

Diese Regel können wir so lesen:

Ein Satz besteht aus einem Subjekt, einem Prädikat und einem Punkt. Nun wissen wir, woraus ein Satz besteht, aber was ist ein Subjekt und was ein Prädikat? Was ein Punkt ist, wissen wir. Er erscheint auch schon in unserem Satz.

Symbole - hier ist auch der Punkt als ein Symbol zu verstehen -, die in einem Satz der Sprache auftauchen können, wollen wir Terminal-Symbole nennen, im Gegensatz zu denjenigen, die wir noch weiter analysieren müssen, um zu Terminal-Symbolen zu gelangen, und deshalb Nonterminal-Symbole nennen wollen.

```
Subjekt    ::= Artikel Substantiv
Artikel    ::= 'Der'
             :  'Die'
             :  'Das'
Substantiv ::= 'Auto'
             :  'Dose'
             :  'Hund'
```

Ein Subjekt soll aus einem Artikel und einem Substantiv aufgebaut sein. Ein Artikel kann sein : 'Der' oder 'Die' oder 'Das'. Bei der Analyse des Artikels haben wir also verschiedene Alternativen, diese wollen wir durch den Doppelpunkt kenntlich machen. An Substantiven steht uns zur Verfügung 'Auto', 'Dose', 'Hund'.

```
Prädikat ::= Verb
Verb     ::= 'bellt'
           :  'glänzt'
           :  'rollt'
```

Als Prädikat dürfen wir nur ein Verb wählen und als Verben stehen uns zur Verfügung: 'bellt', 'glänzt', 'rollt'.

Analysieren wir jetzt unseren Satz:

```
Der     Hund         bellt       .
    Subjekt       Prädikat     '.'
Artikel Substantiv Verb         '.'
'Der'   'Hund'       'bellt'    '.'
```

Wir stellen also fest, daß 'Der Hund bellt.' ein gültiger deutscher Satz ist. Die Grammatik, die wir oben entwickelt haben, ist recht einfach, und wir konnten bei der Analyse so vorgehen, daß wir die einzelnen Möglichkeiten 'durchprobiert' haben. Bei einer größeren Grammatik kann das aber sehr lange dauern, selbst wenn wir einen Computer zur Hilfe nehmen. Hier müssen wir uns noch eine Vorschrift oder einen Algorithmus überlegen, aber das später. Gehen wir erst einmal daran, eine Grammatik für Miniatur aufzustellen. Dazu müssen wir uns die Anweisungen von Miniatur noch einmal genau ansehen.

Die Grammatik:

Jedes Miniaturprogramm hat folgenden grundsätzlichen Aufbau:

```
programm     Programmbezeichner      ist
--
-- Definitionsblock
--
beginne
--
-- Anweisungsblock
--
pende Programmbezeichner.
--
--
Unterprogramme
```

Schreiben wir uns als Regel auf:

```
Programm ::=´programm´ Programmbezeichner ´ist´
             Definitionsblock  ´beginne´
             Anweisungsblock        ´pende´
             Programmbezeichner ´.´ Unterprogramm EOF
```

Damit haben wir die Regel ´Programm´ definiert. Als noch unbekannte Regeln kommen vor:

- Programmbezeichner

- Definitionsblock
- Anweisungsblock
- Unterprogramm

Haben wir auch diese definiert und diejenigen Regeln, die in diesen als unbekannte Regeln auftauchen, so ist unsere Grammatik fertig.

Ein paar Worte noch zu der Schreibweise:

Die Worte in Hochkommata sind die Terminal-Symbole. Alle Nicht-Terminal-Symbole, die auf 'bezeichner' enden, wollen wir gemeinsam definieren. Der jeweilige Vorsatz (z.B. Programm, Schleifen, Unterprogramm ...) dient nicht zur syntaktischen Unterteilung. Alle Bezeichner sollen den gleichen syntaktischen Aufbau haben, während Programm, Unterprogramm ... als Vorsatz die Art des Bezeichners angibt. Diese Unterscheidung werden wir bei der semantischen Analyse benötigen. Als Beispiel: Ein Programmbezeichner darf nicht als Variablenbezeichner verwendet werden.

Das Nicht-Terminal-Symbol EOF bedeutet: 'END OF FILE', was nichts anderes meint als das physikalische Ende der Programmdatei.

Die Einführung von EOF scheint etwas gekünstelt, aber wir werden dieses Symbol bei der Analyse brauchen.

```
Unterprogramm ::= 'unterprogramm' Unterprogrammbezeichner
                  'ist' Anweisungsblock 'uende'
                  Unterprogrammbezeichner '.'
                  Unterprogramm
              : L
```

Bei dieser Regel haben wir die Möglichkeit zu wählen. Das große 'L' bedeutet, daß diese Regel auch Leer sein kann, d.h. wir müssen diese Regel zwar anwenden, aber sie braucht in unserem Miniatur-Programm nicht sichtbar zu sein. Ein Miniaturprogramm kann Unterprogramme enthalten, es müssen aber keine vorhanden sein.

Da die Regel 'programm' für jedes Miniatur-Programm gültig ist und in dieser Regel auch 'Unterprogramm' vorkommt, muß die Regel 'Unterprogramm' angewendet werden.

Sind in unserem Miniatur-Programm keine Unterprogramme vorhanden, muß die Regel 'Unterprogramm' diese Möglichkeit berücksichtigen. In diesem Fall wählen wir die Alternative mit dem 'L'.

Die erste Alternative beschreibt, wie ein Unterprogramm aufgebaut sein muß und endet wieder mit dem Aufruf der Regel 'Unterprogramm'. Die Regel ruft sich am Ende wieder selbst, da es sein darf, daß mehrere Unterprogramme vorhanden sind. Ist nur eins vorhanden, so wird im zweiten Durchlauf die Alternative mit dem 'L' genommen. Neue Nicht-Terminal-Symbole sind bei dieser Regel nicht hinzugekommen.

Wenden wir uns den Bezeichnern zu:

```
Bezeichner    ::= Buchstabe Bezeichner-1
Bezeichner-1  ::= Buchstabe Bezeichner-1
              :   L

Buchstabe     ::= 'a'
              :   'b'
              :   'c'
              :   .
              :   .
              :   'x'
              :   'y'
```

: ´z´

Nach dieser Regel darf ein Bezeichner aus beliebig vielen Buchstaben bestehen. Wir hatten uns als Grenze 80 Buchstaben gesetzt. Einen Bezeichner, der mehr Buchstaben umfaßt, können wir gar nicht eingeben.

```
Definitionsblock       ::= Variablendefinition
                       : L
Variablendefinition    ::= ´fliess´ Variablenbezeichner
                           Variablendefinition-2´.´
                           Definitionsblock
Variablendefinition-2 ::= ´,´ Variablenbezeichner
                           Variablendefinition-2
                       : L
```

Zur Erläuterung:

Ein Definitionsblock darf leer sein. Ist er es nicht, so besteht er aus Variablendefinitionen. Die Regel ´Variablendefinition´ ruft am Ende Definitionsblock auf, da beliebig viele Variablendefinitionen angefügt werden können. Innerhalb einer Definition können mehrere Variablen / durch Komma getrennt / vereinbart werden. Darum die Einführung von ´Variablendefinition-2´.

Kommen wir zum Anweisungsblock:

Dies wird jetzt ein wenig umfangreicher, da alle Möglichkeiten, Anweisungen zu bilden, beachtet werden müssen.

```
Anweisungsblock   ::= Anweisung Anweisungsfolge
Anweisungsfolge   ::= Anweisung Anweisungsfolge
                  : L
Anweisung         ::= ´leer´ ´.´
```

: ´zeige´ Zeige-1 ´.´
: ´zeigez´ Zeige-1 ´.´
: ´vorschub´ ´.´
: ´schirmfrei´ ´.´
: ´cuspalte´ Ganzzahl ´.´
: ´cuzeile´ Ganzzahl ´.´
: ´zeigeas´ Ganzzahl ´.´
: ´ausgabegeraet´ Gerätebezeichner ´.´
: ´rahmen´ Farbbezeichner ´.´
: ´hintergrund´ Farbbezeichner ´.´
: ´schrift´ Farbbezeichner ´.´
: ´hole´ Variablenbezeichner ´.´
: ´uebertrage´ Uebertrage-1 ´.´
: ´addiere´ Variablenbezeichner ´zu´
  Variablenbezeichner
  ´nach´ Variablenbezeichner ´.´
: ´subtrahiere" Variablenbezeichner
  ´von´ Variablenbezeichner ´nach´
  Variablenbezeichner ´.´
: ´multipliziere´ Variablenbezeichner
  ´mit´ Variablenbezeichner ´nach´
  Variablenbezeichner ´.´
: ´dividiere´ Variablenbezeichner
  ´durch´ Variablenbezeichner ´nach´
  Variablenbezeichner ´.´
: ´potenziere´ Variablenbezeichner ´mit´
  Variablenbezeichner ´nach´
  Variablenbezeichner ´.´
: ´bilde´ Funktionsbezeichner
  ´von´ Variablenbezeichner
  Bilde-1 ´.´
: ´wenn´ Bedingung ´dann´
  Anweisungsblock ´sonst´
  Anweisungsblock ´wende´ ´.´
: ´schleife´ Schleifenbezeichner ´ueber´
  Anweisungsblock ´.´

```
            :   'ausgang' Schleifenbezeichner 'wenn'
                Bedingung '.'
            :   'fuer' Variablenbezeichner 'von'
                Variablenbezeichner
                'bis' Variablenbezeichner
                'wiederhole'
                Anweisungsblock 'sende' '.'
            :   'sprungmarke' Sprungbezeichner '.'
            :   'springe' Sprungbezeichner '.'
            :   'rufe' Unterprogrammbezeichner '.'

Soweit die Regel 'Anweisung'. Noch nicht bearbeitet sind:

            - Zeichenkette
            - Ganzzahl
            - Uebertrage-1
            - Bilde-1
            - Bedingung
            - Zeige-1

Übertrage-1   ::= Fliesskommazahl 'nach' Variablenbezeichner
              :   Variablenbezeichner 'nach'
                  Variablenbezeichner
Bilde-1       ::= 'nach' Variablenbezeichner
              :   L
Bedingung     ::= Variablenbezeichner Operator
                  Variablenbezeichner
Operator      ::= '='
              :   '/='
              :   '<'
              :   '<='
              :   '>'
              :   '>='
Zeichenkette  ::= Tastaturzeichen Zeichenkette
              :   L
```

'Tastaturzeichen' wollen wir nicht weiter definieren, sondern darunter alle von der Tastatur aus erzeugbaren Zeichen verstehen, außer den Anführungszeichen.

Bleibt noch Ganzzahl, Fließkommazahl und Zeige-1.

```
Ganzzahl         ::= Ziffer Ganzzahl-1
Ganzzahl-1       ::= Ziffer Ganzzahl-1
                   : L
Ziffer           ::= '0'
                   : '1'
                   : '2'
                   : .
                   : '9'
Fließkommazahl   ::= Ganzzahl Fließkommazahl-1
Fließkommazahl-1 ::= '.' Ganzzahl Fließkommazahl-2
                   : Exponent
                   : L
Fließkommazahl-2 ::= Exponent
                   : L
Exponent         ::= 'e' Exponent-1
Exponent-1       ::= '+' Ganzzahl
                   : '-' Ganzzahl
                   : Ganzzahl
Zeige-1          ::= '"' Zeichenkette '"'
                   : Variablenbezeichner
```

Damit hätten wir die Sprache Miniatur durch eine Grammatik vollständig beschrieben.

Wir haben sie enwickelt, indem wir die Möglichkeiten der Sprache durchgegangen sind in der Reihenfolge, wie wir sie in dem Buch aufgeschrieben haben.
Um jedoch mit der Grammatik arbeiten zu können, wollen wir die Regeln und die Alternativen durchnummerieren und einen Index erstellen.

DIE REGELN DER GRAMMATIK:

```
01  Programm      ::= ´programm´ Programmbezeichner ´ist´
                     Definitionsblock ´beginne´
                     Anweisungsblock ´pende´ Programmbezeichner
                     ´.´ Unterprogramm EOF
02  Unterprogramm ::= ´unterprogramm´ Unterprogramm-
                     bezeichner ´ist´ Anweisungsblock
                     ´uende´ Unterprogrammbezeichner
                     ´.´ Unterprogramm
03                :  L
04  Bezeichner    ::= Buchstabe Bezeichner-1
04a Bezeichner-1  ::= Buchstabe Bezeichner-1
05                :  L
06  Buchstabe     ::= ´a´
                  :  ´b´
                  :  ´c´
                  :  .
                  :  .
                  :  ´x´
                  :  ´y´
                  :  ´z´
07  Definitionsblock   ::= Variablendefinition
08                :  L
09  Variablendefinition ::= ´fliess´ Variablenbezeichner
                     Variablendefinition-2
                     ´.´ Definitionsblock.
10  Variablendefinition-2 ::= ´,´Variablenbezeichner
                     Variablendefinition-2
11                :  L
12  Anweisungsblock ::= Anweisung Anweisungsfolge
13  Anweisungsfolge ::= Anweisung Anweisungsfolge
14                :  L
15  Anweisung     ::= ´leer´ ´.´
```

16	:	´zeige´ Zeige-1 ´.´
17	:	´zeigez´ Zeige-1 ´.´
18	:	´vorschub´ ´.´
19	:	´schirmfrei´ ´.´
20	:	´cuspalte´ Ganzzahl ´.´
21	:	´cuzeile´ Ganzzahl ´.´
22	:	´zeigeas´ Ganzzahl ´.´
23	:	´ausgabegeraet´ Gerätebezeichner ´.´
24	:	´rahmen´ Farbbezeichner ´.´
25	:	´hintergrund´ Farbbezeichner ´.´
26	:	´schrift´ Farbbezeichner´.´
27	:	´hole´ Variablenbezeichner ´.´
28	:	´uebertrage´ Uebertrage-1 ´.´
29	:	´addiere´ Variablenbezeichner ´zu´ Variablenbezeichner nach Variablenbezeichner ´.´
30	:	´subtrahiere´ Variablenbezeichner ´von´ Variablenbezeichner ´nach´ Variablenbezeichner´.´
31	:	´multipliziere´ Variablenbezeichner ´mit´ Variablenbezeichner ´nach´ Variablenbezeichner ´.´
32	:	´dividiere´ Variablenbezeichner ´durch´ Variablenbezeichner ´nach´ Variablenbezeichner ´.´
33	:	´potenziere´ Variablenbezeichner ´mit´ Variablenbezeichner ´nach´ Variablenbezeichner ´.´
34	:	´bilde´ Funktionsbezeichner ´von´ Variablenbezeichner Bilde-1 ´.´
35	:	´wenn´ Bedingung ´dann´ Anweisungsblock ´sonst´ Anweisungsblock ´wende´ ´.´
36	:	´schleife´ Schleifenbezeichner ´ueber´ Anweisungsblock

		´sende´ Schleifenbezeichner ´.´
37		: ´ausgang´ Schleifenbezeichner
		´wenn´ Bedingung ´.´
38		: ´fuer´ Variablenbezeichner ´von´
		Variablenbezeichner ´bis´
		Variablenbezeichner ´wiederhole´"
		Anweisungsblock ´sende´ ´.´
39		: ´sprungmarke´ Sprungbezeichner ´.´
40		: ´springe´ Sprungbezeichner ´.´
41		: ´rufe´Unterprogrammbezeichner ´.´
42	Uebertrage-1	::= Fließkommazahl ´nach´
		Variablenbezeichner
43		: Variablenbezeichner ´nach´
		Variablenbezeichner
44	Bilde-1	::= ´nach´ Variablenbezeichner
45		: L
46	Bedingung	::= Variablenbezeichner Operator
		Variablenbezeichner
47	Operator ::= ´=´	
48	. ´/=´	
49	: ´<´	
50	: ´<=´	
51	: ´>´	
52	: ´>=´	
53	Zeichenkette	::= Tastaturzeichen Zeichenkette
54		: L
55	Ganzzahl	::= Ziffer Ganzzahl-1
55a	Ganzzahl-1	::= Ziffer Ganzzahl-1
56		: L
57	Ziffer	::= ´0´
		: ´1´
		: ´2´
		: .
		: ´9´
58	Fließkommazahl	::= Ganzzahl Fließkommazahl-1
59	Fließkommazahl-1	::= ´.´ Ganzzahl Fließkommazahl-2

```
60                        :  Exponent
61                        :  L
62  Fließkommazahl-2  ::=  Exponent
63                        :  L
64  Exponent          ::=  ´e´ Exponent-1
65  Exponent-1        ::=  ´+´ Ganzzahl
66                        :  ´-´ Ganzzahl
67                        :  Ganzzahl
68  Zeige-1           ::=  ´"´ Zeichenkette´"´
69                        :  Variablenbezeichner
```

DER INDEX DER GRAMMATIK:

Der Index ist wie folgt aufgebaut:

Am Anfang der Zeile steht die Schlüssel-Nummer der Regel. Diese erscheint, wenn Sie sich während der syntaktischen Analyse den Stack ausgeben lassen. Dazu kommen wir aber noch später!

Die Zahl danach gibt die Nummer der Regel an, mit der sie in der Grammatik definiert ist. Die Nummern nach dem Schrägstrich geben an, in welchen Regeln in der Grammatik diese Regel gebraucht wird.

01	Anweisung	15/ 12,3
02	Anweisungsblock	12/ 1, 2, 35, 36, 38
03	Anweisungsfolge	13/ 12, 13
04	Bedingung	46/ 35, 37
05	Bezeichner	4/ 1, 2, 4,9, 10, 23, 24, 25, 26, 27, 29, 30, 31, 32, 33, 34, 36, 37, 38, 39, 40, 41, 42, 43, 44, 46
24	Bezeichner-1	4a/ 4, 4a
06	Bilde-1	44/ 34
07	Buchstabe	6/ 4, 4a
08	Definitionsblock	7/ 1,
09	Exponent	64/ 60, 62
10	Exponent-1	65/ 64
11	Fließkommazahl	58/ 42
12	Fließkommazahl-1	59/ 58
13	Fließkommazahl-2	62/ 59
14	Ganzzahl	55/ 20, 21, 22, 58, 59, 65, 66, 67,
23	Ganzzahl-1	55a/ 55, 55a
15	Operator	47/ 46
16	Programm	1/

17	Uebertrage-1	42/28	
18	Unterprogramm	2/ 1, 2	
19	Variablendefinition	9/ 7, 9	
20	Variablendefinition-2	10/ 9,1o	
21	Zeichenkette	53/ 53, 68	
25	Zeige-1	68/ 16, 17	
22	Ziffer	57/ 55	
26	Tastaturzeichen	/ 53	

WIE ARBEITET DER ÜBERSETZER MIT DER GRAMMATIK?

In diesem und den nächsten beiden Kapiteln wollen wir die Vorarbeiten leisten, die wir brauchen, um das Programm für die syntaktische Analyse zu schreiben. Ein Programm für die syntaktische Analyse nennt man ´Parser´. Wir wollen zunächst davon ausgehen, daß unser zu prüfendes Miniatur-Programm schon syntaktisch korrekt ist und uns zuerst um die Technik der Analyse bemühen, bevor wir uns der Behandlung von Fehlern zuwenden.

Wie schon gesagt, orientiert sich der Parser an der Grammatik und an dem Index. Um die Methode der Analyse kennenzulernen, wollen wir folgendes kleine Programm parsen:

```
10 programm a ist
20 beginne
30 leer
40 pende a.
```

Wir wissen, daß jedes Miniatur-Programm der Regel 01 ´Programm´ genügen muß. Diese Regel umfaßt die gesamte ´Entwicklung´ eines Miniatur-Programms, sei es auch noch so kompliziert aufgebaut. Der Parser nimmt also diese Regel als erste und ´merkt´ sie sich. Nun taucht natürlich die Frage auf: Wie merkt der Parser sich diese Regel?

Der Parser speichert die Regel in einem sogenannten ´Stapelspeicher´ oder auch ´Stack´.

Nächste Frage: Was ist ein Stack und wie kann man ihn sich vorstellen?

Folgender Vorschlag:

Stellen wir uns einen Aufzug in einem Wolkenkratzer vor, der nach dem folgenden Prinzip arbeitet:

Es befinden sich nur zwei Knöpfe in der Kabine.
Knopf 1: Einen Stock aufwärts.
Knopf 2: Einen Stock abwärts.
Startpunkt für eine Fahrt ist die Ebene 0. Von hier aus können wir jeweils einen Stock höher fahren und eine Information hinterlegen. Diese 'hinterlegte' Information vergessen wir, sobald wir das Stockwerk, in dem wir uns gerade befinden, verlassen. Fahren wir höher, so ist diese Information noch in dem Stockwerk vorhanden, aber wir können erst wieder auf diese Information zurückgreifen, wenn wir auf dieses Stockwerk zurückkommen. Informationen auf höherliegenden Stockwerken existieren für uns nicht. Zudem können wir nur ein Stockwerk höher fahren, wenn wir in dem momentanen eine Information abgelegt haben. Alle tieferliegenden Stockwerke sind somit lückenlos mit Informationen gefüllt.

Diese 'Konstruktion' dient nur dem Zweck, daß wir uns Informationen merken können, die wir zu einem späteren Zeitpunkt noch benötigen.

Merken wir uns doch die Regel 01 'Programm'!

Es mag Sie vielleicht überraschen, aber der Parser merkt sich die Regeln von 'rechts nach links'.

Stockwerk	Information
Ebene 0	EOF
Ebene 1	Unterprogramm
Ebene 2	´.´
Ebene 3	Programmbezeichner
Ebene 4	´pende´
Ebene 5	Anweisungsblock
Ebene 6	´beginne´
Ebene 7	Definitionsblock
Ebene 8	´ist´
Ebene 9	Programmbezeichner
Ebene 10	´Programm´

Wir befinden uns im 10. Stockwerk und verfügen über die Information ´Programm´. Was machen wir nun mit dieser Information?

Wir wissen, daß ´programm´ ein Terminal-Symbol ist. (Erinnern Sie sich noch an das Beispiel mit dem deutschen Satz?) Wir wissen weiter, daß jedes Miniatur-Programm mit ´programm´ beginnen muß! Dieses wissen wir eben darum, weil die oberste Stockinformation ein Terminal-Symbol ist.

Über diese Sätze lohnt es sich nachzudenken! Sie beinhalten das halbe ´Geheimnis´ der Analyse.

DIE ANALYSESTRATEGIE

Bei den Vorbereitungen zur Analyse hat sich der Parser diese Regel gemerkt und der Scanner wurde veranlaßt, das erste Token des MINIATUR-Programms bereitzustellen. Das erste Token unseres Programms ist aber ´programm´. Der Parser hat jetzt nichts weiter zu tun, als das Terminal-Symbol ´programm´ mit dem Token ´programm´ zu vergleichen. Da die beiden Informationen gleich sind, weiß der Parser, daß unser MINIATUR-Programm bis zum Wort ´programm´ den syntaktischen Regeln von MINIATUR entspricht. Das Token ´programm´ kann er deshalb vergessen und fordert vom Scanner das nächste Token an. Er erhält ´a´. Nun fährt er eine Etage tiefer, da die Information ´programm´ überflüssig geworden ist und er Informationen über die zukünftige mögliche Entwicklung von MINIATUR-Programmen braucht. Er liest ´Programmbezeichner´ in dem syntaktischen Sinne von ´Bezeichner´. ´Bezeichner´ ist aber ein Nicht-Terminal-Symbol, das er nicht mit ´a´ vergleichen kann. ´Bezeichner´ gibt eine Regel an.

Welche Strategie wendet er an?

Er ersetzt den Namen ´Bezeichner´ durch die entsprechenden Regeln, solange bis wieder ein Terminal-Symbol oberste Stackinformation ist.

Die Regel für ´Bezeichner´:

```
04   Bezeichner    ::= Buchstabe Bezeichner
05                  :  L
```

Nun hat Der Parser hier zwei Möglichkeiten:

Entweder er nimmt ´Buchstabe Bezeichner´ oder ´L´. Wie

entscheidet er sich?

Wie entscheidet er sich?

Zu jeder Möglichkeit hat er eine Liste, in der aufgeführt ist, bei welchem momentanen Token welche Alternative gewählt werden muß. Wie der Parser zu dieser Liste kommt, wollen wir gleich besprechen. Um Sie ein wenig auf die Folter zu spannen und um den 'roten Faden' nicht zu verlieren, wollen Sie die Auswahl bitte solange in unsere Hände legen und darauf vertrauen, daß wir nicht irren.

Der Parser wählt 04 'Buchstabe Bezeichner'. Er löscht Ebene 9 und trägt die Kombination ein:

Ebene 9   Bezeichner
Ebene 10 Buchstabe

Oberste Stackinformation ist nun Buchstabe. Unter Buchstabe verstehen wir alle Kleinbuchstaben und da 'a' ein Kleinbuchstabe ist, kann der Parser Buchstabe durch 'a' ersetzen und mit dem Token 'a' vergleichen. Da diese übereinstimmen, fordert er das nächste Token an und fährt eine Etage tiefer. Nächstes Token ist 'ist'. Auf Ebene 9 steht 'Bezeichner'.

Der Parser hat nun wieder die Wahl zwischen 'Buchstabe Bezeichner' und 'L'. Diesmal entscheidet er sich für 'L'. 'L' bedeutet aber 'Löschen' bzw. eine Ebene tiefer fahren. Auf Ebene 8 findet er die Information 'ist', ein Terminal-Symbol. Also folgt der Vergleich mit dem Token. Da Gleichheit festgestellt wird, folgt ..... .

Das 'Spiel' der letzten Seiten geht nun solange weiter, bis der Scanner meldet 'End of File' (MINIATUR-Programm zu Ende) und der Parser auf Ebene 0 die Übereinstimmung feststellt.

Dann ist unser MINIATUR-Programm syntaktisch korrekt und der Parser hat seine Aufgabe beendet.

Wir hoffen, daß es deutlich wurde, wie der Parser arbeitet. Sie sollten einmal versuchen, den Rest des Programms zu parsen. Falls Sie dann bei einer Regel nicht wissen, welche Alternative Sie nehmen sollen, probieren Sie einfach eine aus.

Wie Sie sicher bemerkten, habe ich die Regel ´Bezeichner´ nicht so aufgeführt, wie wir sie in der Grammatik vereinbart haben. Nehmen Sie jetzt bitte als Übung die richtige Regel und spielen den Fall noch einmal durch.

Drei Fragen sind noch offen:

- Wie gelangen wir zu der Liste, die die Auswahl der Alternativen steuert?
- Wie behandelt der Parser fehlerhafte Programme?
- Was muß der Parser tun, damit die Programme in Maschinensprache übersetzt werden können?

DIE AUSWAHL DER ALTERNATIVEN:

Der Parser geht bei der Analyse wie folgt vor:

Er sucht nach der obersten Stackinformation die Regel, die er anwenden muß. Dann schaut er sich das aktuelle Token an und wählt mit Hilfe einer Liste die Alternative aus. Zu jeder Alternative gibt es eine Liste von möglichen Token.

Wie gelangen wir an die Listen?

Die Token unseres Programmes sind immer Terminal-Smbole. Wir müssen zu jeder Alternative die Terminal-Symbole suchen, die als Erste bei der Anwendung der Alternative auftreten können. Dies ist schnell gesagt, die Aufgabe kann aber sehr umfangreich werden, besonders wenn man eine große Grammatik zu bearbeiten hat, bei der nur sehr wenige Alternativen mit Terminal-Symbolen beginnen. In einigen Büchern gibt es Vorschriften, die man anwenden kann und die immer zum Erfolg führen. Dies sind aber im Grunde nur Hinweise zur Arbeitstechnik, die dazu dienen können, ein Programm zu schreiben, welches die betreffenden Terminal-Symbole herausfindet. Jedoch erkennt man meist nicht mehr, worauf es ´ankommt´. Man führt nur noch stupide Arbeiten aus. Wir wollen uns deshalb bei jeder Alternative überlegen, welche Terminal-Symbole vorkommen können.

Fangen wir also an und nehmen der Vollständigkeit halber die Regel 01 ´Programm´ mit auf, obwohl die Regel nie gewählt wird, da sie zu Beginn des parsens vorgegeben wird.

Alternative	Terminal-Symbole
01	programm

02	unterprogramm
03	EOF

Ist eine Alternative leer, so müssen wir nachsehen, in welchen Regeln die betreffende Regel auftaucht und welches die ersten Terminal-Symbole sein können, die evtl. darauf folgen. Beispiel: Unterprogramm kommt nur in der Regel Progamm vor. Das einzige Terminal-Symbol, das folgen kann, ist die EOF-Marke. Daraus folgt: Ist das oberste Stack-Symbol ´Unterprogramm´ und das aktuelle Token ´unterprogramm´, so wird Alternative 02 gewählt. Ist das oberste Stack-Symbol ´Unterprogramm´ und das aktuelle Token ´EOF´, so wird Regel 03 angewendet.

04	Buchstabe
04a	Buchstabe
05	ist, ´.´, ´,´, zu, nach, von, mit, durch ueber, wenn, bis, wiederhole ´=´, ´/=´, ´<´, ´<=´, ´>´, ´>=´, dann

Bitte verfolgen Sie einmal, wie wir auf die Terminal-Symbole von 05 gekommen sind! Nehmen Sie dazu auch den Index zu Hilfe.

06	Buchstabe
07	fliess
08	beginne
09	fliess
10	´,´
11	´.´
12	leer, zeige, zeigez, vorschub, schirmfrei, cuspalte, cuzeile, zeigeas, ausgabegeraet, rahmen, hintergrund, schrift, hole, uebertrage, addiere, subtrahiere, multipliziere, dividiere, potenziere, bilde, wenn, schleife, ausgang, fuer, sprungmarke,

	springe, rufe
13	wie 12
14	pende, uende, sonst, wende,´.´, sende
15	leer
16	zeige
17	zeigez
18	vorschub
19	schirmfrei
20	cuspalte
21	cuzeile
22	zeigeas
23	ausgabegeraet
24	rahmen
25	hintergrund
26	schrift
27	hole
28	uebertrage
29	addiere
30	subtrahiere
31	multipliziere
32	dividiere
33	potenziere
34	bilde
35	wenn
36	schleife
37	ausgang
38	fuer
39	sprungmarke
40	springe
41	rufe
42	Ziffer
43	Buchstabe
44	nach
45	´.´
46	Buchstabe
47	´=´

48	´/=´
49	´<´
53	Tastaturzeichen ohne ´"´
54	´"´
55	Ziffer
55a	Ziffer
56	´.´, ´e´, nach
57	Ziffer
58	Ziffer
59	´.´
60	´e´
61	nach
62	´e´
63	nach
64	´e´
65	´+´
66	´-´
67	Ziffer
68	´"´
69	Buchstabe

Das Erstellen dieser Listen scheint eine verwirrende Sache zu sein, aber es ist wirklich ganz einfach. Wir wollen es nochmal an einem Beispiel verdeutlichen:

Alternative 56:

Die Alternative ist leer, darum stellt sich die Frage: Was kann auf Ganzzahl-1 folgen?

Ganzzahl-1 kommt nur in der Regel Ganzzahl vor und zwar als letztes Element. Darum stellt sich die Frage: Was kann auf Ganzzahl folgen? Laut Index kommt Ganzzahl in den Alternativen 20, 21, 23, 58, 59, 65, 66, 67 vor. In 20, 21, 22 erscheint nach Ganzzahl der Punkt.

In 58 kommt Ganzzahl vor der Regel Fließkommazahl-1. Die Nachfolger von Ganzzahl ergeben sich aus dieser Regel als die ersten Terminal-Symbole und da Fließkommazahl-1 auch die leere Alternative 61 umfaßt, auch als die nachfolgenden Terminal-Symbole von Fließkommazahl-1.
Die ersten Terminal-Symbole wollen wir mit ´die Ersten´ und die nachfolgenden Terminal-Symbole mit ´die Nachfolger´ abkürzen.

Die Ersten von Fließkommazahl-1 sind : ´.´ und das Erste von Exponent ´e´. Die Nachfolger von Fließkommazahl-1 ergeben sich zu den Nachfolgern von Fließkommazahl, da Fließkommazahl-1 nur als letztes Element in Fließkommazahl vorkommt. Fließkommazahl kommt aber nur in Alternative 42 vor. Nachfolger ist ´nach´.
Zwischenergebnis: Bis jetzt haben wir ´.´, ´e´ und ´nach´. Bleiben noch 65, 66, 67 als zu betrachtende Alternativen. Alle drei hören mit Ganzzahl auf und gehören zu Esponent-1.

Frage: Was sind die Nachfolger von Exponent-1?
Antwort: Die Nachfolger von Exponent!

Frage: Was sind die Nachfolger von Exponent?
Antwort: Die Nachfolger von Fließkommazahl-2 und Fließkommazahl-1!
Frage: Was sind die Nachfolger von Fließkomazahl-2?
Antwort: Die Nachfolger von Fließkommazahl-1!

Dieses hatten wir weiter oben schon als ´nach´ festgestellt.

So fügt man mit einfachen Überlegungen die Listen zusammen. Es wird aber auch deutlich, daß man sich bei größeren Grammatiken Techniken überlegen muß, um fehlerfrei ans Ziel zu kommen. Bei der bisherigen Diskussion haben wir noch nicht erwähnt, daß der Parser nur dann immer genau weiß, welche Alternative er wählen soll, wenn die Listen zu den Alternativen einer Regel alle verschiedenen Token enthalten. Dies ist übrigens die ´Nagelprobe´ für die Grammatik. Kommen in den Listen zu den Alternativen einer Regel gleiche Token vor, so müssen wir entweder unsere Grammatik ändern oder uns eine andere Analysemethode suchen.

DIE BETRACHTUNG FEHLERHAFTER PROGRAMME:

Bis jetzt sind wir davon ausgegangen, daß unser Miniatur-Programm syntaktisch korrekt ist. Sind in einem Programm syntaktische Fehler, so haben wir zwei Möglichkeiten, diese zu behandeln.

1) Wir geben den gefundenen Fehler aus und brechen die syntaktische Analyse ab.
2) Wir versuchen, die syntaktische Analyse wieder aufzunehmen, um auch den Rest des Programms zu prüfen.

Möglichkeit 1 halten wir für nicht dikutabel. Stellen wir uns vor, in einem Programm sind 20 Fehler, dann brauchen wir mindestens 21 Versuche, bis wir wissen, daß wir ein syntaktisch korrektes Programm haben.

Versuchen wir also die Möglichkeit 2 zu realisieren.
Wie bemerkt der Parser, daß ein Programm fehlerhaft ist?
Dies kann in zwei Situationen geschehen:

1) Das oberste Stack-Symbol ist ein Terminal-Symbol.
   Das momentane Token stimmt nicht mit dem Terminal-Symbol überein.
   Beispiel: Wir haben uns vertippt und ´progrom´ statt
             ´programm´ geschrieben.

2) Der Parser sucht in einer Regel nach der passenden Alternative und findet das aktuelle Token in keiner Liste.
   Beispiel: Wir haben vergessen, einen Programmbezeichner anzugeben: programm ist ... .
             Das aktuelle Token ist dann ´ist´. Der Parser erwartet aber einen Bezeichner,

d.h. einen Buchstaben.

Überlegen wir, welche Strategien wir in 1) und 2) einsetzen wollen:

Grundsätzlich gilt, daß wir ein Stück des zu prüfenden Programms nicht prüfen können, da der Stackinhalt mit der Programmstruktur nicht übereinstimmt. Wir müssen versuchen, den Stack und das Programm wieder so aufeinander abzustimmen, daß die Analyse wieder aufgenommen werden kann.

Zur Situation 1)

Hier wissen wir genau, welches Symbol der Parser erwartet hat und was er statt dessen angeboten bekam. Wir können eine sehr präzise Fehlermeldung machen. Zudem können wir versuchen, das erwartete Symbol im Programm zu finden, indem wir vom Scanner neue Token anfordern. Bei einem Tippfehler können wir aber 'Pech' haben und wir finden das erwartete Symbol nicht. Um dem vorzubeugen, suchen wir höchstens bis zu dem nächsten '.', da der Punkt in Miniatur Anweisungen abschließt, die wir als kleine syntaktische Einheiten ansehen können. Danach müssen wir nun noch den Stack anpassen, indem wir diesen von oben her löschen, bis wir auch auf einen '.' stoßen. Damit wären Stack und Programm aufeinander abgestimmt und die Analyse kann weitergehen.

Zur Situation 2)

Hier können wir eine Liste der Token angeben, die in der syntaktischen Analyse weitergeholfen hätten.

An dieser Stelle wollen wir wie folgt vorgehen:

Wir gehen im Stack nach unten und suchen das nächste Terminal-Symbol , lesen unser Programm weiter, um festzustellen, ob dieses Terminal-Symbol vorkommt. Wir lesen aber höchstens bis zum nächsten Punkt. Falls wir bis zu einem Punkt lesen, gehen wir im Stack soweit herunter, bis wir ebenfalls einen Punkt finden. Damit hätten wir wieder eine ´Abstimmung´ herbeigeführt.

Sie werden vielleicht sagen, daß dieses sehr rauhe Strategien seien, die nicht immer zum Erfolg führen. Außerdem ist die Möglichkeit völlig unberücksichtigt, daß der Rechner eine selbständige Fehlerkorrektur ausführen könnte. Wir stimmen Ihnen dann zu, aber wir werden die Fehlerbehandlung so im Programm absetzen, daß Sie dort eigene Ideen leicht in die Tat umsetzen können, falls der Speicherplatz ausreicht. Es gibt Übersetzer, bei denen die Fehlerkorrektur den gleichen Umfang hat, wie die Analyse selbst. Bei einem Mikro-Rechner muß man gerade in diesem Punkt Kompromisse eingehen.

Weitere Aufgaben :

Wir können nun bereits von jedem Miniatur-Programm feststellen, ob es syntaktisch korrekt ist. Nach der syntaktischen Prüfung folgt die semantische Prüfung und die Codegenerierung. Damit die semantische Prüfung überhaupt stattfinden kann, müssen wir während der syntaktischen Prüfunge Informationen an die semantische Prüfung weitergeben. Da wir bei der syntaktischen Analyse die Struktur des Programms erkunden, sollten wir diese Information nutzen. Die Struktur des Programms ergibt sich aus dem Weg, den der Parser durch die Grammatik wählt. Nutzen wir darum die Grammatik als Informationsquelle. Dazu erweitern wir die Grammatik um Symbole, die wir zwar in die Grammatik einflechten, die aber die syntaktische Analyse nicht beeinflussen. Diese semantischen Symbole bekommen eine besondere Kennzeichnung. Erscheint ein semantisches Symbol als oberste Stackinformation, so erkennt der Parser dieses und verzweigt in ein Unterprogramm, welches dieses Symbol verarbeiten kann. Im Anschluß daran wird dieses Symbol vom Stack entfernt und der Parser setzt seine Arbeit fort.

Die Unterprogramme für die semantischen Symbole führen zwei Dinge aus:

1) Sie sammeln Informationen.
2) Sie geben Informationen aus.

Die Ausgabe der Informationen erfolgt auf die gleiche Datei, auf die wir schon die Zeilennummern geschrieben haben. Auf dieser Datei sammeln sich alle Informationen, die wir benötigen, um unser Miniatur-Programm in ein Maschinenprogramm umzuwandeln. Welche genauen Informationen wollen wir nun ausgeben?

Dazu müssen wir noch einmal durch die Grammatik gehen und zu jeder Alternativen überlegen, was wir tun wollen.

Die semantischen Symbole setzen wir in runde Klammern.

01 Programm ::= ´programm´ (Programmbezeichner Definition)
                 Programmbezeichner ´ist´ (Definitionsteil Anfang)
                 Definitionsblock (Definitionsteil Ende)
                 ´beginne´ Anweisungsblock ´Pende´ (Programmbezeichner Prüfung) Programmbezeichner ´.´
                 Unterprogramm (Programm Ende) EOF

Wird nun diese Regel bearbeitet, so geschieht folgendes:

Ausgabe der Information: ´Programmbezeichner Definition´, anschließend wird der betreffende Bezeichner ausgegeben (siehe 04, 05!). Bei der semantischen Prüfung wird dieser dann in eine Liste eingetragen und als Programmbezeichner gekennzeichnet.

'Definitionsteil Anfang' hat zum Ziel, daß alle nachfolgenden Bezeichner ebenfalls in die Liste eingetragen werden.

Nach 'Definitionsteil Ende' dürfen keine Variablen mehr erklärt werden und alle vorkommenden müssen in der Liste enthalten sein.

Der Bezeichner nach 'Programmbezeichner Prüfung' muß in der Liste als Programmbezeichner vereinbart sein.

Die Aufgaben der semantischen Prüfung und der Codegenerierung werden wir im einzelnen im nächsten Kapitel erläutern.

Erweitern wir hier jetzt die Grammatik, damit wir das Programm für den Parser schreiben können.

```
02    Unterprogramm    ::= 'unterprogramm' (Unterprogramm-
                          bezeichner Definition)
                          Unterprogrammbezeichner
                          'ist' Anweisungsblock 'uende' (Unter-
                          programmbezeichner Prüfung)
                          Unterprogrammbezeichner '.' Unter-
                          programm
03                     :   L
04    Bezeichner       ::= (Buchstabe merken) Buchstabe
                          Bezeichner-1
04a   Bezeichner-1     ::= (Buchstabe merken) Buchstabe
                          Bezeichner-1
05                     :   (Bezeichner ausgeben) L
06    Buchstabe        ::= 'a', 'b', ..., 'z'
```

```
07  Definitionsblock   ::= Variablendefinition
08                      :  L
09  Variablendefinition ::= ´fliess´ Variablenbezeichner
                            Variablendefinition-2
                            ´.´ Definitionsblock
10  Variablendefinition-2 ::= ´,´ Variablenbezeichner
                            Variablendefinition-2
11                      :  L
12  Anweisungsblock    ::= Anweisung Anweisungsfolge
13  Anweisungsfolge    ::= Anweisung Anweisungsfolge
14                      :  L
15  Anweisung          ::= ´leer´ ´.´
16                      :  (Ausgabe) ´zeige´ Zeige-1 ´.´
17                      :  (Ausgabe mit Vorschub) ´zeigez´
                            Zeige-1 ´.´
18                      :  ´vorschub´ ´.´
19                      :  (schirmfrei) ´schirmfrei´ ´.´
20                      :  (Cursorspalte) ´cuspalte´ ´.´
21                      :  (Cursorzeile) ´cuzeile´ Ganzzahl ´.´
22                      :  (Ausgabe ASCII) ´zeigeas´ Ganzzahl
                            ´.´
23                      :  (Gerät) ´ausgabegeraet´
                            Gerätebezeichner ´.´
24                      :  (Rahmen) ´rahmen´ Farbbezeichner ´.´
25                      :  (Hintergrund) ´hintergrund´
                            Farbbezeichner ´.´
28                      :  (Schrift) ´schrift´ Farbbezeichner
                            ´.´
27                      :  (Eingabe) ´hole´ Variablenbe-
                            zeichner ´.´
28                      :  (Übertrage) ´uebertrage´
                            Uebertrage-1 ´.´
29                      :  (Addiere) ´addiere´ Variablen-
                            bezeichner ´zu´ Variablenbezeichner
                            ´nach´ Variablenbezeichner ´.´
30                      :  (subtrahiere) ´subtrahiere´
```

		Variablenbezeichner ´von´ Variablenbezeichner ´.´
31	:	(multipliziere) ´multipliziere´ Variablenbezeichner ´mit´ Variablenbezeichner ´nach´ Variablenbezeichner ´.´
32	:	(dividiere) ´dividiere´ Variablenbezeichner ´durch´ Variablenbezeichner ´.´
33	:	(potenziere) ´potenziere´ Variablenbezeichner ´mit´ Variablenbezeichner ´nach´ Variablenbezeichner ´.´
34	:	(bilde) ´bilde´ Funktionsbezeichner ´von´ Variablenbezeichner Bilde-1 (Punkt) ´.´
35	:	(Entscheidung) ´wenn´ Bedingung ´dann´ Anweisungsblock (sonst) Anweisungsblock ´wende´ (Entscheidungsende) ´.)
36	:	´schleife´ (Endlosschleife) ´ueber´ Anweisungsblock ´sende´ (Endlosschleifenende) Schleifenbezeichner ´.´
37	:	(Ausgang) ´ausgang´ Schleifenbezeichner ´wenn´ Bedingung ´.´
38	:	(Indexschleife) ´fuer´ Variablenbezeichner ´von´ Variablenbezeichner ´bis´ Variablenbezeichner ´wiederhole´ (Schleifenanfang)

```
40                      :   (springe) ´springe´ Sprungbe-
                            zeichner ´.´
41                      :   (rufe) ´rufe´ Unterprogrammbe-
                            zeichner ´.´
42  Uebertrage-1      ::=   ´Fließkommazahl ´nach´ Variablen-
                            zeichner
43                      :   (Variable) Variablenbezeichner ´nach´
                            Variablenbezeichner
44  Bilde-1           ::=   (bilde-1) ´nach´ Variablenbezeichner
45                      :   L
46  Bedingung         ::=   Variablenbezeichner Operator
                            Variablenbezeichner
47  Operator          ::=   (Operator=) ´=´
48                      :   (Operator/=) ´/=´
49                      :   (Operator ) ´<´
50                      :   (Operator =) ´<=´
51                      :   (Operator ) ´>´
52                      :   (Operator =) ´>=´
53  Zeichenkette      ::=   (Zeichen merken) Tastaturzeichen
                            Zeichenkette
54                      :   (Zeichenkette ausgeben) L
55  Ganzzahl          ::=   (Ziffer merken) Ziffer Ganzzahl-1
55a Ganzzahl-1        ::=   (Ziffer merken) Ziffer Ganzzahl-1
56                      :   (Ganzzahl ausgeben) L
57  Ziffer            ::=   ´0´, ´1´, ´2´, ..., ´9´
58  Fließkommazahl    ::=   Ganzzahl Fließkommazahl-1
59  Fließkommazahl-1  ::=   (Dezimalstellen) ´.´ Ganzzahl
                            Fließkommazahl-2
60                      :   Exponent
61                      :   (kein Exponent) L
62  Fließkommazahl-2  ::=   Exponent
63                      :   (kein Exponent) L
64  Exponent          ::=   (Exponent) ´e´ Exponent-1
65  Exponent-1        ::=   (plus) ´+´ Ganzzahl
66                      :   (minus) ´-´ Ganzzahl
67                      :   Ganzzahl
```

```
68  Zeige-1        ::= '"' Zeichenkette '"'
69                  :  Variablenbezeichner
```

Die Grammatik können wir dem Parser nicht in dieser Form mitteilen. Wir werden dazu die Terminal-Symbole, die Nicht-Terminal-Symbole und die Semantik-Symbole in Zahlen codieren.

Für die Terminal-Symbole werden wir die Nummern aus dem Kapitel 'Lexikalische Analyse' nehmen. Für die Nicht-Terminal-Symbole, die Zahlen aus dem Index zur Grammatik und die Zahlen für die semantischen Symbole werden wir jetzt festlegen:

Zahl	Symbol
1	Programmbezeichner Definition
2	Definitionsteil Anfang
3	Definitionsteil Ende
4	Programmbezeichner Prüfung
5	Programm Ende
6	Unterprogrammbezeichner Definition
7	Unterprogrammbezeichner Prüfung
8	Ausgabe
9	Ausgabe mit Vorschub
10	Vorschub
11	Schirmfrei
12	Cursorspalte
13	Cursorzeile
14	Ausgabe ASCII
15	Gerät
16	Rahmen
17	Hintergrund
18	Schrift
19	Eingabe
20	Übertrage

21	addiere
22	subtrahiere
23	multipliziere
24	dividiere
25	potenziere
26	bilde
27	Punkt
28	Entscheidung
29	sonst
30	Entscheidungsende
31	Endlosschleife
32	Endlosschleifenende
33	Ausgang
34	Indexschleife
35	Schleifenanfang
36	Indexschleifenende
37	Sprungmarke
38	springe
39	rufe
40	Fließkommazahl
41	Variable
42	bilde-1
43	Operator =
44	Operator /=
45	Operator <
46	Opertor <=
47	Operator >
48	Operator >=
49	Dezimalstellen
50	kein Exponent
51	Exponent
52	plus
53	minus
54	Buchstabe merken
55	Bezeichner ausgeben
56	Zeichen merken

57   Zeichenkette ausgeben
58   Ziffer merken
59   Ganzzahl ausgeben

Damit der Parser immer entscheiden kann, was für ein Symbol gerade oben im Stack steht, wollen wir wie folgt vorgehen:

Terminal-Symbole werden als Zahl abgespeichert.
Nicht-Terminal-Symbole werden in zwei 'Ebenen' abgespeichert:
  Die untere Ebene enthält die Nummer des Symbols.
  Die obere Ebene enthält die Schlüsselzahl 253.
Semantische Symbole bis zur Nummer 53 einschließlich erhalten als Vorschub die Schlüsselzahl 252, ab Nummer 54 die Schlüsselzahl 251. Bis zur Nummer 53 reicht die Ausgabe der Nummer, ab 54 müssen zusätzliche Dinge getan werden.

Die verschlüsselte Regel 01 sieht dann so aus:

148, 252, 1, 253, 5, 141, 252, 2, 253, 8, 252, 3, 131, 253, 2, 146, 252, 4, 253, 5, 46, 253, 18, 252, 5, 254.

DER PARSER

Jetzt sind wir soweit, daß wir den Parser programmieren können. Nachdem wir bei der lexikalischen Analyse jeden Schritt erläutert haben möchten wir uns bei den folgenden Programmen kürzer fassen. Dies können wir schon deshalb, weil die Programmschritte ja ausgiebig diskutiert sind.

Alle Regeln der Grammatik werden in einem Zeichenkettenbereich abgelegt, so daß wir bei Anwendung einer Regel nur die entsprechenden Variableninhalte auf den Stack zu übertragen haben. Da wir die Wertzuweisung für die einzelnen String-Variablen nicht direkt vornehmen können, speichern wir die Alternativen in Datazeilen ab und übertragen dann den Inhalt in die Variablen.

Die Grammatik finden Sie in den Zeilen 49000 bis 50000.

Zeilen 10040 bis 10670 :
Der Parser hat einen Fehler gefunden und reagiert entsprechend unserer Strategie. Das oberste Stacksymbol enthält die Information, welche Symbole möglich sind.

Zeilen 11000 bis 14630 :
Das oberste Stacksymbol ist eine Regel und der Parser prüft, welche Alternative er wählen muß.

Verfolgen Sie einmal für das kleinste MINIATUR-Programm den Weg durch den Parser. Sie werden dann sehen, wie einfach die Programmanalyse geworden ist.

Das Listing des Parsers

```
10 rem   programm fuer die lexikalische
20 rem   und syntaktische analyse
30 rem   von miniatur - programmen
40 rem   ---
50 rem   vereinbarungen
60 rem   ---
70 :
80 fl=8
90 be=15
100 in=8
110 ou=7
120 pr=3
130 i1$="" : i2$="" : i3$=""
140 i1=0   : i2=0   : i3=0
150 en=0 : em$="" : et=0 : es=0
160 dim ba$(75) : rem klartext basic-worte
170 dim mi$(48) : rem klartext miniatur-worte
180 t$="" : t=0
190 a=0 : b=0 : c=0 : d=0
200 dim al$(69) : rem grammatik regeln
210 z=0 : z%=0 : rem lokale variablen
220 sg=1000 : rem  stack groesse
230 dim s%(sg) : rem   stack
240 s=0 : rem stack zeiger
250 al=1 : rem zeiger auf momentane alternative
260 al%=0 : rem laenge von al
270 t9=0 : rem lokaler schleifenindex
280 tl=1 : g$="" : g=0
290 o=0 : rem oberstes stacksymbol
300 bu$="" : rem variable fuer action
310 fe=0 : rem fehlervariable
```

```
320 zn=0 : rem flag fuer zeilenanfang
1000 rem --
1010 rem vorbereitungen
1020 rem --
1030 :
1040 printchr$(14)
1050 print:print"Der MINIATUR-Uebersetzer :":print
1060 print"Protokoll auf Drucker oder Schirm (d/s)?"
1070 get i1$ : if i1$="d" or i1$="s" then 1090
1080 goto 1070
1090 if i1$="d" then pr=4
1100 open pr,pr,7 : rem oeffnen ausgabekanal
1110 print:print"Bitte Datendiskette einlegen."
1120 print"Weiter mit Return !":print
1130 get i1$ : if i1$<>chr$(13) then 1130
1140 print"Welches Programm soll uebersetzt werden?"
1150 input "Name ";i2$
1160 open be,f1,be
1170 print#be,"i"
1180 print#be,"s:miniatur-syn"
1190 input#be,en,em$,et,es
1210 open in,f1,in,"0:"+i2$+",p,r" : gosub 60000
1220 get#in,i1$,i1$
1230 open ou,f1,ou,"0:miniatur-syn,s,w" : gosub 60000
1240 gosub 59000
1245 gosub 58000
1250 gosub 51500 : gosub 51500 : gosub 51000
1260 gosub 49000 : rem grammatik laden
1270 gosub 42000 : rem erstes zeichen stellen
1280 gosub 41000 : rem erste alternative laden
2000 rem parser schleife
2010 o=s%(s)
2020 al=255
2030 if o=251 then goto 38000
2040 if o=252 then goto 39000
2050 if o=253 then goto 10000
```

```
2060 if s%(s)=255 and g=255 then goto 35000
2070 if s%(s)=g then gosub 40000 : gosub42000 : goto 2000
2080 print#pr,chr$(13)"Fehler !"
2085 if s%(s)=255 then print#pr,"Es wird EOF erwartet."
2086 if s%(s)=255 then print#pr,"Ich beende das Programm."
     : goto 35000
2090 if s%(s)>127 then print#pr,"Es wird ";mi$(s%(s)-128)
     ;" erwartet."
2100 if s%(s)<128 then print#pr,"Es wird ";s;" erwartet."
2110 goto 10400
10000 rem alternative suchen
10010 o=s%(s-1)
10020 gosub 11000
10025 if al=255 then goto 10040
10030 if len(al$(al))<>0 then gosub 40000 : gosub 41000
      : goto 2000
10035 gosub 41000 : goto 2000
10040 print#pr,chr$(13)
10050 print#pr,"Fehler !"
10060 print#pr,"Keine Alternative moeglich !"
10070 print#pr,"Es wurde eines der folgenden Symbole
      erwartet :"
10080 if o=1oro=2oro=3 then print#pr,"leer zeige zeigez
      vorschub schirmfrei ";
10090 if o=1oro=2oro=3 then print#pr,"cuspalte cuzeile
      zeigeas ausgabegeraet ";
10100 if o=1oro=2oro=3 then print#pr,"rahmen hintergrund
      schrift hole ";
10110 if o=1oro=2oro=3 then print#pr,"uebertrage addiere
      subtrahiere ";
10120 if o=1oro=2oro=3 then print#pr,"multipliziere
      dividiere potenziere ";
10130 if o=1oro=2oro=3 then print#pr,"bilde wenn schleife
      ausgang fuer ";
10140 if o=1oro=2oro=3 then print#pr,"sprungmarke springe
      rufe ";
```

```
10150 if o=4 or o=5 or o=24 or o=6 or o=17 or o=25 then
      print#pr,"buchstabe ";
10160 if o=24 or o=15 then print#pr,"= /= < <= > >= ";
10170 if o=24 then print#pr,"ist zu von mit durch ueber
      wenn bis ";
10180 if o=24 then print#pr,"wiederhole dann ";
10190 if o=24 or o=20 then print#pr,", ";
10200 if o=24 or o=20 or o=3 or o=6 or o=23 or o=12 then
      print#pr,". ";
10210 if o=16 then print#pr,"programm ";
10220 if o=18 then print#pr,"unterprogramm eof ";
10230 if o=7 or o=19 then print#pr,"fliess ";
10240 if o=8 then print#pr,"beginne ";
10250 if o=17 or o=14 or o=23 or o=22 or o=11 or o=10 then
      print#pr,"ziffer ";
10260 if o=6 or o=23 or o=12 or o=13 then print#pr,"nach ";
10270 if o=3 then print#pr,"pende uende sonst wende
      sende ";
10280 if o=21 then print#pr," tastaturzeichen-ohne-
      anfuehrungszeichen ";
10290 if o=21 or o=25 then print#pr,"anfuehrungszeichen ";
10300 if o=23 or o=12 or o=13 or o=9 then print#pr,"e ";
10310 if o=10 then print#pr,"+ - ";
10400 fe=fe+1
10405 print#pr,
10410 print#pr,"Im Weiteren wurde folgendes Symbol
      erwartet :";
10420 if s%(s)>250 and s>=2 then s=s-2 : goto 10420
10430 if s<=0 then 35000
10440 if s%(s)>127 then print#pr," ";mi$(s%(s)-128)
10450 if s%(s)<128 then print#pr," ";s
10460 print#pr,"Weiter mit <RETURN>"
10470 get em$ : if em$<>chr$(13) then 10470
10480 print#pr,"Suche im Programm ob ";
10490 if s%(s)>127 then print#pr,mi$(s%(s)-128);
10500 if s%(s)<128 then print#pr,s;
```

```
10510 print#pr," erscheint."
10520 print#pr,"Suche hoechstens bis zum naechsten"
10530 print#pr,"Punkt oder Zeilenbeginn."
10540 if nz<>1 then if g<>46 then if g<>s%(s) then
      gosub 42000 : goto 10540
10545 print#pr,
10550 if nz=1 then print#pr,"Habe bis zur naechsten Zeile
      gelesen!"
10560 if g=s%(s) and s%(s)>127 then print#pr,"Habe "
      ;mi$(s%(s)-128);" gefunden."
10570 if g=s%(s) and s%(s)<128 then print#pr,"Habe ";s
      ;" gefunden."
10580 if g=s%(s) then print#pr,"Setze syntaktische
      Pruefung fort."
10590 if g=s%(s) then gosub 40000 : gosub 42000 : goto 2000
10600 if g=46 then print#pr,"Habe bis zum Punkt gelesen."
10610 print#pr,"Versuche neu anzusetzen und"
10620 print#pr,"in der syntaktischen Pruefung"
10630 print#pr,"fortzufahren."
10640 if s%(s)>250 and s>=2 then s=s-2 : goto 10640
10650 if s<=0 then 35000
10660 if s%(s)<>46 then s=s-1 : goto 10640
10670 gosub 42000 : gosub 40000 : goto 2000
11000 rem verzweigung zu den alternativen
11010 on int(o/10) goto 11030,11040
11020 on o goto 12100,12200,12300,12400,12500,12600,12700
      ,12800,12900
11030 on o-9 goto 13000,13100,13200,13300,13400,13500,13600
      ,13700,13800,13900
11040 on o-19 goto 14000,14100,14200,14300,14400,14500,14600
11050 print#pr,chr$(13)"Diese Regel gibt es nicht!"
11060 stop
12000 rem auswahl der alternative
12100 rem /01/ anweisung
12105 if g=142 then al=15 : return
12110 if g=167 then al=16 : return
```

```
12115 if g=168 then al=17 : return
12120 if g=164 then al=18 : return
12125 if g=152 then al=19 : return
12130 if g=133 then al=20 : return
12135 if g=134 then al=21 : return
12140 if g=169 then al=22 : return
12145 if g=129 then al=23 : return
12150 if g=149 then al=24 : return
12155 if g=139 then al=25 : return
12157 if g=151 then al=26 : return
12160 if g=140 then al=27 : return
12162 if g=160 then al=28 : return
12164 if g=128 then al=29 : return
12166 if g=158 then al=30 : return
12168 if g=144 then al=31 : return
12170 if g=137 then al=32 : return
12172 if g=147 then al=33 : return
12174 if g=132 then al=34 : return
12176 if g=166 then al=35 : return
12178 if g=153 then al=36 : return
12180 if g=130 then al=37 : return
12182 if g=171 then al=38 : return
12184 if g=157 then al=39 : return
12186 if g=156 then al=40 : return
12188 if g=150 then al=41 : return
12190 return
12200 rem /02/ anweisungsblock
12210 gosub 12100
12220 if al<>255 then al=12
12230 return
```

```
12300 rem /03/ anweisungsfolge
12310 gosub 12100
12320 if g=146 then al=14 : return
12330 if g=161 then al=14 : return
12340 if g=155 then al=14 : return
12350 if g=165 then al=14 : return
12360 if g=46  then al=14 : return
12370 if g=154 then al=14 : return
12380 if al<>255 then al=13 : return
12390 return
12400 rem /04/ bedingung
12410 if g>64 and g<91 then al=46
12420 return
12500 rem /05/ bezeichner
12510 if g>64 and g<91 then al=4
12520 return
12600 rem /06/ bilde-1
12610 if g=145 then al=44 : return
12620 if g=46  then al=45 : return
12630 return
12700 rem /07/ buchstabe
12710 al=6
12720 return
12800 rem /08/ definitionsblock
12810 if g=138 then al=7
12820 if g=131 then al=8
12830 return
12900 rem /09/ exponent
12910 if g=69 then al=64
12920 return
13000 rem /10/ exponent-1
13010 if g=43 then al=65
13020 if g=45 then al=66
13030 if g>47 and g<58 then al=67
13040 return
13100 rem /11/ fliesskommazahl
```

```
13110 if g>47 and g<58 then al=58
13120 return
13200 rem /12/ fliesskommazahl-1
13210 if g=46 then al=59
13220 if g=69 then al=60
13230 if g=145 then al=61
13240 return
13300 rem /13/ fliesskommazahl-2
13310 if g=69 then al=62
13320 if g=145 then al=63
13330 return
13400 rem /14/ ganzzahl
13410 if g>47 and g<58 then al=55
13420 return
13500 rem /15/ operator
13510 if g=61 then al=47 : return
13520 if g=174 then al=48 : return
13530 if g=60  then al=49 : return
13540 if g=175 then al=50 : return
13550 if g=62  then al=51 : return
13560 if g=176 then al=52 : return
13570 return
13600 rem /16/ programm
13610 if g=148 then al=1
13620 return
13700 rem /17/ uebertrage-1
13710 if g>47 and g<58 then al=42 : return
13720 if g>64 and g<91 then al=43
13730 return
13800 rem /18/ unterprogramm
13810 if g=162 then al=2
13820 if g=255 then al=3
13830 return
13900 rem /19/ variablendefinition
13910 if g=138 then al=9
13920 return
```

```
14000 rem /20/ variablendefinition-2
14010 if g=44 then al=10
14020 if g=46 then al=11
14030 return
14100 rem /21/ zeichenkette
14110 if g<>34 then al=53
14120 if g=34 then al=54
14130 return
14200 rem /22/ ziffer
14210 al=57
14220 return
14300 rem /23/ ganzzahl-1
14310 if g>47 and g<58 then al=55
14320 if g=46 or g=69 or g=145 then al=56
14330 return
14400 rem /24/ bezeichner-1
14410 if g>64 and g<91 then al=4 : return
14420 if g=141 or g=46 or g=44 or g=170 or g=145 then al=5
      : return
14430 if g=163 or g=143 or g=136 or g=159 or g=166 then al=5
      : return
14440 if g=172 or g=173 or g=135 or g=174 or g=175 then al=5
      : return
14450 if g=176 or g=60 or g=61 or g=62 then al=5 : return
14460 return
14500 rem /25/ zeige-1
14510 if g=34 then al=68 : return
14520 if g>64 and g<91 then al=69 : return
14530 return
14600 rem /26/ tastaturzeichen
14610 if g<>34 then al=57 : return
14620 al=6
14630 return
35000 rem programmende
35010 print#pr,chr$(13)chr$(13)"Syntaktische Pruefung
      abgeschlossen."
```

```
35020 if fe<>0 then print#pr,"Es wurden : ";fe; " Fehler
      bearbeitet."
35030 if fe=0 then print#pr,chr$(13)"Programm syntaktisch
      korrekt."
35040 print#ou,chr$(255)chr$(255);
35050 close pr : close in : close ou : close be
35060 end
38000 rem ausgabe fuer semantik
38010 if s%(s-1)=54 then bu$=bu$+g$ : gosub 40000
      : gosub 42000 : goto 2000
38020 if s%(s-1)=56 then bu$=bu$+g$ : gosub 40000
      : gosub 42000 : goto 2000
38030 if s%(s-1)=58 then bu$=bu$+g$ : gosub 40000
      : gosub 42000 : goto 2000
38040 if s%(s-1)=55 then print#ou,chr$(255)chr$(55);bu$;
      : bu$="" : gosub 40000
38050 if s%(s-1)=57 then print#ou,chr$(255)chr$(57);bu$;
      : bu$="" : gosub 40000
38060 if s%(s-1)=59 then print#ou,chr$(255)chr$(59);bu$;
      : bu$="" : gosub 40000
38070 goto 2000
39000 rem ausgabe fuer semantik
39010 print#ou,chr$(255)chr$(253)chr$(s%(s-1));
39020 gosub 40000
39030 goto 2000
40000 rem entfernen des obersten symbols
40010 if s%(s)=253 then s=s-2 : return
40020 if s%(s)=252 then s=s-2 : return
40030 if s%(s)=251 then s=s-2 : return
40040 s=s-1 : return
40050 :
41000 rem alternative auf den stack schreiben
41010 al%=len(al$(al))
41020 if al%=0 then gosub 40000 : return
41025 s=s+1
41030 for t9=al% to 1 step -1
```

```
41040 s%(s)=asc(mid$(al$(al),t9,1)) : s=s+1
41050 next t9
41060 s=s-1
41065 rem   print#pr,chr$(13)chr$(13):forl=sto0step-1
      :print#pr,s%(l);:next
41070 return
41080 :
42000 rem ein neues zeichen stellen
42010 if tl>len(t$) then t$="" : gosub 50000 : tl=1
42020 g$=mid$(t$,tl,1) : g=asc(g$)
42030 tl=tl+1
42035 rem print#pr,chr$(13)"Das aktuelle Zeichen :";g
42037 rem print#pr,chr$(13)"t$=   ";t$
42040 return
42050 :
49000 rem    die grammatik
49010 data 148,252,1,253,5,141,252,2,253,8,252,3
49012 data 131,253,2,146,252,4,253,5,46,253,18,252
      ,5,255,250
49020 data 162,252,6,253,5,141,253,2,161,252,7,253
      ,5,46,253,18,250
49030 data 250
49040 data 251,54,253,7,253,24,250
49050 data 251,55,250
49060 data 250
49070 data 253,19,250
49080 data 250
49090 data 138,253,5,253,20,46,253,8,250
49100 data 44,253,5,253,20,250
49110 data 250
49120 data 253,1,253,3,250
49130 data 253,1,253,3,250
49140 data 250
49150 data 142,46,250
49160 data 252,8,167,253,25,46,250
49170 data 252,9,168,253,25,46,250
```

```
49180 data 252,10,164,46,250
49190 data 252,11,152,46,250
49200 data 252,12,133,253,14,46,250
49210 data 252,13,134,253,14,46,250
49220 data 252,14,169,253,14,46,250
49230 data 252,15,129,253,5,46,250
49240 data 252,16,149,253,5,46,250
49250 data 252,17,139,253,5,46,250
49260 data 252,18,151,253,5,46,250
49270 data 252,19,140,253,5,46,250
49280 data 252,20,160,253,17,46,250
49290 data 252,21,128,253,5,170,253,5,145,253,5,46,250
49300 data 252,22,158,253,5,163,253,5,145,253,5,46,250
49310 data 252,23,144,253,5,143,253,5,145,253,5,46,250
49320 data 252,24,137,253,5,136,253,5,145,253,5,46,250
49330 data 252,25,147,253,5,143,253,5,145,253,5,46,250
49340 data 252,26,132,253,5,163,253,5,253,6,252,27,46,250
49350 data 252,28,166,253,4,135,253,2,252,29,155,253,2
49355 data 165,252,30,46,250
49360 data 252,31,153,253,5,159,253,2,154,252,32,253,5,46
      ,250
49370 data 252,33,130,253,5,166,253,4,46,250
49380 data 252,34,171,253,5,163,253,5,172,253,5,173
49385 data 252,35,253,2,154,252,36,46,250
49390 data 252,37,157,253,5,46,250
49400 data 252,38,156,253,5,46,250
49410 data 252,39,150,253,5,46,250
49420 data 252,40,253,11,145,253,5,250
49430 data 252,41,253,5,145,253,5,250
49440 data 252,42,145,253,5,250
49450 data 250
49460 data 253,5,253,15,253,5,250
49470 data 252,43,61,250
49480 data 252,44,174,250
```

```
49490 data 252,45,60,250
49500 data 252,46,175,250
49510 data 252,47,62,250
49520 data 252,48,176,250
49530 data 251,56,253,26,253,21,250
49540 data 251,57,250
49550 data 251,58,253,22,253,23,250
49560 data 251,59,250
49570 data 250
49580 data 253,14,253,12,250
49590 data 252,49,46,253,14,253,13,250
49600 data 253,9,250
49610 data 252,50,250
49620 data 253,9,250
49630 data 252,50,250
49640 data 252,51,69,253,10,250
49650 data 252,53,43,253,14,250
49660 data 252,53,45,253,14,250
49670 data 253,14,250
49680 data 34,253,21,34,250
49690 data 253,5,250
49800 for z=1 to 69
49810 read z% : if z%<>250 then al$(z)=al$(z)+chr$(z%)
      : goto 49810
49820 next
49830 return
50000 rem lexikalische analyse
50005 zn=0
50010 if i1=0 then if i2=0 then if i3=0 then t$=chr$(255)
      : return
50020 if i1=0 then gosub 51000
50030 if i1>127 and i1<204 then i1$=ba$(i1-128)
50040 if i1=171 then if i2=171 then gosub 51700
      : goto 50000
50050 if i1$=" " then if i2$=" " then print#pr,i1$;
      : gosub 51500 : goto 50000
```

```
50070 if i1$="<" and i2=178 then t$=chr$(175) : goto 50195
50072 if i1$=">" and i2=178 then t$=chr$(176) : goto 50195
50074 if i1$="/" and i2=178 then t$=chr$(174) : goto 50195
50080 if i1=34 then gosub 53000 : goto 50210
50085 if i1=32 then if i2=34 then goto 50130
50090 if i2$="=" or i2$="/" or i2$="<" or i2$=">" then
      gosub 52000 : goto 50200
50100 if i2$="." or i2$=" " or i2=0 or i2=34 then
      gosub 52000 : goto 50200
50110 if i2$="," then gosub 52000 : goto 50200
50126 if i1$="." or i1$="," or i1$="=" then t$=i1$
      : goto 50200
50128 if i1$="/" or i1$="<" or i1$=">" then t$=i1$
      : goto 50200
50130 if i1$=" " then print#pr," "; : gosub 51500
      : goto 50000
50190 t$=t$+i1$ : print#pr,i1$; : gosub 51500 : goto 50000
50195 print#pr,i1$; : gosub 51500
50197 if i1>127 and i1<204 then i1$=ba$(i1-128)
50200 print#pr,i1$; : gosub 51500
50210 return
51000 rem zeilenanfang
51005 :
51007 zn=1
51010 gosub 51500 : gosub 51500 : gosub 51500
51020 print#ou,chr$(255)chr$(254)chr$(i1)chr$(i2);
51030 print#pr,chr$(13);str$(i1+i2*256);" ";
51040 gosub 51500 : gosub 51500 : return
51050 :
51500 rem zeichen einlesen
51505 :
51510 i1$=i2$ : i2$=i3$ : get#in,i3$
51520 i1=i2 : i2=i3 : if i3$="" then i3=0 : return
51530 i3=asc(i3$) : return
51540 :
51700 rem zeile bis zum ende ueberlesen
```

```
51710 print#pr,i1$; : gosub 51500 : if i1=0 then return
51720 if i1>127 and i1<204 then i1$=ba$(i1-128)
51730 goto 51710
51740 :
52000 rem ist t$ ein token?
52010 :
52020 t$=t$+i1$ : t=0 : a=asc(left$(t$,1))
52030 if a<65 or a>90 then return
52040 on int((a-65)/5) goto 52060,52070,52080,52090,52100
52050 on (a-64) goto 52200,52220,52240,52260,52900
52060 on (a-69) goto 52300,52900,52340,52360,52900
52070 on (a-74) goto 52900,52380,52400,52420,52900
52080 on (a-79) goto 52440,52900,52460,52480,52900
52090 on (a-84) goto 52500,52520,52540,52900,52900
52100 goto 52560
52200 b=0  : c=2  : gosub 52700 : return : rem a
52220 b=3  : c=4  : gosub 52700 : rem b
52230 b=44 : c=44 : gosub 52700 : return : rem bis
52240 b=5  : c=6  : gosub 52700 : return : rem c
52260 b=7  : c=9  : gosub 52700 : return : rem d
52300 b=10 : c=10 : gosub 52700 : rem f
52310 b=43 : c=43 : gosub 52700 : return : rem fuer
52340 b=11 : c=12 : gosub 52700 : return : rem h
52360 b=13 : c=13 : gosub 52700 : return : rem i
52380 b=14 : c=14 : gosub 52700 : return : rem l
52400 b=15 : c=16 : gosub 52700 : return : rem m
52420 b=17 : c=17 : gosub 52700 : return : rem n
52440 b=18 : c=20 : gosub 52700 : return : rem p
52460 b=21 : c=22 : gosub 52700 : return : rem r
52480 b=23 : c=30 : gosub 52700 : return : rem s
52500 b=31 : c=34 : gosub 52700 : return : rem u
52520 b=35 : c=36 : gosub 52700 : return : rem v
52540 b=37 : c=38 : gosub 52700 : rem w
52550 b=45 : b=45 : gosub 52700 : return : rem wiederhole
52560 b=39 : c=42 : gosub 52700 : return : rem z
52700 for d=b to c
```

```
52710 if t$=mi$(d) then t=128+d
52720 next d
52800 if t=0 then return
52810 t$=chr$(t) : return
52900 return
53000 rem zeichenkette ueberlesen
53010 t$=t$+i1$ : print#pr,i1$; : gosub 51500
      : if i1<>34 then goto 53010
53020 t$=t$+i1$ : print#pr,i1$; : gosub 51500 : return
53030 :
58000 rem miniatur-worte im klartext
58005 :
58008 mi$(0)="addiere"
58010 mi$(1)="ausgabegeraet"
58020 mi$(2)="ausgang"
58030 mi$(3)="beginne"
58040 mi$(4)="bilde"
58050 mi$(5)="cuspalte"
58060 mi$(6)="cuzeile"
58070 mi$(7)="dann"
58080 mi$(8)="durch"
58090 mi$(9)="dividiere"
58100 mi$(10)="fliess"
58110 mi$(11)="hintergrund"
58120 mi$(12)="hole"
58130 mi$(13)="ist"
58140 mi$(14)="leer"
58150 mi$(15)="mit"
58160 mi$(16)="multipliziere"
58170 mi$(17)="nach"
58180 mi$(18)="pende"
58190 mi$(19)="potenziere"
58200 mi$(20)="programm"
58210 mi$(21)="rahmen"
58220 mi$(22)="rufe"
58230 mi$(23)="schrift"
```

```
58240 mi$(24)="schirmfrei"
58250 mi$(25)="schleife"
58260 mi$(26)="sende"
58270 mi$(27)="sonst"
58280 mi$(28)="springe"
58290 mi$(29)="sprungmarke"
58300 mi$(30)="subtrahiere"
58310 mi$(31)="ueber"
58320 mi$(32)="uebertrage"
58330 mi$(33)="uende"
58340 mi$(34)="unterprogramm"
58350 mi$(35)="von"
58360 mi$(36)="vorschub"
58370 mi$(37)="wende"
58380 mi$(38)="wenn"
58390 mi$(39)="zeige"
58400 mi$(40)="zeigez"
58410 mi$(41)="zeigeas"
58420 mi$(42)="zu"
58430 mi$(43)="fuer"
58440 mi$(44)="bis"
58450 mi$(45)="wiederhole"
58460 mi$(46)="/="
58470 mi$(47)="<="
58480 mi$(48)=">="
58490 return
58500 :
59000 rem basic-worte im klartext
59005 :
59008 ba$(0)="end"
59010 ba$(1)="for"
59020 ba$(2)="next"
59030 ba$(3)="data"
59040 ba$(4)="input#"
59050 ba$(5)="input"
59060 ba$(6)="dim"
```

```
59070 ba$(7)="read"
59080 ba$(8)="let"
59090 ba$(9)="goto"
59100 ba$(10)="run"
59110 ba$(11)="if"
59120 ba$(12)="restore"
59130 ba$(13)="gosub"
59140 ba$(14)="return"
59150 ba$(15)="rem"
59160 ba$(16)="stop"
59170 ba$(17)="on"
59180 ba$(18)="wait"
59190 ba$(19)="load"
59200 ba$(20)="save"
59210 ba$(21)="verify"
59220 ba$(22)="def"
59230 ba$(23)="poke"
59240 ba$(24)="print#"
59250 ba$(25)="print"
59260 ba$(26)="cont"
59270 ba$(27)="list"
59280 ba$(28)="clr"
59290 ba$(29)="cmd"
59300 ba$(30)="sys"
59310 ba$(31)="open"
59320 ba$(32)="close"
59330 ba$(33)="get"
59340 ba$(34)="new"
59350 ba$(35)="tab("
59360 ba$(36)="to"
59370 ba$(37)="fn"
59380 ba$(38)="spc("
59390 ba$(39)="then"
59400 ba$(40)="not"
59410 ba$(41)="step"
59420 ba$(42)="+"
```

```
59430 ba$(43)="-"
59440 ba$(44)="*"
59450 ba$(45)="/"
59460 ba$(46)=""
59470 ba$(47)="and"
59480 ba$(48)="or"
59490 ba$(49)=">"
59500 ba$(50)="="
59510 ba$(51)="<"
59520 ba$(52)="sgn"
59530 ba$(53)="int"
59540 ba$(54)="abs"
59550 ba$(55)="usr"
59560 ba$(56)="fre"
59570 ba$(57)="pos"
59580 ba$(58)="sqr"
59590 ba$(59)="rnd"
59600 ba$(60)="log"
59610 ba$(61)="exp"
59620 ba$(62)="cos"
59630 ba$(63)="sin"
59640 ba$(64)="tan"
59650 ba$(65)="atn"
59660 ba$(66)="peek"
59670 ba$(67)="len"
59680 ba$(68)="str$"
59690 ba$(69)="val"
59700 ba$(70)="asc"
59710 ba$(71)="chr$"
59720 ba$(72)="left$"
59730 ba$(73)="right$"
59740 ba$(74)="mid$"
59750 ba$(75)="go"
59760 return
59770 :
60000 rem fehlerkanal diskettenstation lesen
```

```
60010 :
60020 input#be,en,em$,et,es : if en=0 then return
60030 print
60040 print"****   fehler auf diskette!"
60050 print"****   fehlernummer : ";en
60060 print"****   fehlernachricht :"
60070 print"****   ";em$
60080 print"****   fehlerhafte spur : ";et
60090 print"****   fehlerhafter sector : ";es
60100 print#be,"i"
60120 print : print"****   programm abgebrochen!"
60130 end
```

DRUCKEN DES PARSER OUTPUTS

Die Ausgaben des Parsers, die für die semantische Analyse und die Codegenerierung nötig sind, können Sie mit dem folgenden Programm ausgeben lassen.

Sie erhalten dann sozusagen eine Kurzfassung Ihrer Programme, die aber noch alle notwendigen Informationen enthält.

Beispiel:

Die Ausgaben für das Programm ´anfang´.

Programmbezeichner Definition
Bezeichner : anfang
Definitionsteil Anfang
Definitionsteil Ende
Programmbezeichner Prüfung
Bezeichner : anfang
Programm Ende
Programm Ende

Das erste ´Programm Ende´ bedeutet das logische Ende des Programms, das zweite das physikalische Ende der Datei.

```
1000 rem programm zur ausgabe von
1010 rem miniatur-syn
1020 rem
1030 rem ---------------------------
1040 rem
1050 print"ausgabe auf drucker (d) oder schirm (s) ?"
1060 get w$ : if w$="d" then pr=4 : goto 1085
1070 if w$="s" then pr=3 : goto 1085
1080 goto 1060
1085 print"mit zeilennummer (j) ? "
1087 get w$ : if w$="" then 1087
1089 if w$="j" then ss=1
1100 open pr,pr
1110 in=8
1120 open in,in,in,"miniatur-syn,s,r"
1130 get#in,w$
1140 get#in,w$ : if w$="" then w=0 : goto 1160
1150 w=asc(w$)
1160 if w=253 then  print#pr,chr$(13);
1165 if w<>253 then 5000
1166 get#in,w$ : w=asc(w$)
1170 if w=1 then print#pr,"programmbezeichner definition
           "; : goto 1130
1180 if w=2  then print#pr,"definitionsteil anfang
           "; : goto 1130
1190 if w=3  then print#pr,"definitionsteil ende
           "; : goto 1130
1200 if w=4  then print#pr,"programmbezeichner pruefung
           "; : goto 1130
1210 if w=5  then print#pr,"programm ende
           "; : goto 1130
1220 if w=6  then print#pr,"unterprogrammbezeichner
       definition    "; : goto 1130
1230 if w=7  then print#pr,"unterprogrammbezeichner
       pruefung    "; : goto 1130
1240 if w=8  then print#pr,"ausgabe
```

```
                       "; : goto 1130
1250 if w=9  then print#pr,"ausgabe mit vorschub
                       "; : goto 1130
1260 if w=10 then print#pr,"vorschub
                       "; : goto 1130
1270 if w=11 then print#pr,"schirmfrei
                       "; : goto 1130
1280 if w=12 then print#pr,"cursorspalte
                       "; : goto 1130
1290 if w=13 then print#pr,"cursorzeile
                       "; : goto 1130
1300 if w=14 then print#pr,"ausgabe ascii
                       "; : goto 1130
1310 if w=15 then print#pr,"geraet
                       "; : goto 1130
1320 if w=16 then print#pr,"rahmen
                       "; : goto 1130
1330 if w=17 then print#pr,"hintergrund
                       "; : goto 1130
1340 if w=18 then print#pr,"schrift
                       "; : goto 1130
1350 if w=19 then print#pr,"eingabe
                       "; : goto 1130
1360 if w=20 then print#pr,"uebertrage
                       "; : goto 1130
1400 if w=21 then print#pr,"addiere
                       "; : goto 1130
1410 if w=22 then print#pr,"subtrahiere
                       "; : goto 1130
1420 if w=23 then print#pr,"multipliziere
                       "; : goto 1130
1430 if w=24 then print#pr,"dividiere
                       "; : goto 1130
1440 if w=25 then print#pr,"potenziere
                       "; : goto 1130
1450 if w=26 then print#pr,"bilde
```

```
           "; : goto 1130
1460 if w=27 then print#pr,"punkt
           "; : goto 1130
1500 if w=28 then print#pr,"entscheidung
           "; : goto 1130
1510 if w=29 then print#pr,"sonst
           "; : goto 1130
1520 if w=30 then print#pr,"entscheidungsende
           "; : goto 1130
1530 if w=31 then print#pr,"endlosschleife
           "; : goto 1130
1540 if w=32 then print#pr,"endlosschleifenende
           "; : goto 1130
1550 if w=33 then print#pr,"ausgang
           "; : goto 1130
1560 if w=34 then print#pr,"indexschleife
           "; : goto 1130
1600 if w=35 then print#pr,"schleifenanfang
           "; : goto 1130
1610 if w=36 then print#pr,"indexschleifenende
           "; : goto 1130
1620 if w=37 then print#pr,"sprungmarke
           "; : goto 1130
1630 if w=38 then print#pr,"springe
           "; : goto 1130
1640 if w=39 then print#pr,"rufe
           "; : goto 1130
1650 if w=40 then print#pr,"fliesskommazahl
           "; : goto 1130
1660 if w=41 then print#pr,"variable
           "; : goto 1130
1700 if w=42 then print#pr,"bilde-1
           "; : goto 1130
1710 if w=43 then print#pr,"operator =
           "; : goto 1130
1720 if w=44 then print#pr,"operator /=
```

```
                    "; : goto 1130
1730 if w=45 then print#pr,"operator <
                    "; : goto 1130
1740 if w=46 then print#pr,"operator <=
                    "; : goto 1130
1750 if w=47 then print#pr,"operator >
                    "; : goto 1130
1760 if w=48 then print#pr,"operator >=
                    "; : goto 1130
1800 if w=49 then print#pr,"dezimalstellen
                    "; : goto 1130
1810 if w=50 then print#pr,"kein exponent
                    "; : goto 1130
1820 if w=51 then print#pr,"exponent
                    "; : goto 1130
1830 if w=52 then print#pr,"plus
                    "; : goto 1130
1840 if w=53 then print#pr,"minus
                    "; : goto 1130
1850 print#pr,"fehler !!!!! ";
1860 stop
5000 rem routinen w>54
5010 if w=255 then print#pr,chr$(13)"programm ende";
     : goto 13000
5020 if w=254 and ss=1 then print#pr,chr$(13)"zeilennummer
     : "; : goto 14000
5025 if w=254 then goto 14000
5100 if w=55 then print#pr,chr$(13)"bezeichner : ";
     : goto 10000
5110 if w=57 then print#pr,chr$(13)"zeichenkette : ";
     : goto 11000
5120 if w=59 then print#pr,chr$(13)"ganzzahl : ";
     : goto 12000
10000 rem bezeichner einlesen
10010 get#in,w$ : if w$=chr$(255) then 1140
10020 print#pr,w$;
```

```
10030 goto 10010
11000 rem zeichenkette einlesen
11010 get#in,w$ : if w$=chr$(255) then 1140
11020 print#pr,w$;
11030 goto 10010
12000 rem ganzzahl einlesen
12010 get#in,w$ : if w$=chr$(255) then 1140
12020 print#pr,w$;
12030 goto 10010
13000 rem programm ende
13010 close pr
13020 close in
13030 end
14000 rem zeilennmummer
14010 get#in,w$ : if w$="" then z=0 : goto 14020
14015 z=asc(w$)
14020 get#in,w$ : if w$="" then goto 14025
14022 z=z+asc(w$)*256
14025 if ss=1 then print#pr,z;
14030 goto 1130
```

Beispielprogramm 'anfang' :

```
programmbezeichner definition
bezeichner : anfang
definitionsteil anfang
definitionsteil ende
programmbezeichner pruefung
bezeichner : anfang
programm ende
programm ende
```

Beispielprogramm 'ausgabe' :

```
programmbezeichner definition
bezeichner : ausgabe
definitionsteil anfang
definitionsteil ende
ausgabe mit vorschub
zeichenkette : Beispiel fuer
ausgabe
zeichenkette : die Text
ausgabe
zeichenkette : ausgabe
programmbezeichner pruefung
bezeichner : ausgabe
programm ende
programm ende
```

Beispielprogramm 'ausgabeb' :

```
programmbezeichner definition
bezeichner : ausgabeb
definitionsteil anfang
definitionsteil ende
schirmfrei
cursorzeile
ganzzahl : 5
cursorspalte
ganzzahl : 5
ausgabe ascii
ganzzahl : 18
ausgabe
zeichenkette : Ausgabe auf Schirm
ausgabe ascii
ganzzahl : 146
vorschub
vorschub
vorschub
ausgabe mit vorschub
zeichenkette : Ausgabe auf Schirm
programmbezeichner pruefung
bezeichner : ausgabeb
programm ende
programm ende
```

Beispielprogramm 'drucker' :

```
programmbezeichner definition
bezeichner : drucker
definitionsteil anfang
definitionsteil ende
```

```
geraet
bezeichner : drucker
ausgabe mit vorschub
zeichenkette : Jetzt druckt der Drucker!
geraet
bezeichner : schirm
ausgabe mit vorschub
zeichenkette : Wieder auf den Schirm!
programmbezeichner pruefung
bezeichner : drucker
programm ende
programm ende
```

Beispielprogramm 'farbe' :

```
programmbezeichner definition
bezeichner : farbe
definitionsteil anfang
definitionsteil ende
schirmfrei
hintergrund
bezeichner : schwarz
rahmen
bezeichner : weiss
schrift
bezeichner : weiss
cursorzeile
ganzzahl : 12
cursorspalte
ganzzahl : 17
ausgabe ascii
ganzzahl : 18
ausgabe mit vorschub
```

```
zeichenkette : Farbe
ausgabe ascii
ganzzahl : 146
hintergrund
bezeichner : weiss
rahmen
bezeichner : schwarz
programmbezeichner pruefung
bezeichner : farbe
programm ende
programm ende
```

Beispielprogramm 'vereinbarung' :

```
programmbezeichner definition
bezeichner : vereinbarung
definitionsteil anfang
bezeichner : otto
bezeichner : enno
bezeichner : benno
definitionsteil ende
programmbezeichner pruefung
bezeichner : vereinbarung
programm ende
programm ende
```

Beispielprogramm 'ein' :

```
programmbezeichner definition
bezeichner : ein
```

```
definitionsteil anfang
bezeichner : alter
definitionsteil ende
schirmfrei
ausgabe
zeichenkette : Ihr Alter :
eingabe
bezeichner : alter
vorschub
ausgabe
zeichenkette : Sie sind
ausgabe
bezeichner : alter
ausgabe mit vorschub
zeichenkette :    Jahre alt.
programmbezeichner pruefung
bezeichner : ein
programm ende
programm ende
```

Beispielprogramm 'arithmetik' :

```
programmbezeichner definition
bezeichner : arithmetik
definitionsteil anfang
bezeichner : monika
bezeichner : thomas
bezeichner : caecilia
bezeichner : benno
bezeichner : enno
bezeichner : otto
definitionsteil ende
schirmfrei
```

```
vorschub
ausgabe mit vorschub
zeichenkette : Demonstration der Fliesskommaarithmetik
vorschub
uebertrage
fliesskommazahl
ganzzahl : 2
kein exponent
bezeichner : monika
uebertrage
fliesskommazahl
ganzzahl : 5
kein exponent
bezeichner : thomas
uebertrage
variable
bezeichner : thomas
bezeichner : caecilia
ausgabe
zeichenkette : monika =
ausgabe mit vorschub
bezeichner : monika
ausgabe
zeichenkette : thomas =
ausgabe mit vorschub
bezeichner : thomas
ausgabe
zeichenkette : caecilia =
ausgabe mit vorschub
bezeichner : caecilia
addiere
bezeichner : monika
bezeichner : thomas
bezeichner : benno
vorschub
ausgabe
```

```
zeichenkette : 2 + 5 =
ausgabe mit vorschub
bezeichner : benno
subtrahiere
bezeichner : caecilia
bezeichner : benno
bezeichner : enno
ausgabe
zeichenkette : 7 - 2 =
ausgabe mit vorschub
bezeichner : enno
multipliziere
bezeichner : thomas
bezeichner : monika
bezeichner : otto
ausgabe
zeichenkette : 5 * 2 =
ausgabe mit vorschub
bezeichner : otto
dividiere
bezeichner : caecilia
bezeichner : monika
bezeichner : enno
ausgabe
zeichenkette : 5 / 2 =
ausgabe mit vorschub
bezeichner : enno
potenziere
bezeichner : monika
bezeichner : thomas
bezeichner : benno
ausgabe
zeichenkette : 2 hoch 5 =
ausgabe mit vorschub
bezeichner : benno
programmbezeichner pruefung
```

bezeichner : arithmetik
programm ende
programm ende

Beispielprogramm 'funktionen' :

```
programmbezeichner definition
bezeichner : funktionen
definitionsteil anfang
bezeichner : a
bezeichner : b
bezeichner : c
bezeichner : d
bezeichner : e
bezeichner : f
bezeichner : g
bezeichner : piviertel
definitionsteil ende
uebertrage
fliesskommazahl
ganzzahl : 4
kein exponent
bezeichner : a
uebertrage
fliesskommazahl
ganzzahl : 4
kein exponent
bezeichner : b
uebertrage
fliesskommazahl
ganzzahl : 3
dezimalstellen
ganzzahl : 1415
kein exponent
bezeichner : c
dividiere
bezeichner : c
bezeichner : b
```

```
bezeichner : piviertel
schirmfrei
ausgabe mit vorschub
zeichenkette : Demonstration der Funktionen
vorschub
bilde
bezeichner : integer
bezeichner : c
bilde-1
bezeichner : d
punkt
ausgabe
zeichenkette :  c =
ausgabe mit vorschub
bezeichner : c
ausgabe
zeichenkette :  d =
ausgabe mit vorschub
bezeichner : d
bilde
bezeichner : absolut
bezeichner : a
punkt
ausgabe
zeichenkette :  absolute von 4 =
ausgabe mit vorschub
bezeichner : a
bilde
bezeichner : actangens
bezeichner : piviertel
bilde-1
bezeichner : e
punkt
ausgabe
zeichenkette :  actangens von piviertel =
ausgabe mit vorschub
```

```
bezeichner : e
bilde
bezeichner : cosinus
bezeichner : piviertel
bilde-1
bezeichner : e
punkt
ausgabe
zeichenkette :   cosinus von piviertel =
ausgabe mit vorschub
bezeichner : e
bilde
bezeichner : exponent
bezeichner : b
bilde-1
bezeichner : e
punkt
ausgabe
zeichenkette :   exponent von 4 =
ausgabe mit vorschub
bezeichner : e
bilde
bezeichner : integer
bezeichner : piviertel
bilde-1
bezeichner : e
punkt
ausgabe
zeichenkette :   integer von piviertel =
ausgabe mit vorschub
bezeichner : e
bilde
bezeichner : logarithmus
bezeichner : b
bilde-1
bezeichner : e
```

```
punkt
ausgabe
zeichenkette :  logarithmus von 4 =
ausgabe mit vorschub
bezeichner : e
bilde
bezeichner : speicherwert
bezeichner : b
bilde-1
bezeichner : f
punkt
ausgabe
zeichenkette :  Inhalt von Speicherstelle 4 =
ausgabe mit vorschub
bezeichner : f
bilde
bezeichner : zufall
bezeichner : a
bilde-1
bezeichner : g
punkt
ausgabe
zeichenkette :  zufall von 4 =
ausgabe mit vorschub
bezeichner : g
bilde
bezeichner : vorzeichen
bezeichner : b
bilde-1
bezeichner : g
punkt
ausgabe
zeichenkette :  vorzeichen von 4 =
ausgabe mit vorschub
bezeichner : g
bilde
```

```
bezeichner : sinus
bezeichner : piviertel
bilde-1
bezeichner : e
punkt
ausgabe
zeichenkette :  sinus von piviertel =
ausgabe mit vorschub
bezeichner : e
bilde
bezeichner : quadratwurzel
bezeichner : b
bilde-1
bezeichner : g
punkt
ausgabe
zeichenkette :  quadratwurzel von 4 =
ausgabe mit vorschub
bezeichner : g
bilde
bezeichner : tangens
bezeichner : piviertel
bilde-1
bezeichner : f
punkt
ausgabe
zeichenkette :  tangens von piviertel =
ausgabe mit vorschub
bezeichner : f
ausgabe mit vorschub
zeichenkette :  Hat alles geklappt?
programmbezeichner pruefung
bezeichner : funktionen
programm ende
programm ende
```

Beispielprogramm 'gerade' :

```
programmbezeichner definition
bezeichner : gerade
definitionsteil anfang
bezeichner : zahl
bezeichner : hilf
bezeichner : zwei
bezeichner : null
bezeichner : hilfv
definitionsteil ende
schirmfrei
vorschub
uebertrage
fliesskommazahl
ganzzahl : 2
kein exponent
bezeichner : zwei
ausgabe
zeichenkette : Bitte eine positive ganze Zahl eingeben.
eingabe
bezeichner : zahl
vorschub
uebertrage
variable
bezeichner : zahl
bezeichner : hilf
dividiere
bezeichner : hilf
bezeichner : zwei
bezeichner : hilf
bilde
bezeichner : integer
```

```
bezeichner : hilf
punkt
dividiere
bezeichner : zahl
bezeichner : zwei
bezeichner : hilfv
subtrahiere
bezeichner : hilf
bezeichner : hilfv
bezeichner : hilf
uebertrage
fliesskommazahl
ganzzahl : 0
dezimalstellen
ganzzahl : 0
kein exponent
bezeichner : null
entscheidung
bezeichner : hilf
operator =
bezeichner : null
ausgabe
bezeichner : zahl
ausgabe mit vorschub
zeichenkette : Dies ist eine gerade Zahl.
sonst
ausgabe
bezeichner : zahl
ausgabe mit vorschub
zeichenkette : Dies ist eine ungerade Zahl.
entscheidungsende
programmbezeichner pruefung
bezeichner : gerade
programm ende
programm ende
```

Beispielprogramm 'wahl' :

```
programmbezeichner definition
bezeichner : wahl
definitionsteil anfang
bezeichner : test
bezeichner : eins
definitionsteil ende
schirmfrei
vorschub
ausgabe
zeichenkette : Ausgabe Drucker (1) / Schirm (2) ?
eingabe
bezeichner : test
vorschub
uebertrage
fliesskommazahl
ganzzahl : 1
dezimalstellen
ganzzahl : 0
kein exponent
bezeichner : eins
entscheidung
bezeichner : test
operator =
bezeichner : eins
geraet
bezeichner : drucker
ausgabe mit vorschub
zeichenkette : Ausgabe auf dem Drucker.
geraet
bezeichner : schirm
sonst
```

```
ausgabe mit vorschub
zeichenkette : Ausgabe auf dem Schirm.
entscheidungsende
programmbezeichner pruefung
bezeichner : wahl
programm ende
programm ende
```

Beispielprogramm 'entscheidung' :


```
programmbezeichner definition
bezeichner : entscheidung
definitionsteil anfang
bezeichner : drei
bezeichner : vier
definitionsteil ende
schirmfrei
vorschub
uebertrage
fliesskommazahl
ganzzahl : 3
dezimalstellen
ganzzahl : 0
kein exponent
bezeichner : drei
uebertrage
fliesskommazahl
ganzzahl : 4
dezimalstellen
ganzzahl : 0
kein exponent
bezeichner : vier
ausgabe mit vorschub
zeichenkette : Entscheidungen:
entscheidung
bezeichner : drei
operator =
bezeichner : vier
ausgabe mit vorschub
zeichenkette : Fehler bei =!
sonst
ausgabe mit vorschub
```

```
zeichenkette : KEin Fehlerr bei =!
entscheidung
bezeichner : drei
operator >
bezeichner : vier
ausgabe mit vorschub
zeichenkette : Fehler bei > !
sonst
ausgabe mit vorschub
zeichenkette : Kein Fehler bei > !
entscheidung
bezeichner : drei
operator >=
bezeichner : vier
ausgabe mit vorschub
zeichenkette : Fehler bei >= !
sonst
ausgabe mit vorschub
zeichenkette : Kein Fehler bei >= !
entscheidung
bezeichner : drei
operator /=
bezeichner : vier
ausgabe mit vorschub
zeichenkette : Kein Fehler bei /= !
entscheidung
bezeichner : drei
operator <
bezeichner : vier
ausgabe mit vorschub
zeichenkette : Kein Fehler bei < !
entscheidung
bezeichner : drei
operator <=
bezeichner : vier
ausgabe mit vorschub
```

```
zeichenkette : Kein Fehler bei <= !
sonst
ausgabe mit vorschub
zeichenkette : Fehler bei <= !
entscheidungsende
sonst
ausgabe mit vorschub
zeichenkette : Fehler bei < !
entscheidungsende
sonst
ausgabe mit vorschub
zeichenkette : Fehler bei /= !
entscheidungsende
entscheidungsende
entscheidungsende
entscheidungsende
programmbezeichner pruefung
bezeichner : entscheidung
programm ende
programm ende
```

Beispielprogramm 'endlos' :

```
programmbezeichner definition
bezeichner : endlos
definitionsteil anfang
bezeichner : zahl
bezeichner : eins
definitionsteil ende
uebertrage
fliesskommazahl
ganzzahl : 1
dezimalstellen
```

```
ganzzahl : 0
kein exponent
bezeichner : eins
uebertrage
fliesskommazahl
ganzzahl : 0
dezimalstellen
ganzzahl : 0
kein exponent
bezeichner : zahl
endlosschleife
bezeichner : ganz
ausgabe mit vorschub
bezeichner : zahl
addiere
bezeichner : eins
bezeichner : zahl
bezeichner : zahl
endlosschleifenende
bezeichner : ganz
programmbezeichner pruefung
bezeichner : endlos
programm ende
programm ende
```


Beispielprogramm 'hundert' :

```
programmbezeichner definition
bezeichner : hundert
definitionsteil anfang
bezeichner : zahl
bezeichner : eins
bezeichner : hundert
```

```
definitionsteil ende
uebertrage
fliesskommazahl
ganzzahl : 1
dezimalstellen
ganzzahl : 0
kein exponent
bezeichner : eins
uebertrage
fliesskommazahl
ganzzahl : 0
dezimalstellen
ganzzahl : 0
kein exponent
bezeichner : zahl
uebertrage
fliesskommazahl
ganzzahl : 100
dezimalstellen
ganzzahl : 0
kein exponent
bezeichner : hundert
endlosschleife
bezeichner : ganz
ausgabe mit vorschub
bezeichner : zahl
addiere
bezeichner : eins
bezeichner : zahl
bezeichner : zahl
ausgang
bezeichner : ganz
bezeichner : hundert
operator =
bezeichner : zahl
endlosschleifenende
```

```
bezeichner : ganz
programmbezeichner pruefung
bezeichner : hundert
programm ende
programm ende
```


Beispielprogramm 'ausganga' :

```
programmbezeichner definition
bezeichner : ausganga
definitionsteil anfang
bezeichner : gudrun
bezeichner : enno
bezeichner : eins
definitionsteil ende
uebertrage
fliesskommazahl
ganzzahl : 1
dezimalstellen
ganzzahl : 0
kein exponent
bezeichner : eins
uebertrage
fliesskommazahl
ganzzahl : 0
dezimalstellen
ganzzahl : 0
kein exponent
bezeichner : enno
uebertrage
fliesskommazahl
ganzzahl : 100
dezimalstellen
```

```
ganzzahl : 0
kein exponent
bezeichner : gudrun
endlosschleife
bezeichner : aussen
endlosschleife
bezeichner : innen
ausgabe mit vorschub
bezeichner : enno
ausgang
bezeichner : aussen
bezeichner : enno
operator =
bezeichner : gudrun
addiere
bezeichner : eins
bezeichner : enno
bezeichner : enno
endlosschleifenende
bezeichner : innen
endlosschleifenende
bezeichner : aussen
programmbezeichner pruefung
bezeichner : ausganga
programm ende
programm ende
```

Beispielprogramm 'ausgangtest' :

programmbezeichner definition
bezeichner : ausgangtest
definitionsteil anfang
bezeichner : gudrun
bezeichner : enno
bezeichner : monika
definitionsteil ende
schirmfrei
vorschub
ausgabe mit vorschub
zeichenkette : Test fuer die Ausgang-Anweisung.
vorschub
uebertrage
fliesskommazahl
ganzzahl : 2
dezimalstellen
ganzzahl : 0
kein exponent
bezeichner : gudrun
uebertrage
fliesskommazahl
ganzzahl : 2
dezimalstellen
ganzzahl : 0
kein exponent
bezeichner : monika
uebertrage
fliesskommazahl
ganzzahl : 7
dezimalstellen
ganzzahl : 0
kein exponent

```
bezeichner : enno
endlosschleife
bezeichner : schleifea
endlosschleife
bezeichner : schleifeb
endlosschleife
bezeichner : schleifec
endlosschleife
bezeichner : schleifed
endlosschleife
bezeichner : schleifee
endlosschleife
bezeichner : schleifef
endlosschleife
bezeichner : schleifeg
endlosschleife
bezeichner : schleifeh
ausgang
bezeichner : schleifeh
bezeichner : gudrun
operator /=
bezeichner : enno
ausgabe mit vorschub
zeichenkette : Ausgang schleifeh fehlerhaft.
endlosschleifenende
bezeichner : schleifeh
ausgabe mit vorschub
zeichenkette : Ausgang schleifeh in Ordnung.
ausgang
bezeichner : schleifeg
bezeichner : gudrun
operator <
bezeichner : enno
ausgabe mit vorschub
zeichenkette : Ausgang schleifeg fehlerhaft.
endlosschleifenende
```

```
bezeichner : schleifeg
ausgabe mit vorschub
zeichenkette : Ausgang schleifeg in Ordnung.
ausgang
bezeichner : schleifef
bezeichner : gudrun
operator <=
bezeichner : enno
ausgabe mit vorschub
zeichenkette : Ausgang schleifef fehlerhaft.
endlosschleifenende
bezeichner : schleifef
ausgabe mit vorschub
zeichenkette : Ausgang schleifef in Ordnung.
ausgang
bezeichner : schleifee
bezeichner : gudrun
operator <=
bezeichner : monika
ausgabe mit vorschub
zeichenkette : Ausgang schleifee fehlerhaft.
endlosschleifenende
bezeichner : schleifee
ausgabe mit vorschub
zeichenkette : Ausgang schleifee in Ordnung.
ausgang
bezeichner : schleifed
bezeichner : enno
operator >
bezeichner : monika
ausgabe mit vorschub
zeichenkette : Ausgang schleifed fehlerhaft.
endlosschleifenende
bezeichner : schleifed
ausgabe mit vorschub
zeichenkette : Ausgang schleifed in Ordnung.
```

```
ausgang
bezeichner : schleifec
bezeichner : enno
operator >=
bezeichner : monika
ausgabe mit vorschub
zeichenkette : Ausgang schleifec fehlerhaft.
endlosschleifenende
bezeichner : schleifec
ausgabe mit vorschub
zeichenkette : Ausgang schleifec in Ordnung.
ausgang
bezeichner : schleifeb
bezeichner : gudrun
operator >=
bezeichner : monika
ausgabe mit vorschub
zeichenkette : Ausgang schleifeb fehlerhaft.
endlosschleifenende
bezeichner : schleifeb
ausgabe mit vorschub
zeichenkette : Ausgang schleifeb in Ordnung.
ausgang
bezeichner : schleifea
bezeichner : gudrun
operator =
bezeichner : monika
ausgabe mit vorschub
zeichenkette : Ausgang schleifea fehlerhaft.
endlosschleifenende
bezeichner : schleifea
ausgabe mit vorschub
zeichenkette : Ausgang schleifea in Ordnung.
ausgabe mit vorschub
zeichenkette : Testprogramm beendet.
programmbezeichner pruefung
```

```
bezeichner : ausgangtest
programm ende
programm ende



Beispielprogramm 'abzaehlen' :


programmbezeichner definition
bezeichner : abzaehlen
definitionsteil anfang
bezeichner : index
bezeichner : untergrenze
bezeichner : obergrenze
definitionsteil ende
uebertrage
fliesskommazahl
ganzzahl : 1
dezimalstellen
ganzzahl : 0
kein exponent
bezeichner : untergrenze
uebertrage
fliesskommazahl
ganzzahl : 10
dezimalstellen
ganzzahl : 0
kein exponent
bezeichner : obergrenze
indexschleife
bezeichner : index
bezeichner : untergrenze
bezeichner : obergrenze
schleifenanfang
ausgabe mit vorschub
```

```
bezeichner : index
indexschleifenende
programmbezeichner pruefung
bezeichner : abzaehlen
programm ende
programm ende
```

Beispielprogramm 'partest' :

```
programmbezeichner definition
bezeichner : partest
definitionsteil anfang
bezeichner : indexa
bezeichner : indexb
bezeichner : indexc
bezeichner : untergrenze
bezeichner : obergrenze
bezeichner : zahl
bezeichner : eins
definitionsteil ende
uebertrage
fliesskommazahl
ganzzahl : 1
dezimalstellen
ganzzahl : 0
kein exponent
bezeichner : untergrenze
uebertrage
fliesskommazahl
ganzzahl : 10
dezimalstellen
ganzzahl : 0
kein exponent
```

```
bezeichner : obergrenze
uebertrage
fliesskommazahl
ganzzahl : 0
dezimalstellen
ganzzahl : 0
kein exponent
bezeichner : zahl
uebertrage
fliesskommazahl
ganzzahl : 1
dezimalstellen
ganzzahl : 0
kein exponent
bezeichner : eins
indexschleife
bezeichner : indexa
bezeichner : untergrenze
bezeichner : obergrenze
schleifenanfang
indexschleife
bezeichner : indexb
bezeichner : untergrenze
bezeichner : obergrenze
schleifenanfang
indexschleife
bezeichner : indexc
bezeichner : untergrenze
bezeichner : obergrenze
schleifenanfang
addiere
bezeichner : eins
bezeichner : zahl
bezeichner : zahl
indexschleifenende
indexschleifenende
```

indexschleifenende
ausgabe mit vorschub
zeichenkette : Das Ergebnis ist :
ausgabe mit vorschub
bezeichner : zahl
programmbezeichner pruefung
bezeichner : partest
programm ende

Beispielprogramm 'uprogtest' :

programmbezeichner definition
bezeichner : uprogtest
definitionsteil anfang
bezeichner : test
bezeichner : eins
definitionsteil ende
uebertrage
fliesskommazahl
ganzzahl : 1
dezimalstellen
ganzzahl : 0
kein exponent
bezeichner : eins
sprungmarke
bezeichner : anfang
ausgabe mit vorschub
zeichenkette : Unterprogramm a(1)/b(2)
eingabe
bezeichner : test
vorschub
entscheidung
bezeichner : test
operator /=
bezeichner : eins
rufe
bezeichner : a
sonst
rufe
bezeichner : b
entscheidungsende
springe
bezeichner : anfang

```
programmbezeichner pruefung
bezeichner : uprogtest
unterprogrammbezeichner definition
bezeichner : a
ausgabe mit vorschub
zeichenkette : Unterprogramm a.
unterprogrammbezeichner pruefung
bezeichner : a
unterprogrammbezeichner definition
bezeichner : b
ausgabe mit vorschub
zeichenkette : Unterprogramm b.
unterprogrammbezeichner pruefung
bezeichner : b
programm ende
programm ende
```

Beispielprogramm 'sprung' :

```
programmbezeichner definition
bezeichner : sprung
definitionsteil anfang
bezeichner : eins
bezeichner : test
definitionsteil ende
uebertrage
fliesskommazahl
ganzzahl : 1
dezimalstellen
ganzzahl : 0
kein exponent
bezeichner : eins
sprungmarke
```

```
bezeichner : anfang
eingabe
bezeichner : test
vorschub
entscheidung
bezeichner : test
operator =
bezeichner : eins
sonst
springe
bezeichner : anfang
entscheidungsende
programmbezeichner pruefung
bezeichner : sprung
programm ende
programm ende
```

Die Semantische Analyse und die Codegenerierung

Dieses Programm nimmt nun die Spur des MINIATUR-Programmes auf, die die syntaktische Analyse auf die Datei 'MINIATUR-SYN' geschrieben hat. Die 'Spuren' der Beispielprogramme haben Sie auf den letzten Seiten schon vorgefunden.
In dem folgenden Programm ist ab der Zeile 61000 ein Unterprogramm, das es gestattet die Spuren in der verschlüsselten Form auszugeben. Geben Sie nach dem Laden des Programms die Zeile 'RUN 61000' ein. Auf dem Drucker erscheint dann eine Reihe von Zahlen, die Sie mit Hilfe der Tabelle über die semantischen Symbole entschlüsseln können.

Bei der semantischen Prüfung wird dann aus dem MINIATUR-Programm ein Assemblerprogramm gemacht.
Das erzeugte Assemblerprogramm können Sie mit 'LOAD"MINI-ASS",8"' in den Rechner laden und listen lassen. Sie können so das MINIATUR-Programm mit dem erzeugten Assemblerprogramm vergleichen. Die Wirkungsweise der semantischen Analyse und der Codegenerierung erfassen Sie am Besten, indem Sie verfolgen, wie die MINIATUR-Programme umgesetzt werden.
Das Assembler-Programm können Sie mit dem Assembler in Maschinensprache übersetzen. Als Namen müssen Sie nach dem Starten des Assemblers 'MINI-ASS' angeben.

Das Listing der semantischen Analyse und der Codegeneration e

```
500 dim b$(500) : dim t%(500)
510 dim i(40) : iz=0 : lz=0
1000 print "uebersetzung mit spur (j/n) ?"
1010 get w$ : if w$="" then 1010
1020 if w$="j" then sp=1
1030 print "protokoll auf den drucker (d) oder schirm (s) ?"
1040 get w$ : if w$="" then 1040
1050 if w$="d" then pr=4 : goto 1080
1060 if w$="s" then pr=3 : goto 1080
1070 goto 1040
1080 print "bitte die datendiskette einlegen."
1090 print "weiter mit < return > ."
1100 get w$ : if w$="" then 1100
1110 open pr,pr
1120 open 15,8,15,"i"
1130 print#15,"s:mini-ass"
1140 input#15,en,em$,et,es
1150 if en<>1 then goto 60020
1160 ou=9 : open ou,8,ou,"0:mini-ass,p,w"
1170 gosub 60000
1180 in=8 : open in,8,in,"0:miniatur-syn,s,r"
1190 gosub 60000
1200 pc=2049 : rem basic startadresse ihres rechners
1210 p1=int(pc/256)
1220 p2=pc-p1*256
1230 print#ou,chr$(p2)chr$(p1);
2000 rem ausgabe der unterprogramme
2010 ou$="lda #14" : gosub 59000
2020 ou$="jsr $ffd2" : gosub 59000
2030 ou$="lda #144" : gosub 59000
2040 ou$="jsr $ffd2" : gosub 59000
2050 ou$="lda #6" : gosub 59000
```

```
2060 ou$="sta 53281" : gosub 59000
2070 ou$="sta 53280" : gosub 59000
2080 ou$="jmp declaration" : gosub 59000
2090 ou$="zvor .m" : gosub 59000
2100 ou$="lda #13" : gosub 59000
2110 ou$="jsr $ffd2" : gosub 59000
2120 ou$="rts" : gosub 59000
2130 ou$="aus .m" : gosub 59000
2140 ou$="jsr $bddd" : gosub 59000
2150 ou$="ldx #0" : gosub 59000
2160 ou$="ausp .m" : gosub 59000
2170 ou$="lda $0100,x" : gosub 59000
2180 ou$="beq ause" : gosub 59000
2190 ou$="jsr $ffd2" : gosub 59000
2200 ou$="inx" : gosub 59000
2210 ou$="bne ausp" : gosub 59000
2220 ou$="ause .m" : gosub 59000
2230 ou$="rts" : gosub 59000
2240 ou$="ein .m" : gosub 59000
2250 ou$="lda #$3f" : gosub 59000
2260 ou$="jsr $ffd2" : gosub 59000
2270 ou$="ldx #0" : gosub 59000
2280 ou$="ein1 .m" : gosub 59000
2290 ou$="jsr $ffcf" : gosub 59000
2300 ou$="sta $0220,x" : gosub 59000
2310 ou$="inx" : gosub 59000
2320 ou$="cmp #$d" : gosub 59000
2330 ou$="bne ein1" : gosub 59000
2340 ou$="jsr $ffd2" : gosub 59000
2350 ou$="lda #$02" : gosub 59000
2360 ou$="sta $23" : gosub 59000
2370 ou$="lda #$20" : gosub 59000
2380 ou$="sta $22" : gosub 59000
2390 ou$="dex" : gosub 59000
2400 ou$="txa" : gosub 59000
2410 ou$="jsr $b7b5" : gosub 59000
```

```
2420 ou$="rts" : gosub 59000
2430 ou$=".c" : gosub 59000
2440 ou$=".t "+chr$(34)+"zeile : "+chr$(34) : gosub 59000
2450 ou$="spur .m" : gosub 59000
2460 ou$="jsr zvor" : gosub 59000
2470 ou$="ldy # ch" : gosub 59000
2480 ou$="lda # cl" : gosub 59000
2490 ou$="jsr $ab1e" : gosub 59000
2500 ou$="rts" : gosub 59000
2990 ou$="declaration .m" : gosub 59000
5000 rem semantik schleife
5010 get#in,i$
5020 get#in,i$ : if i$="" then i=0 : goto 5040
5030 i=asc(i$)
5035 if i=55 then 9000
5040 if i<>253 then 6000
5050 get#in,i$ : i=asc(i$)
5060 if i=1 then 10000
5070 if i=2 then 10500
5080 if i=3 then 11000
5090 if i=4 then 11500
5100 if i=5 then 12000
5110 if i=6 then 12500
5120 if i=7 then 13000
5130 if i=8 then 13500
5140 if i=9 then 14000
5150 if i=10 then 14500
5160 if i=11 then 15000
5170 if i=12 then 15500
5180 if i=13 then 16000
5190 if i=14 then 16500
5200 if i=15 then 17000
5210 if i=16 then 17500
5220 if i=17 then 18000
5230 if i=18 then 18500
5240 if i=19 then 19000
```

```
5250 if i=20 then 19500
5260 if i=21 then 20000
5270 if i=22 then 20500
5280 if i=23 then 21000
5290 if i=24 then 21500
5300 if i=25 then 22000
5310 if i=26 then 22500
5320 if i=27 then 23000
5330 if i=28 then 23500
5340 if i=29 then 24000
5350 if i=30 then 24500
5360 if i=31 then 25000
5370 if i=32 then 25500
5380 if i=33 then 26000
5390 if i=34 then 26500
5400 if i=35 then 27000
5410 if i=36 then 27500
5420 if i=37 then 28000
5430 if i=38 then 28500
5440 if i=39 then 29000
5500 print#pr,"semantik programmfehler !!!!!"
5510 stop
6000 if i=254 then 30000
6010 if i=255 then 31000
6020 print#pr,"semantik programmfehler !!!!!"
6030 stop
9000 rem variablendefinition
9010 if df=0 then gosub 56040
9020 if df=0 then me$="variablen sind im definitionsteil
     erklaeren !":goto58700
9030 gosub 56040
9040 be$=il$ : ty%=3 : gosub 57000
9050 if sc=1 then me$="bezeichner schon definiert !"
     : goto 58700
9060 gosub 57500
9070 ou$=be$+" .bl 5" : gosub 59000
```

```
9080 goto 5020
9090 :
10000 rem programmbezeichner definition
10005 gosub 56000
10010 be$=i1$ : ty%=1 : gosub 57000
10020 if sc=1 then me$="programmbezeichner schon
      definiert !" : goto 58700
10030 gosub 57500
10040 goto 5020
10050 :
10500 rem definitionsteil anfang
10505 ou$="jmp definitionsende" : gosub 59000
10507 ou$="immersys .bl 5" : gosub 59000
10510 df=1 : goto 5000
10520 :
11000 rem defitionsteil ende
11005 ou$="definitionsende .m" : gosub 59000
11010 df=0 : goto 5000
11020 :
11500 rem programmbezeichner pruefung
11505 gosub 56000
11510 be$=i1$ : ty%=1 : gosub 57000
11520 if sc=0 then me$="programmbezeichner nicht
      definiert !" : goto 58700
11540 goto 5020
11550 :
12000 rem programm ende
12010 ou$="lda #$76" : gosub 59000
12020 ou$="ldy #$a3" : gosub 59000
12030 ou$="jsr $ab1e" : gosub 59000
12040 ou$="jmp $a480" : gosub 59000
12050 ou$=".end" : gosub 59000
12060 goto 5000
12070 :
12500 rem unterprogrammbezeichner definition
12505 gosub 56000
```

```
12510 be$=i1$ : ty%=2 : gosub 57000
12520 if sc=1 then me$="programmbezeichner schon
      definiert !" : goto 58700
12530 gosub 57500
12535 ou$="u-"+be$+" .m" : gosub 59000
12540 goto 5020
12550 :
13000 rem unterprogrammbezeichner pruefung
13005 gosub 56000
13010 be$=i1$ : ty%=2 : gosub 57000
13020 if sc=0 then me$="programmbezeichner nicht
      definiert !" : goto 58700
13030 ou$="rts" : gosub 59000
13040 goto 5020
13050 :
13500 rem ausgabe
13510 gosub 13600
13520 goto 5020
13530 :
13600 gosub 55000
13610 if i<>255 then me$="neues symbol erwartet !"
      : gosub 58500 : return
13630 gosub 55000
13640 if i=55 then i1$="" : gosub 56040 : goto 13800
13650 i1$="" : gosub 56340
13652 d9=d9+1
13654 d9$=mid$(str$(d9),2,len(str$(d9))-1)
13656 ou$="jmp de"+d9$ : gosub 59000
13660 ou$=".c" : gosub 59000
13670 ou$=".t "+chr$(34)+i1$+chr$(34) : gosub 59000
13675 ou$="de"+d9$+" .m" : gosub 59000
13680 ou$="ldy # ch" : gosub 59000
13690 ou$="lda # cl" : gosub 59000
13700 ou$="jsr *abie" : gosub 59000
13710 return
13800 be$=i1$ : ty%=3 : gosub 57000
```

```
13810 if sc=0 then me$="bezeichner nicht definiert !"
      : goto 58700
13820 gosub 54000
13830 ou$="jsr aus" : gosub 59000
13840 return
13850 :
14000 rem ausgabe mit vorschub
14010 gosub 13600
14020 ou$="jsr zvor" : gosub 59000
14030 goto 5020
14040 :
14500 rem vorschub
14510 ou$="jsr zvor" : gosub 59000
14520 goto 5000
14530 :
15000 rem schirmfrei
15010 ou$="jsr $e544" : gosub 59000
15020 goto 5000
15030 :
15500 rem cursorspalte
15510 gosub 56500
15520 if val(i1$)>40 then me$="spaltenzahl groesser
      als 40!" : goto 58700
15530 if val(i1$)<1 then me$="spaltenzahl kleiner als 1 !"
      : goto 58700
15540 ou$="sec" : gosub 59000
15550 ou$="jsr $fff0" : gosub 59000
15560 ou$="clc" : gosub 59000
15570 ou$="ldy #"+str$(val(i1$)-1) : gosub 59000
15580 ou$="jsr $fff0" : gosub 59000
15590 goto 5020
15600 :
16000 rem cursorzeile
16010 gosub 56500
16020 if val(i1$)>24 then me$="zeilenzahl groesser als 24!"
      : goto 58700
```

```
16030 if val(i1$)<1 then me$="zeilenzahl kleiner als 1 !"
      : goto 58700
16040 ou$="sec" : gosub 59000
16050 ou$="jsr $fff0" : gosub 59000
16060 ou$="clc" : gosub 59000
16070 ou$="ldx #"+str$(val(i1$)-1) : gosub 59000
16080 ou$="jsr $fff0" : gosub 59000
16090 goto 5020
16100 :
16500 rem ausgabe ascii
16510 gosub 56500
16520 ou$="lda #"+i1$ : gosub 59000
16530 ou$="jsr $ffd2" : gosub 59000
16540 goto 5020
16550 :
17000 rem geraet
17010 gosub 56000
17020 if i1$="schirm" then 17200
17030 if i1$="drucker" then 17300
17040 me$="dieses geraet kenne ich nicht !" : goto 58700
17200 rem geraet schirm
17210 ou$="jsr zvor" : gosub 59000
17220 ou$="jsr $ffcc" : gosub 59000
17230 ou$="lda #4" : gosub 59000
17240 ou$="jsr $ffc3" : gosub 59000
17250 goto 5020
17300 rem geraet drucker
17310 ou$="lda #4" : gosub 59000
17320 ou$="sta 184" : gosub 59000
17330 ou$="sta 186" : gosub 59000
17340 ou$="lda #7" : gosub 59000
17350 ou$="sta 185" : gosub 59000
17360 ou$="lda #0" : gosub 59000
17370 ou$="sta 183" : gosub 59000
17380 ou$="jsr $ffc0" : gosub 59000
17390 ou$="ldx #4" : gosub 59000
```

```
17400 ou$="jsr $ffc9" : gosub 59000
17410 goto 5020
17500 rem rahmen
17510 gosub 56000
17520 ff=-1
17530 if i1$="schwarz" then ff=0
17540 if i1$="weiss" then ff=1
17550 if i1$="rot" then ff=2
17560 if i1$="tuerkis" then ff=3
17570 if i1$="violett" then ff=4
17580 if i1$="gruen" then ff=5
17590 if i1$="blau" then ff=6
17600 if i1$="gelb" then ff=7
17610 if i1$="orange" then ff=8
17620 if i1$="braun" then ff=9
17630 if i1$="hellrot" then ff=10
17640 if i1$="graua" then ff=11
17650 if i1$="graub" then ff=12
17660 if i1$="grauc" then ff=15
17670 if i1$="hellgruen" then ff=13
17680 if i1$="hellblau" then ff=14
17690 if ff=-1 then me$="diese farbe kenne ich nicht !"
      : goto 58700
17700 ou$="lda #"+str$(ff) : gosub 59000
17710 ou$="sta 53280" : gosub 59000
17720 goto 5020
18000 rem hintergrund
18010 gosub 56000
18020 ff=-1
18030 if i1$="schwarz" then ff=0
18040 if i1$="weiss" then ff=1
18050 if i1$="rot" then ff=2
18060 if i1$="tuerkis" then ff=3
18070 if i1$="violett" then ff=4
18080 if i1$="gruen" then ff=5
18090 if i1$="blau" then ff=6
```

```
18100 if i1$="gelb" then ff=7
18110 if i1$="orange" then ff=8
18120 if i1$="braun" then ff=9
18130 if i1$="hellrot" then ff=10
18140 if i1$="graua" then ff=11
18150 if i1$="graub" then ff=12
18160 if i1$="grauc" then ff=15
18170 if i1$="hellgruen" then ff=13
18180 if i1$="hellblau" then ff=14
18190 if ff=-1 then me$="diese farbe kenne ich nicht !"
      : goto 58700
18200 ou$="lda #"+str$(ff) : gosub 59000
18210 ou$="sta 53281" : gosub 59000
18220 goto 5020
18500 rem schrift
18510 gosub 56000
18520 ff=-1
18530 if i1$="schwarz" then ff=144
18540 if i1$="weiss" then ff=5
18550 if i1$="rot" then ff=28
18560 if i1$="purpur" then ff=156
18580 if i1$="gruen" then ff=30
18590 if i1$="blau" then ff=31
18600 if i1$="gelb" then ff=158
18610 if i1$="cyan" then ff=159
18690 if ff=-1 then me$="diese farbe kenne ich nicht !"
      : goto 58700
18700 ou$="lda #"+str$(ff) : gosub 59000
18710 ou$="jsr $ffd2" : gosub 59000
18720 goto 5020
19000 rem eingabe
19010 gosub 56000
19020 be$=i1$ : ty%=3 : gosub 57000
19030 if sc=0 then me$="bezeichner nicht definiert !"
      : goto 58700
19040 ou$="jsr ein" : gosub 59000
```

```
19050 gosub 53000
19060 goto 5020
19400 rem uebertrage variable
19410 gosub 56000
19420 be$=i1$ : ty%=3 : gosub 57000
19430 if sc=0 then me$="bezeichner nicht definiert !"
      : goto 58700
19440 gosub 54000
19450 gosub 56030
19460 be$=i1$ : ty%=3 : gosub 57000
19470 if sc=0 then me$="bezeichner nicht definiert !"
      : goto 58700
19480 gosub 53000
19490 goto 5020
19500 rem uebertrage
19510 va$=""
19520 gosub 55000 : gosub 55000 : gosub 55000
19524 if i=41 then 19400
19530 gosub 56500 : va$=i1$
19535 gosub 55000 : gosub 55000
19540 if i<>49 then 19600
19550 va$=va$+"." : gosub 56500 : va$=va$+i1$
19555 gosub 55000 : gosub 55000
19600 if i<>51 then 19900
19610 va$=va$+"e"
19620 gosub 55000 : gosub 55000
19630 if i=59 then 19700
19640 if i=52 then va$=va$+"+"
19650 if i=53 then va$=va$+"-"
19700 i1$="" : gosub 56540
19710 va$=va$+i1$
19900 gosub 51000
19910 gosub 56000
19920 be$=i1$ : ty%=3 : gosub 57000
19930 if sc=0 then me$="bezeichner nicht definiert !"
      : goto 58700
```

```
19940 d9=d9+1
19942 d9$=mid$(str$(d9),2,len(str$(d9))-1)
19946 ou$="jmp de"+d9$ : gosub 59000
19950 ou$="dd"+d9$+".m" : gosub 59000
19952 ou$=" .b"+str$(v0) : gosub 59000
19953 ou$=" .b"+str$(v1) : gosub 59000
19954 ou$=" .b"+str$(v2) : gosub 59000
19955 ou$=" .b"+str$(v3) : gosub 59000
19956 ou$=" .b"+str$(v4) : gosub 59000
19960 ou$="de"+d9$+".m" : gosub 59000
19962 hi$=be$ : be$="dd"+d9$ : gosub 54000
19970 be$=hi$ : gosub 53000
19980 goto 5020
19990 :
20000 rem addiere
20010 gosub 56000
20020 be$=i1$ : ty%=3 : gosub 57000
20030 if sc=0 then me$="bezeichner nicht definiert !"
      : goto 58700
20040 gosub 54000
20050 gosub 56030
20060 be$=i1$ : ty%=3 : gosub 57000
20070 if sc=0 then me$="bezeichner nicht definiert !"
      : goto 58700
20080 ou$="ldy #hb-"+be$ : gosub 59000
20090 ou$="lda #lb-"+be$ : gosub 59000
20100 ou$="jsr $b867" : gosub 59000
20110 gosub 56030
20120 be$=i1$ : ty%=3 : gosub 57000
20130 if sc=0 then me$="bezeichner nicht definiert !"
      : goto 58700
20140 gosub 53000
20150 goto 5020
20500 rem subtrahiere
20510 gosub 56000
20520 be$=i1$ : ty%=3 : gosub 57000
```

```
20530 if sc=0 then me$="bezeichner nicht definiert !"
      : goto 58700
20540 gosub 54000
20550 gosub 56030
20560 be$=i1$ : ty%=3 : gosub 57000
20570 if sc=0 then me$="bezeichner nicht definiert !"
      : goto 58700
20580 ou$="ldy #hb-"+be$ : gosub 59000
20590 ou$="lda #lb-"+be$ : gosub 59000
20600 ou$="jsr $b850" : gosub 59000
20610 gosub 56030
20620 be$=i1$ : ty%=3 : gosub 57000
20630 if sc=0 then me$="bezeichner nicht definiert !"
      : goto 58700
20640 gosub 53000
20650 goto 5020
21000 rem multipliziere
21010 gosub 56000
21020 be$=i1$ : ty%=3 : gosub 57000
21030 if sc=0 then me$="bezeichner nicht definiert !"
      : goto 58700
21040 gosub 54000
21050 gosub 56030
21060 be$=i1$ : ty%=3 : gosub 57000
21070 if sc=0 then me$="bezeichner nicht definiert !"
      : goto 58700
21080 ou$="ldy #hb-"+be$ : gosub 59000
21090 ou$="lda #lb-"+be$ : gosub 59000
21100 ou$="jsr $ba28" : gosub 59000
21110 gosub 56030
21120 be$=i1$ : ty%=3 : gosub 57000
21130 if sc=0 then me$="bezeichner nicht definiert !"
      : goto 58700
21140 gosub 53000
21150 goto 5020
21500 rem dividiere
```

```
21510 gosub 56000
21520 be$=i1$ : ty%=3 : gosub 57000
21530 if sc=0 then me$="bezeichner nicht definiert !"
      : goto 58700
21540 hi$=be$
21550 gosub 56030
21560 be$=i1$ : ty%=3 : gosub 57000
21570 if sc=0 then me$="bezeichner nicht definiert !"
      : goto 58700
21575 gosub 54000
21580 ou$="ldy #hb-"+hi$ : gosub 59000
21590 ou$="lda #lb-"+hi$ : gosub 59000
21600 ou$="jsr $bb0f" : gosub 59000
21610 gosub 56030
21620 be$=i1$ : ty%=3 : gosub 57000
21630 if sc=0 then me$="bezeichner nicht definiert !"
      : goto 58700
21640 gosub 53000
21650 goto 5020
22000 rem potenziere
22010 gosub 56000
22020 be$=i1$ : ty%=3 : gosub 57000
22030 if sc=0 then me$="bezeichner nicht definiert !"
      : goto 58700
22040 gosub 52000
22050 gosub 56030
22060 be$=i1$ : ty%=3 : gosub 57000
22070 if sc=0 then me$="bezeichner nicht definiert !"
      : goto 58700
22080 gosub 54000
22090 ou$="jsr $bf7b" : gosub 59000
22110 gosub 56030
22120 be$=i1$ : ty%=3 : gosub 57000
22130 if sc=0 then me$="bezeichner nicht definiert !"
      : goto 58700
22140 gosub 53000
```

```
22150 goto 5020
22500 rem bilde
22510 gosub 56000
22520 ff$=""
22530 if i1$="absolut" then ff$="$bc58"
22540 if i1$="actangens" then ff$="$e30e"
22550 if i1$="cosinus" then ff$="$e264"
22560 if i1$="exponent" then ff$="$bfed"
22570 if i1$="integer" then ff$="$bccc"
22580 if i1$="logarithmus" then ff$="$b9ea"
22590 if i1$="speicherwert" then ff$="$b80d"
22600 if i1$="zufall" then ff$="$e097"
22610 if i1$="vorzeichen" then ff$="$bc39"
22620 if i1$="sinus" then ff$="$e26b"
22630 if i1$="quadratwurzel" then ff$="$bf71"
22640 if i1$="tangens" then ff$="$e2b4"
22650 if ff$="" then me$="diese funktion kenne ich nicht !"
      : goto 58700
22660 gosub 56030
22670 be$=i1$ : ty%=3 : gosub 57000
22680 if sc=0 then me$="bezeichner nicht definiert !"
      : goto 58700
22690 gosub 54000
22700 ou$="jsr "+ff$ : gosub 59000
22705 gosub 55000 : gosub 55000
22710 if i=27 then 22800
22720 gosub 56000 : gosub 55000 : gosub 55000
22800 be$=i1$ : ty%=3 : gosub 57000
22810 if sc=0 then me$="bezeichner nicht definiert !"
      : goto 58700
22820 gosub 53000
22830 goto 5000
23000 rem punkt
23500 rem entscheidung
23505 ef=ef+1 : iz=iz+1 : i(iz)=ef
23506 ef$=mid$(str$(i(iz)),2,len(str$(i(iz))))
```

```
23510 gosub 56000
23520 be$=i1$ : ty%=3 : gosub 57000
23530 if sc=0 then me$="bezeichner nicht definiert !"
      : goto 58700
23540 gosub 54000
23550 gosub 55000 : gosub 55000
23560 op=i
23570 gosub 56000
23580 be$=i1$ : ty%=3 : gosub 57000
23590 if sc=0 then me$="bezeichner nicht definiert !"
      : goto 58700
23600 ou$="ldy #hb-"+be$ : gosub 59000
23610 ou$="lda #lb-"+be$ : gosub 59000
23620 ou$="jsr $bc5b" : gosub 59000
23630 if op=43 then ou$="cmp #0" : gosub 59000
23640 if op=43 then ou$="beq th"+ef$ : gosub 59000
23650 if op=44 then ou$="cmp #0" : gosub 59000
23660 if op=44 then ou$="bne th"+ef$ : gosub 59000
23670 if op=45 then ou$="cmp #$ff" : gosub 59000
23680 if op=45 then ou$="beq th"+ef$ : gosub 59000
23690 if op=46 then ou$="cmp #1" : gosub 59000
23700 if op=46 then ou$="bne th"+ef$ : gosub 59000
23710 if op=47 then ou$="cmp #1" : gosub 59000
23720 if op=47 then ou$="beq th"+ef$ : gosub 59000
23730 if op=48 then ou$="cmp #$ff" : gosub 59000
23740 if op=48 then ou$="bne th"+ef$ : gosub 59000
23800 ou$="jmp el"+ef$ : gosub 59000
23810 ou$="th"+ef$+" .m" : gosub 59000
23820 goto 5020
24000 rem sonst
24005 ef$=mid$(str$(i(iz)),2,len(str$(i(iz))))
24010 ou$="jmp en"+ef$ : gosub 59000
24020 ou$="el"+ef$+" .m" : gosub 59000
24030 goto 5000
24500 rem entscheidungsende
24510 ef$=mid$(str$(i(iz)),2,len(str$(i(iz))))
```

```
24520 ou$="en"+ef$+" .m" : gosub 59000
24525 iz=iz-1
25000 rem endlosschleife
25005 gosub 56000
25010 be$=il$ : ty%=4 : gosub 57000
25020 if sc=1 then me$="schleifenbezeichner schon
      definiert !" : goto 58700
25030 gosub 57500
25035 ou$="e-"+be$+" .m" : gosub 59000
25040 goto 5020
25500 rem endlosschleifenende
25505 gosub 56000
25510 be$=il$ : ty%=4 : gosub 57000
25520 if sc=0 then me$="schleifenbezeichner nicht
      definiert !" : goto 58700
25530 ou$="jmp e-"+il$ : gosub 59000
25535 ou$="ee-"+il$+" .m" : gosub 59000
25540 goto 5020
26000 rem ausgang
26005 gosub 56000
26010 be$=il$ : ty%=4 : gosub 57000
26020 if sc=0 then me$="schleifenbezeichner nicht
      definiert !" : goto 58700
26030 ss$=be$
26040 gosub 56030
26050 be$=il$ : ty%=3 : gosub 57000
26060 if sc=0 then me$="bezeichner nicht definiert !"
      : goto 58700
26070 gosub 54000
26080 gosub 55000 : gosub 55000
26090 op=i
26100 gosub 56000
26110 be$=il$ : ty%=3 : gosub 57000
26120 if sc=0 then me$="bezeichner nicht definiert !"
      : goto 58700
26130 ou$="ldy #hb-"+be$ : gosub 59000
```

```
26140 ou$="lda #1b-"+be$ : gosub 59000
26150 ou$="jsr $bc5b" : gosub 59000
26160 d9=d9+1
26170 d9$=mid$(str$(d9),2,len(str$(d9))-1)
26200 if op=43 then ou$="cmp #0" : gosub 59000
26210 if op=43 then ou$="bne sz-"+d9$ : gosub 59000
26220 if op=44 then ou$="cmp #0" : gosub 59000
26230 if op=44 then ou$="beq sz-"+d9$ : gosub 59000
26240 if op=45 then ou$="cmp #255" : gosub 59000
26250 if op=45 then ou$="bne sz-"+d9$ : gosub 59000
26260 if op=46 then ou$="cmp #1" : gosub 59000
26270 if op=46 then ou$="beq sz-"+d9$ : gosub 59000
26280 if op=47 then ou$="cmp #1" : gosub 59000
26290 if op=47 then ou$="bne sz-"+d9$ : gosub 59000
26300 if op=48 then ou$="cmp #255" : gosub 59000
26310 if op=48 then ou$="beq sz-"+d9$ : gosub 59000
26440 ou$="jmp ee-"+ss$ : gosub 59000
26450 ou$="sz-"+d9$+" .m" : gosub 59000
26480 goto 5020
26500 rem indexschleife
26510 gosub 56000
26520 be$=i1$ : ty%=3 : gosub 57000
26530 if sc=0 then me$="bezeichner nicht definiert !"
      : goto 58700
26540 dx$=be$
26550 gosub 56030
26560 be$=i1$ : ty%=3 : gosub 57000
26570 if sc=0 then me$="bezeichner nicht definiert !"
      : goto 58700
26580 ux$=be$
26590 gosub 56030
26600 be$=i1$ : ty%=3 : gosub 57000
26610 if sc=0 then me$="bezeichner nicht definiert !"
      : goto 58700
26620 ox$=be$
26630 s$(sl)=dx$ : sl=sl+1
```

```
26640 goto 5020
27000 rem schleifenanfang
27010 be$=ux$ : gosub 54000
27020 be$=dx$ : gosub 53000
27030 ou$="ia-"+s$(sl-1)+".m" : gosub 59000
27040 be$=dx$ : gosub 54000
27050 ou$="ldy #hb-"+ox$ : gosub 59000
27060 ou$="lda #lb-"+ox$ : gosub 59000
27070 ou$="jsr $bc5b" : gosub 59000
27080 d9=d9+1
27090 d9$=mid$(str$(d9),2,len(str$(d9))-1)
27100 ou$="cmp #1" : gosub 59000
27110 ou$="bne ia"+d9$ : gosub 59000
27120 ou$="jmp ie-"+s$(sl-1) : gosub 59000
27130 ou$="ia"+d9$+".m" : gosub 59000
27140 ou$="lda #$e8" : gosub 59000
27150 ou$="ldy #$bf" : gosub 59000
27160 ou$="jsr $b867" : gosub 59000
27170 be$=dx$ : gosub 53000
27180 goto 5000
27500 rem indexschleifenende
27505 ou$="jmp ia-"+s$(sl-1) : gosub 59000
27510 ou$="ie-"+s$(sl-1)+".m" : gosub 59000
27520 sl=sl-1
27530 goto 5000
28000 rem sprungmarke
28010 gosub 56000
28020 ou$="s-"+i1$+".m" : gosub 59000
28030 goto 5020
28500 rem springe
28510 gosub 56000
28520 ou$="jmp s-"+i1$ : gosub 59000
28530 goto 5020
29000 rem rufe
29010 gosub 56000
29020 ou$="jsr u-"+i1$ : gosub 59000
```

```
29030 goto 5020
30000 rem zeilennummer
30010 if sp=1 then ou$="jsr spur" : gosub 59000
30020 get#in,i$ : if i$="" then i$=chr$(0)
30030 if sp=1 then ou$="ldx #"+str$(asc(i$)) : gosub 59000
30040 get#in,i$ : if i$="" then i$=chr$(0)
30050 if sp=1 then ou$="lda #"+str$(asc(i$)) : gosub 59000
30060 if sp=1 then ou$="jsr $bdcd" : gosub 59000
30070 goto 5000
30080 :
31000 rem programm ende
31010 print#ou,chr$(0)chr$(0);
31020 close ou
31030 close in
31040 close 15
31050 close pr
31055 print : print
31060 print "ende der semantischen analyse ."
31065 print : print
31070 print "der assembler kann geladen werden mit :"
31075 print : print
31080 print "load"+chr$(34)+"assembler"+chr$(34)+",8"
31085 print : print
31090 print "das assemblerprogramm kann geladen
      werden mit :"
31095 print : print
31100 print "load"+chr$(34)+"mini-ass"+chr$(34)+",8"
31110 end
51000 rem zahl in va$ in interne darstellung umwandeln
51005 if val(va$)=0 then goto 51200
51010 v1=0:v5=0:v6=129:v7=val(va$):ifv7<0thenv1=128
      :v7=abs(v7)
51020 if v7<1 and v7<>0 then v6=v6-1 : v7=v7*2 : goto 51020
51030 v8=v7
51040 if v8>=2 then v8=int(v8/2) : v5=v5+1 : goto 51040
51050 v0=v5+v6
```

```
51060 v7=(v7-2v5)/2v5
51070 v7=v7*128:v1=v1+int(v7):v7=v7-int(v7)
51080 v7=v7*256:v2=int(v7):v7=v7-v2
51090 v7=v7*256:v3=int(v7):v7=v7-v3
51100 v7=v7*256:v4=int(v7):v7=v7-v4
51110 return
51200 v0=0:v1=0:v2=0:v3=0:v4=0: return
52000 rem variable in den arg bringen
52010 ou$="lda #lb-"+be$ : gosub 59000
52020 ou$="ldy #hb-"+be$ : gosub 59000
52030 ou$="jsr $ba8c" : gosub 59000
52040 return
53000 rem fac nach variable bringen
53010 ou$="ldx #lb-"+be$ : gosub 59000
53020 ou$="ldy #hb-"+be$ : gosub 59000
53030 ou$="jsr $bbd4" : gosub 59000
53040 return
54000 rem variable in den fac bringen
54010 ou$="lda #lb-"+be$ : gosub 59000
54020 ou$="ldy #hb-"+be$ : gosub 59000
54030 ou$="jsr $bba2" : gosub 59000
54040 return
54050 :
55000 rem naechstes symbol stellen
55010 get#in,i$ : if i$="" then i=0 : return
55020 i=asc(i$) : return
55030 :
56000 rem bezeichner erwartet
56005 i1$=""
56010 gosub 55000
56020 if i<>255 then me$="neues symbol erwartet !"
      : gosub 58500 : return
56030 gosub 55000
56040 i1$="" : if i<>55 then me$="bezeichner erwartet !"
      : gosub 58500 : return
56050 gosub 55000
```

```
56060 if i=255 then return
56070 i1$=i1$+i$ : goto 56050
56080 :
56300 rem zeichenkette erwartet
56305 i1$=""
56310 gosub 55000
56320 if i<>255 then me$="neues symbol erwartet !"
      : gosub 58500 : return
56330 gosub 55000
56340 if i<>57 then me$="zeichenkette erwartet !"
      : gosub 58500 : return
56350 gosub 55000
56360 if i=255 then return
56370 i1$=i1$+i$ : goto 56050
56380 :
56500 rem ganzzahl erwartet
56505 i1$=""
56510 gosub 55000
56520 if i<>255 then me$="neues symbol erwartet !"
      : gosub 58500 : return
56530 gosub 55000
56540 if i<>59 then me$="ganzzahl erwartet !"
      : gosub 58500 : return
56550 gosub 55000
56560 if i=255 then return
56570 i1$=i1$+i$ : goto 56050
56580 :
57000 rem bezeichner schon definiert ?
57005 sc=0
57010 for t=0 to 1
57020 if b$(t)=be$ then if t%(t)=ty% then sc=1
57030 next t
57040 return
57050 :
57500 rem bezeichner eintragen
57510 b$(1)=be$ : t%(1)=ty%
```

```
57520 l=l+1
57530 return
57540 :
58000 rem warten nach fehler
58010 print#pr,chr$(13)
58020 print#pr,me$
58030 print#pr,chr$(13)
58040 print#pr,"weiter mit < return >."
58050 get w$ : if w$<>chr$(13) then 58050
58060 goto 5000
58070 :
58500 rem warten nach fehler
58510 print#pr,chr$(13)
58520 print#pr,me$
58530 print#pr,chr$(13)
58540 print#pr,"weiter mit < return >."
58550 get w$ : if w$<>chr$(13) then 58550
58560 return
58700 rem warten nach fehler
58710 print#pr,chr$(13)
58720 print#pr,me$
58730 print#pr,chr$(13)
58740 print#pr,"weiter mit < return >."
58750 get w$ : if w$<>chr$(13) then 58750
58760 goto 5020
58770 :
59000 rem ausgabe von ou$ auf ou
59010 pc=pc+len(ou$)+5
59020 p1=int(pc/256)
59030 p2=pc-p1*256
59040 zl=zl+10
59050 z1=int(zl/256)
59060 z2=zl-z1*256
59070 print#ou,chr$(p2)chr$(p1)chr$(z2)chr$(z1);ou$;chr$(0);
59080 print#pr,str$(zl)+" "+ou$
59090 ou$=""
```

```
59100 return
59120 :
60000 rem fehlerkanal lesen
60010 input#15,en,em$,et,es : if en=0 then return
60020 print#pr,chr$(13)chr$(13)
60030 print#pr,"fehler auf diskette !"
60040 print#pr,"fehlernachricht : ";em$
60050 print#pr,"fehlernummer    : ";en
60060 print#pr,"spur            : ";et
60070 print#pr,"sector          : ";es
60080 print#pr,"programm abgebrochen !"
60090 close pr
60100 close in
60110 close ou
60120 close 15
60130 end
61000 open8,8,8,"miniatur-syn,s,r"
61010 open4,4
61020 get#8,i$ : if st=64 then 61100
61025 if i$="" then i=0 : goto 61040
61030 i=asc(i$)
```

EINE KLEINE EINFÜHRUNG IN DIE ASSEMBLERSPRACHE

Diese Einführung ist für diejenigen gedacht, die noch nicht in Assembler- oder Maschinensprache programmiert haben. Dieses Kapitel soll Sie in die Lage versetzen zu verstehen, was die einzelnen Assemblerbefehle bei der Codegenerierung für eine Bedeutung haben.

Es soll in diesem Kapitel nicht mit schon bewährten Büchern über Maschinensprache konkurriert werden und es werden darum nur die Befehle besprochen, die wir auch benutzen werden. Der Assembler, der weiter unten abgedruckt ist, beherrscht selbstverständlich alle Befehle und Adressierungsarten des 6502 bzw. 6510.

Haben Sie erst einmal das Prinzip der Assemblerprogrammierung anhand einiger Befehle kennengelernt, so wird es Ihnen bestimmt nicht schwer fallen, diese Kenntnisse weiter auszubauen. Zu unserem Vorteil ist der Mikroprozessor unseres Rechners nicht sehr kompliziert aufgebaut und eignet sich daher gut zum Lernen. Dies soll nicht heißen, daß der Mikroprozessor nicht leistungsfähig wäre, aber das werden Sie schon gemerkt haben.

Wir wollen zwischen den Mikroprozessoren 6502 und 6510 keinen Unterschied machen, für unsere Belange reagieren beide Prozessoren auf die entsprechenden Befehle gleich.

Die Ebene der Maschinensprache wird nur mit der folgenden Bemerkung gestreift, daß nämlich der Assembler in der Lage ist, Assemblerbefehle in Maschinensprache umzusetzen und wir daher nichts über die Maschinensprache wissen müssen. Wir wollen uns daher mit der weitaus handlicheren Assemblersprache "begnügen", besonders weil uns die

Beschäftigung mit der Maschinensprache auch prinzipiell keine weiteren Möglichkeiten eröffnen würde.

Unseren Computer stellen wir für dieses Kapitel einmal vereinfacht so dar:

Er besteht aus einem Speicher mit einzelnen Speicherzellen und aus einer Maschine (Mikroprozessor), die den Inhalt der einzelnen Speicherstellen verändern kann. Die einzelnen Speicherzellen sind in unserem Fall von 0 bis 65535 durchnumeriert. In der Programmierung von Assemblerprogrammen ist es üblich, die Zahlen nicht nur in der dezimalen, sondern auch in der hexadezimalen Form aufzuschreiben. Der Übergang vom Zehner- zum Sechzehnersystem hat Vorteile, da der Aufbau von Computern den Gebrauch des Sechzehnersystems nahelegt. Für den Anfänger ist es jedoch gewöhnungsbedürftig und gerade in diesem Punkt soll sich ganz besonders den Anfängern gewidmet werden. Im folgenden wird deshalb auch die dezimale Schreibweise benutzt.

Hexadezimalzahlen werden durch das Voranstellen eines $-Zeichens gekennzeichnet. Der Speicherbereich unseres Speichers reicht also von $0000 bis $FFFF. In dem Programm Disassembler befindet sich eine Routine, mit der Sie Zahlen aus einem System in das andere umwandeln können.

Im Speicher selbst sind nun Programme, die der Mikroprozessor ausführen soll, um Daten zu transportieren und zu verändern, die sich in anderen Stellen des Speichers befinden.

Wir können uns in diesem Kapitel fast ganz auf Befehle konzentrieren die Daten transportieren, da wir die

Programme, die der CBM-64 von Hause aus hat, so weit als möglich benutzen wollen. Weil die Daten dann mit Hilfe dieser Programme verändert werden, wird es unsere Aufgabe sein, die nötige Information an die Speicherstellen zu transportieren, mit denen diese Programme dann arbeiten.

Um nun zu begreifen, was der Mikroprozessor macht, schauen wir uns ein Modell von ihm an.

Der Mikroprozessor enthält einige Register, mit denen wir arbeiten können. Wir wollen uns auf folgende Register beschränken:

- Akkumulator
- X-Register
- Y-Register
- Statusregister

Der Akkumulator ist das Arbeitsregister unseres Prozessors, in dem die meisten Operationen ablaufen.

Das X- und das Y-Register sind Hilfsregister, die oft als Zähler verwendet werden.

Im Statusregister können wir Informationen über den Zustand des Prozessors erhalten.

Betrachten wir einmal ein Beispiel:

Der Inhalt der Speicherstelle 2055 soll zur Speicherzelle 7256 transportiert werden.

Dazu müssen wir folgendes ausführen: Den Inhalt der Speicherstelle 2055 in den Akkumulator laden und den Inhalt des Akkumulators in die Speicherstelle 7256 übertragen.

Die dazugehörigen Assembleranweisungen:

   LDA 2055
   STA 7256

Das Befehlskürzel 'LDA' bedeutet 'Lade den Akkumulator mit'. 'STA' bedeutet 'Speichere den Akkumulator nach'. Die Kürzel heißen auch 'Mnemonics'.

Hinter einem Mnemonic steht ein sogenannter Operand. Aus dem Operanden kann der Mikroprozessor die Information erkennen, auf welche Speicherstelle sich der Befehl bezieht. Operanden können Dezimalzahlen, Hexadezimalzahlen und Symbole sein. Bei unserem Assembler müssen Symbole mit einem Buchstaben beginnen, dürfen aber alle Zeichen enthalten und können beliebig lang sein. Ein Symbol bekommt innerhalb eines Assemblerprogramms einen Zahlenwert zugewiesen, der dann bei der Umwandlung des Programms in ein Maschinenprogramm anstelle des Symbols eingesetzt wird. Um einem Symbol einen Wert zuzuweisen, müssen wir dem Assembler eine Anweisung geben. Die Anweisungen, die den Assembler steuern, nennt man auch Pseudoanweisungen. Lesen Sie dazu bitte das Kapitel 'Der Befehlssatz des Assemblers'.

Es gibt verschiedene Möglichkeiten, wie der Mikroprozessor die Adresse der Speicherstelle findet, mit der er bei dem aktuellen Befehl arbeiten soll.

Wir wollen jetzt die verschiedenen 'Adressierungsarten' anhand des 'LDA'-Befehls kennenlernen.

Bemerkung:

Die verschiedenen Möglichkeiten der Adressierung sind von Befehl zu Befehl anders. Für den LDA-Befehl existieren jedoch die meisten Adressierungsarten.

Direkte Adressierung:

Bei der direkten Adressierung bedeutet der Operand zum Befehl keine Adresse, sondern einen Wert.

Beispiel:

    LDA # 77

Diese Anweisung lautet: Lade den Akkumulator direkt mit der Zahl 77. Damit der Assembler die Adressierung von jener unterscheiden kann, die wir schon weiter oben kennengelernt haben, schreiben wir vor den Operanden ein Doppelkreuz.

Seite Null Adressierung:

Was ist die Seite Null?

Wir können uns den Speicher vorstellen als 256 Seiten (numeriert von 0 bis 255) und jede Seite bestehend aus 256 Speicherzellen (ebenfalls numeriert von 0 bis 255). Die erste Seite des Speichers ist die Seite Null (engl. Zero Page). Für diese Seite gibt es eine Anzahl von Befehlen der vorgenannten speziellen Adressierungsart, da die entsprechenden Maschinenbefehle kürzer sein können und auch schneller vom Mikroprozessor ausgeführt werden. In der Seite Null legt man darum meist Variablen ab, die im Verlauf eines Programms sehr oft gebraucht werden. Die Seite Null sollte man darum in seinen Programmen besonders im Auge haben und entsprechend verplanen.

Um eine Seite Null-Adressierung zu ermöglichen, darf der Operand nur Werte zwischen 0 und 255 annehmen.

Beispiel:

```
LDA 77
```

Der Wert, der in der Speicherzelle 77 gespeichert ist, wird in den Akkumulator geladen.

Seite Null mit Index X:

Beispiel

```
LDX # 1
LDA 77, X
```

Diese beiden Anweisungen bewirken folgendes:

1) Das X-Register wird direkt mit dem Wert 1 geladen.

2) Der Akkumulator wird mit dem Inhalt der Speicherstelle (77 + X also: 78) geladen. Der Inhalt des X-Registers wird zu der Adresse addiert und so ergibt sich die Adresse für den LDA-Befehl.

Die Möglichkeit, mit Hilfe der Index-Register zu adressieren, gibt uns die Freiheit, erst zur Ausführung des Maschinenprogramms zu entscheiden, aus welcher Speicherzelle gelesen werden soll. Diese Möglichkeiten bieten unschätzbare Vorteile, deshalb ist unser Mikroprozessor mit vielfältigen Arten der Index-Adressierung ausgestattet.

Seite Null mit Index Y:

Diese Adressierung ist nur bei zwei Befehlen möglich:

    LDX und STX

also:

    LDX Operand, Y
    STX Operand, Y

STX ist das Gegenstück zu LDX:

Während LDX bedeutet, daß das X-Register mit einem Wert geladen wird, heißt STX, daß der Inhalt des X-Registers in einer Speicherstelle abgelegt werden soll.

Die Errechnung einer Adresse ergibt sich wie bisher bei der Indizierung mit dem X-Register, nur daß bei diesen Befehlen der Inhalt des Y-Registers herangezogen wird.

Absolute Adressierung:

Bei der absoluten Adressierung darf der Operand Werte zwischen 0 und 65535 annehmen, wir können so jede Speicherzelle ansprechen.

Beispiel:

    LDA 47000

Der Akkumulator wird mit dem Inhalt der Speicherzelle 47000 geladen.

Absolute Adressierung mit Index X:

Wie Seite Null mit Index X, nur darf der Operand im Bereich von 0 bis 65535 liegen.

Absolute Adressierung mit Index Y:

Wie Seite Null mit Index Y, nur darf der Operand im Bereich von 0 bis 65535 liegen.

Diese Adressierungsart gibt es jedoch für eine Reihe weiterer Befehle.

Absolute indirekte Adressierung:

Diese Adressierungsart gibt es zwar nur für einen Befehl, den Befehl JMP, aber er ist Grundlage für weitere Möglichkeiten der Adressbildung. Manchmal benötigt man die Möglichkeit, eine Adresse zu verarbeiten, die richtig ausgerechnet werden kann. Diese ausgerechnete Adresse wird dann in zwei Speicherstellen abgelegt und man teilt dem Befehl, der auf diese Adresse Bezug nehmen soll, die Adresse der ersten der beiden Speicherstellen mit. Der Prozessor holt sich also erst die aktuelle Adresse aus dem Speicher. Warum benötigen wir aber zwei Speicherstellen? In einer Speicherstelle können wir nur die Werte von 0 bis 255 angeben. Damit ist es uns möglich, eine bestimmte Speicherzelle innerhalb einer Seite zu benennen, aber wir brauchen dann noch die Information, auf welcher Seite wir suchen müssen. Wie errechnen wir nun die Werte, die in den beiden Speicherzellen abzulegen sind? Haben wir die Zahl als Hexadezimalzahl vorliegen, so ist das ganz einfach: Die letzten beiden Zeichen geben die Stelle innerhalb der Seite und die ersten beiden die Seite an.

Beispiel:

Ab der Speicherstelle $AAD2 soll die Adresse stehen, die benötigt wird. Diese Adresse soll $FFD2 sein. Dann steht in $AAD2 der Wert $D2 und in $AAD3 der Wert $FF.

Bei der Assemblerprogrammierung werden Adressen immer in dieser Form gespeichert.

Bleibt noch der Befehl JMP zu erklären.

Der Mikroprozessor holt seine Befehle aus dem Speicher und wenn er auf JMP trifft, so liest er den nächsten Befehl ab der Speicherstelle, deren Adresse er nach dem JMP findet bzw. errechnet.

Beispiel:

JMP $FFD2
JMP ($FFD2)

Das erste Beispiel benutzt die absolute Adressierung. Der nächste Befehl ist der in Speicherzelle $FFD2.

Das zweite Beispiel bedient sich der indirekten Adressierung. Der nächste Befehl steht an der Adresse, die in den Speicherzellen $FFD2 und $FFD3 abgelegt ist.

Indizierte indirekte Adressierung:

Diese Art der Adressierung ist nur mit Hilfe des X-Registers möglich.

Beispiel:

```
LDX # 10
LDA (20,X)
```

Die Adresse der Speicherzelle, mit der der Akkumulator geladen wird, ergibt sich jetzt wie folgt:

Zum Wert des Operanden, in unserem Fall die 20, wird der Wert des X-Registers addiert:

20 + 10 = 30.

Nun geht der Mikroprozessor davon aus, daß sich in den Speicherzellen 30 und 31 eine Adresse befindet.

Z.B. Inhalt der Speicherzelle 30 ist 10 und der
Inhalt der Speicherzelle 31 ist 1.

Dann ergibt sich die Adresse zu 10 + 1 * 256 = 266.

Der Akkumulator wird dann mit dem Inhalt der Speicherzelle 266 geladen.

Der Operand darf die Werte von 0 bis 255 annehmen.

Indirekte indizierte Adressierung:

Ähnlich raffiniert geht es auch bei dieser Adressierungsart zu:

Das Index-Register ist diesmal das Y-Register.

Beispiel:

```
LDY # 10
LDA (20),Y
```

Hier erwartet jetzt der Mikroprozessor in den Speicherzellen 20 und 21 eine Adresse.

z.B. Inhalt von 20 ist 10 und Inhalt von 21 ist 1.

So zeigt diese Adresse auf die Speicherzelle 10 + 1 * 256 = 266.

Nun wird zu dieser Adresse der Inhalt des Y-Registers addiert, in unserem Fall 10. Also 266 + 10 = 276. Jetzt wird der Akkumulator mit dem Inhalt der Speicherzelle 276 geladen. Übrigens darf der Operand, in unserem Fall die 20, nur die Werte von 0 bis 255 annehmen. Es muß unbedingt eine Seite Null-Adresse sein.

Relative Adressierung:

Diese Adressierungsart existiert für eine besondere Gruppe von Anweisungen, nämlich den Anweisungen für bedingte Sprünge. Was ist ein bedingter Sprung?

Ein bedingter Sprung ist ein Sprung, der in Abhängigkeit vom Inhalt des Statusregisters ausgeführt wird. Es können so innerhalb eines Programms Entscheidungen getroffen werden, welche Anweisungsfolgen abgearbeitet werden sollen.

Diese Entscheidungen werden mit Hilfe des Statusregisters getroffen. Das Statusregister umfaßt 8 Stellen, die einzeln abgefragt werden können. Wir wollen dies im folgenden betrachten:

Ein Bit kann die Information 0 oder 1 enthalten. Es gibt nun

eine Reihe von Sprungbefehlen, von denen wir uns 2
herausnehmen wollen:

BEQ und BNE

Beispiel:

BEQ Operand
BNE Operand

Beispiel 1: Es wird, wenn Z die Information 1 enthält, relativ zur Angabe des Operanden gesprungen. Ist Z gleich 0, so werden die unmittelbar folgenden Befehle ausgeführt. Es kann um 128 Speicherstellen zurück und um 127 Speicherstellen vorwärts gesprungen werden, von der Speicherstelle ausgehend, in der der Sprungbefehl steht. Darum auch der Terminus 'relative' Adressierung. Es wird relativ zum Sprungbefehl gesprungen.

Nun besteht in Assemblerprogrammen die Möglichkeit, sogenannte Marken (engl. Label) zu setzen, um Adressen von Speicherstellen besonders zu kennzeichnen. Ist der Operand nun so eine symbolische Adresse, so wird dorthin verzweigt.

Beispiel 2: Es wird, wenn Z = 0 ist, gesprungen, sonst wie Beispiel 1.

Bleibt die Frage: Wie gelangen die Informationen ins Statusregister?

Viele Befehle beeinflussen einzelne Stellen im Statusregister, dann gibt es Befehle, mit denen man die Stellen direkt beeinflussen kann und zu guter Letzt gibt es Befehle, die Stellen im Statusregister aufgrund des Inhalts von Speicherstellen setzen oder löschen können. Wir werden das aber gleich noch ein wenig beleuchten.

Nun zur letzten Adressierungsart, die wir uns ansehen wollen:

Implizierte Adressierung:

Bei dieser Art sind die Adressen schon aus dem Befehl selbst ersichtlich. Einige dieser Befehle möchte ich jetzt in alphabetischer Ordnung erklären:

```
DEX    ; Decrement X-Reg by one
       ; Vermindere das X-Register um eins

DEY    ; Decrement Y-Reg by one
       ; Vermindere das Y-Register um eins

INX    ; Increment X-Reg by one
       ; Vergrößere das X-Register um eins

INY    ; Increment Y-Reg by one
       ; Vergrößere das Y-Register um eins

NOP    ; No operation
       ; Keine Operation, Leerbefehl

RTS    ; Return from subroutine
       ; Ende eines Unterprogramms

TAX    ; Transfer Accumulator to X-Reg
       ; Übertrage den Akkumulator zum X-Register

TAY    ; Transfer Accumulator to Y-Reg
       ! Übertrage den Akkumulator zum Y-Register
```

```
TYA     ; Transfer Y-Reg to Accumulator
        ; Übertrage das Y-Register zum Akkumulator

TXA     ; TransferX-Reg to Accumulator
        ; Übertrage das X-Register zum Akkumulator
```

Ist bei einem dieser Befehle das Ergebnis eine Null oder wird eine Null bewegt, so wird das Zero-Bit auf eins gesetzt, bzw. ist keine Null im Spiel, so wird es auf null gesetzt.

Im folgenden möchte ich Ihnen noch eine Reihe weiterer Befehle stichwortartig erklären, für die es jeweils verschiedene Adressierungsarten gibt. Einige können Sie aus dem Kapitel über die Codegenerierung entnehmen, für weitere möchte ich auf die Literatur-liste verweisen.

```
CMP Operand
    ; Compare Accumulator and Memory
    ; Vergleiche Akkumulator und Speicherstelle

CPX Operand
    ; Compare X-Reg and Memory
    ; Vergleiche X-Register und Speicherstelle

CPY Operand
    ; Compare Y-Reg and Memory
    ; Vergleiche Y-Register und Speicherstelle

JMP Operand
    ; Jump to new location
    ; Springe zu einer neuen Befehlsadresse

JSR Operand
    ; Jump subroutine
    ; Führe ein Unterprogramm aus
```

```
LDA Operand
  ; Load Accumulator
  ; Lade den Akkumulator

LDX Operand
  ; Load X-Reg
  ; Lade das X-Register

LDY Operand
  ; Load Y-Reg
  ; Lade das Y-Register

STA Operand
  ; Store Accumulator
  ; Speichere Akkumulator

STX Operand
  ; Store X-Reg
  ; Speichere X-Register

STY Operand
  ; Store Y-Reg
  ; Speichere Y-Register
```

Dies soll uns fürs erste genügen. Hoffentlich wurde Ihnen ein wenig ´der Mund wässerig´ gemacht. Der 6502 beherrscht noch eine ganze Reihe anderer Befehle, aber eine umfassende Erklärung dieses Mikroprozessors würde mit Leichtigkeit ein Buch vom Umfang dieses Buches füllen.

Dieses Kapitel sollte auch nur die Programmierung im Assembler anreißen, um Ihnen eine Vorstellung davon zu geben, was geschieht, wenn der Rechner die Befehle ausführt, die wir ihm bei der Codegenerierung eingeben.

Es gibt eine ganze Reihe von guten Büchern über diesen Prozessor und , falls Sie sich entschließen, in die Programmierung in Assembler tiefer einzusteigen, so wird Ihnen bei der Lektüre der entsprechenden Bücher schon einiges bekannt vorkommen.

Im folgenden möchte ich Ihnen den Befehlssatz des beigefügten Assemblers erklären und ein Listing des Assemblers selbst geben. Danach werden die verschiedenen Befehle des Disassemblers erläutert und ebenfalls ein Listing des Disassemblers angefügt.

DER ASSEMBLER

Den Assembler benötigt man, wenn man Assemblerprogramme in Maschinenprogramme übersetzen will. Bekannt machen möchte ich Sie mit den Besonderheiten dieses Assemblers.
Woraus besteht nun ein Assemblerprogramm ?
1) Aus den Anweisungen, die vom Assembler in Maschinensprache übersetzt werden.
2) Aus Anweisungen, die den Assembler mit Informationen über das Programm versorgen und so die Assemblierung steuern. Diese Anweisungen nennt man auch die Pseudoanweisungen, weil sie im Maschinenprogramm nicht mehr sichtbar sind. Der Disassembler kann diese Anweisungen nicht mehr zurückübersetzen. Bei den Anweisungen aus 1) ist dies möglich, obgleich die Programme auf das Nötigste abgemagert sind und nicht mehr alle Informationen des Assemblerprogramms enthalten. Aber eins nach dem anderen.

Einige Bemerkungen zur Notation von Assemblerprogrammen möchte ich noch voranstellen.:
Assemblerprogramme können wie BASIC - Programme geschrieben und abgespeichert werden. Sie können sich also alle Assemblerprogramme, die der MINIATUR - Übersetzer schreibt, ansehen und analysieren. Dies ist für Sie ein wichtiges Hilfsmittel.
Kommentare werden in Assemblerprogrammen durch ein Semikolon begonnen. Ein Semikolon weist den Assembler an, den Rest der Zeile zu überlesen. Kommentare können an jeder Stelle in einer Zeile beginnen.

Beispiel :

```
10 ; Dies ist ein Kommentar,der
20 ; sich bis zum Ende der
30 ; jeweiligen Zeile erstreckt.
40 LDA   12        ; Lade Akku mit Inhalt
50                 ; der Speicherstelle 12
```

Leerzeichen wirken wie Trennzeichen. Sie trennen die kleinsten Bausteine des Assemblerprogramms voneinander.
Eine Anweisung schließt mit dem Ende einer Zeile.
Pro Zeile ist nur eine Assembleranweisung möglich.

Operanden :
Operanden können Dezimalzahlen, Hexadezimalzahlen und Symbole (Namen) von beliebiger Länge, die mit einem Buchstaben beginnen, sein.

Beispiele :

Dezimalzahlen :   15
                         1000

Hexadezimalzahlen : $FFFF
                         $0D
                         $1234

Symbole :   OTTO
                     SPRUNGZIEL1
                     TEXT-AUSGABE

Zu Punkt 1) Befehle, die in Maschinensprache übersetzt werden.

Die mnemonische Abkürzung der Befehlsworte entspricht dem MOS Standard. Die Notation der verschiedenen Adressierungsarten ergibt sich wie foglt:

Die Schiebe- und Rotationsbefehle, die den Akkumulator betreffen :

```
          ASL ACCU
          LSR ACCU
          ROL ACCU
          ROR ACCU
```

Befehle mit impliziter Adressierung, wie z.B. BRK, werden wie üblich aufgeschrieben.

Direkte Adressierung :

Befehlsaufbau : Als erstes kommt das mnemonische Kürzel, dann ein Leerzeichen und das Doppelkreuz (´#´), wahlweise Leerzeichen, und der Operand.

Beispiele für direkte Adressierung :

```
          LDA # OTTO
          AND #OTTO
          ADC # 13
          ADC #13
          CMP # $12FF
```


Seite Null und Absolute Adressierung ohne Index :

Befehlsaufbau : Das mnemonische Kürzel, mindestens ein Leerzeichen, Operand.

Je nach Grösse des Operanden wird entweder eine Seite Null oder eine Absolute Adressierung gewählt. Ist der Operand ein Symbol, das im Assemblerprogramm erst später vereinbart ist, wird in jedem Fall eine Absolute Adressierung gewählt. Dies kommt daher, daß der Assembler den Quelltext, das Assemblerprogramm, nur einmal liest, um Zeit zu sparen.

Beispiele :

```
          ORA OTTO
          STA 234
          LDA $FE
          STX 12345
```

Seite Null und Absolute Adressierung mit Index :

Befehlsaufbau : Mnemonisches Kürzel, Leerzeichen, Operand, Komma, ein ´X´ für Index-Register-x oder ein ´Y´ für Index-Register-y.

Beispiele :

```
          STX OTTO,Y
          STY OTTO,X
          STA $44,X
          LDA 123,X
```

Indizierte indirekte Adressierung :

Befehlsaufbau : Das mnemonische Kürzel, beliebig viele Leerzeichen (mindestens jedoch eins!), runde Klammer auf, beliebig viele Leerzeichen, Operand, beliebig viele Leerzeichen, Komma, beliebig viele Leerzeichen, ein ´X´, runde Klammer zu.

Beispiele :

```
          LDA ( OTTO ,X)
          STA ( $AA,  X )
```

Indirekte indizierte Adressierung :

Befehlsaufbau : Das mnemonische Kürzel, mindestens ein Leerzeichen, runde Klammer auf, beliebig viele Leerzeichen, Operand, beliebig viele Leerzeichen, runde Klammer zu, beliebig viele Leerzeichen, Komma, beliebig viele Leerzeichen, das Zeichen ´Y´.

Beispiele :
```
          LDA ( OTTO ),Y
          STA ( 123 ) , Y
```

Indirekte absolute Adressierung :

Diese Art gibt es nur bei dem Befehl JMP.

Beispiel :
```
          JMP ( 12345 )
```

Relative Adressierung :

Diese Art der Adressierung existiert für die relativen Sprünge.
Befehlsaufbau : Das mnemonische Kürzel, mindestens ein Leerzeichen, Operand.
Der Operand muß in diesem Fall eine vereinbarte Sprungmarke sein. Wie dies gemacht wird, erfahren Sie noch.

Beispiel :
```
          BCC  MARKE-1
          BPL  AUSGABE
```

Zu Punkt 2) Die Pseudoanweisungen :

Die Pseudoanweisungen steuern den Assembler und wirken so nur indirekt auf das entstehende Maschinenprogramm ein. Sie werden durch einen voranstehenden Punkt gekennzeichnet. Für die meisten Pseudoanweisungen gibt es auch Abkürzungen, um ein Assemblerprogramm so kurz wie möglich schreiben zu können.
Schauen Sie sich ruhig einmal die Assemblerprogramme an, die der MINIATUR - Übersetzer schreibt. Viele Fragen werden sich dann ganz von alleine klären, und Sie besitzen so eine Beispielsammlung, die Sie selbst jederzeit erweitern können. Wenn Sie dann etwas Übung haben, können Sie sich ja bei ausgewählten Programmen daran setzen, die Assemblerprogramme zu optimieren, denn ein solch kleiner Übersetzer, wie es der MINIATUR - Übersetzer ist, kann keinen optimalen Code erzeugen.

Die Anweisung :   .START

.START bestimmt, für welchen Adressbereich Ihr Assemblerprogramm erzeugt wird. Der nachfolgende Operand bestimmt die Startadresse.

Beispiel :
                          .START 2047

Die Anweisung :   .END

.END teilt dem Assembler mit, daß das Assemblerprogramm hier

zu Ende ist.
Ein Beispiel kann ich mir hier wohl sparen.

Die Anweisung :   .MARKE oder .M

Mit dieser Anweisung können Sie Symbole als Sprungmarken definieren.
Dem Symbol wird die Adresse der Speicherstelle zugeordnet, für die der nächste Maschinenbefehl erzeugt wird. Falls Sie es einmal möchten, so können Sie dieses Symbol auch benutzen, um z.B. den Akkumulator mit dem Inhalt dieser Speicherstelle zu versorgen.

Beispiel :
                Marke-1 .MARKE
                Marke-1 .M

Die Anweisung :   .EQU oder .E

Diese Anweisung gestattet es, Symbole mit einem Wert zu verknüpfen. Bei der Assemblierung wird dann anstelle des Symbols dessen Wert eingesetzt. Mit .EQU können Sie dem Symbol nur einmal einen Wert zuweisen.

Beispiel :
                CHARLOTTE .EQU $FEFE
                HANS   .EQU 123
                ENNO   .EQU MONIKA
                ENNO   .E   MONIKA

Die Anweisung :   .VAREQU oder .V

Um den Wert eines Symbols zu verändern, benutzen Sie diese
Anweisung.

Beispiel :

    ENNO .VAREQU CHARLOTTE

    ENNO .V   SUSANNE

Die Anweisung :   .BLOCK oder .BL

Damit Sie in einem Assemblerprogramm Platz für Daten reservieren können, benötigen Sie diese Anweisung. Der Operand hinter der Anweisung gibt die Anzahl der zu reservierenden Speicherplätze an. Die Speicherplätze werden ab der betreffenden Stelle reserviert.

Beispiel :

     .BLOCK 555
     .BL   HANS

Die Anweisung :   .TEXT oder .T

Wollen Sie Zeichenketten abspeichern, so nehmen Sie diesen Befehl. Die Zeichenkette wird ab der Stelle gespeichert, an der die Anweisung steht. Die Zeichenkette versehen Sie bitte vorne und hinten mit Anführungszeichen. Das erste Anführungszeichen wird nicht mitgespeichert, wohl aber das letzte. Angefügt wird außerdem ein Zeichen mit Inhalt Null. Dieser Befehl wird in den meisten Fällen dazu benutzt werden, die betreffende Zeichenkette später auszugeben. Wir brauchen nur noch die Adresse, an der der Text steht, an die

ROM-Routine zu übergeben und in die Routine zu springen, dann wird der Text ausgegeben. Siehe dazu das Beispiel zum Befehl .COUNT.

Beispiel :
.TEXT "Hallo hier bin ich!"
.T   "Das ist aber fein!"

Die Anweisung :   .BYTE oder .B

Dieser Befehl legt den Wert des Operanden in der nächsten Speicherstelle ab und reserviert diese. Der Wert des Operanden muß dementsprechend zwischen 0 und 255 liegen.

Beispiel :
.BYTE 66
.B   CARLA

Die Anweisung :   .DBYTE oder .DB

Der Wert des Operanden, der eine 16-Bit Information darstellt, wird in zwei 8-Bit Informationen umgeformt. Dann wird die höherwertige Teilinformation und danach die niederwertige Teilinformation in die nächsten zwei Speicherstellen abgelegt. Auch diese Speicherstellen werden reserviert.

Beispiel :
.DBYTE 256
.DB   254

Das erste Beispiel bewirkt, daß nacheinander die Werte 1 und

255 abgelegt werden.
Letzteres Beispiel bewirkt, daß nacheinander die Werte 0 und 254 abgelegt werden.

Die Anweisung :   .WORD oder .W

Diese Anweisung entspricht der Anweisung .DBYTE, nur daß hier zuerst das niederwertige Byte und dann das höherwertige Byte abgespeichert wird.

Die Anweisung :   .COUNT oder .C

Trifft der Assembler auf diesen Befehl, so geschieht folgendes : Wenn der Assembler gestartet wird, schreibt er in seine Symboltabelle die Symbole CL und CH. Diese Symbole bekommen nun einen Wert zugeordnet. Die Adresse, an der die nächste Information abgelegt wird, wird in zwei 8-Bit Daten zerlegt. CL wird der niederwertige, CH der höherwertige Teil zugeordnet. Taucht nun CH oder CL in den nächsten Anweisungen auf, so werden diese Werte eingesetzt. .COUNT aktualisiert diese Werte.

Beispiel :
Ausgabe des Satzes "ENNO ist ein roter Cocker!".

```
          JMP TEXT-1    ; Überspringen des
                        ;          Satzes.
          .COUNT
          .TEXT "ENNO ist ein roter Cocker!"
TEXT-1    .MARKE        ; Sprungziel für den
                        ;          Sprung.
          LDY # CL      ; Laden der Zeiger für
```

```
        LDA # CH      ; den Sprung in die
                      ; ROM-Routine.
        JSR $BA1E     ; Sprung ins ROM.
        LDA # 13      ; Zeilenvorschub-Zeichen
                      ;                  laden.
        JSR $FFD2     ; Sprung in die
                      ;     Ausgaberoutine
                      ; des Betriebsystems.
```

Ich hoffe, Sie haben ein wenig Spaß bekommen, in Assembler zu programmieren!

Das Assemblerlisting

```
45000 open15,8,15 : print#15,"i" : print chr$(14)
45010 print"  ****     Bitte Datendiskette   ****"
45020 print"  ****          einlegen !       ****"
45030 print"  ****   Weiter mit < RETURN >   ****"
45040 get f$:iff$<>chr$(13) then 45040
45050 print#15,"i"
45070 input#15,en,em$,et,es
45100 if en<>0 then goto 45010
45110 close15
47000 goto 49999
48000 rem
48010 print"  ****   Weiter mit < RETURN > ! ****   "
48020 get w$:ifw$<>chr$(13) then 48020
48030 sys 2076
49999 printchr$(14)
50000 rem**************     assemble
50001 : open 15,8,15 : print#15,"i"
50002 dim f$(150),l$(500),l(500),n$(200),n(200)
      ,s$(400),s(400)
50003 l=2 : f=0 : pc=2129 : pm=pc : n=0 : s=0 : l$(0)="ch"
      : l$(1)="cl" : po=0
50004 ti$="000000"
50005 print" Name des Assemblerprogramms :"
50006 input"  ";na$
50007 for t=2 to len(na$) : if mid$(na$,t,1)<>" " then next
50008 na$=left$(na$,t-1) : print""
50010 gosub 60000
50011 open 8,8,8,"0:"+na$+",p,r" : gosub 50800
      : if en <>0 then 48000
50012 get#8,g$,h$ : if st<>0 then 48000
50014 g=asc(g$) : h=asc(h$)
```

```
50016 ad=g+256*h : a1=ad-2 : goto 50500
50020 gosub 50400
50030 if p=0 then goto 50500
50050 if p=59 then print"kommentar";: goto 50500
50060 if p=32 then goto 50700
50065 if p=34 then 50420
50240 if p>127 and p<204 then goto 51000
50250 if p<128 and p>32 then b$=b$+chr$(p)
50260 goto 50020
50400 g=h:p=g:a1=a1+1:get#8,h$:ifst<>0thenprint
      :print".end vergessen?":goto62300
50405 if h$="" then h=0 : goto 50415
50410 h=asc(h$)
50415 return
50420 b$=b$+chr$(p)
50430 gosub 50400 : if p=34 then b$=b$+chr$(p) : goto 50020
50440 if p=0 then 50030
50450 goto 50420
50499 :
50500 rem*************    anfang neue zeile
50501 :
50503 if b$<>"" then gosub 51200
50504 if t0$="1" then f=f+1 : f$(f)=zn$+
      " pseudoinstruction erwartet" : printf$(f)
50505 t0$="n" : f$="n" : ex=0
50507 if a1=ad then 50512
50510 a3=a1 : for a2=a3 to ad-1 : gosub 50400 : next a2
50512 ad=g+256*h
50515 gosub 50400 : gosub 50400
50527 zn=g+256*h : zn$="zeile : "+str$(zn)
50530 print : print"zeile :";zn;
50535 gosub 50400
50540 goto 50020
50541 :
50700 rem*************    blank gefunden
50701 :
```

```
50710 if b$="" then 50020
50712 if left$(b$,1)=chr$(34) then b$=b$+chr$(p)
      : goto 50020
50715 if b$="#" or b$="(" then 50020
50717 if h=32 then 50020
50718 if ex=1 then 50020
50719 if t0$<>"n" and h>169 and h<175 then gosub 50400
      : ex=1 : goto 50070
50720 gosub 51200
50730 goto 50020
50731 :
50750 :
50800 rem *********** fehlerkanal
50810 input#15,en,em$,et,es : if en=0 then return
50820 print"  ****     fehler auf diskette    ****" : close 8
50830 print"  ****     fehlernummer         : ";en
50840 print"  ****     fehlernachricht      :"
      : print"  ****   ";em$
50850 print"  ****     fehlerhafte spur     : ";et
50860 print"  ****     fehlerhafter sector  : ";es
50870 goto 62300
51000 rem************     interpreter code umwandeln
51001 :
51010 h$=""
51012 if p<140 then p9=41116 : p6=p-127 : goto 51020
51014 if p<160 then p9=41160 : p6=p-139 : goto 51020
51016 if p<180 then p9=41244 : p6=p-159 : goto 51020
51018 p9=49483-8192    : p6=p-179
51020 for t1=1 to p6
51030 p9=p9+1 : if peek(p9)<128 then 51030
51040 next t1
51050 p9=p9+1 : if peek(p9)<128 then h$=h$+chr$(peek(p9))
      : goto 51050
51060 h$=h$+chr$(peek(p9)-128)
51090 b$=b$+h$
51095 goto 50020
```

```
51096 :
51200 rem*************        token gefunden / auswerten
51201 :
51203 printb$+" ";
51205 mn$="n"
51207 if t0$="i" then gosub 55400 : goto 51290
51208 if b$<>".varequ" and f$="d" then gosub 54580
51210 if left$(b$,1)="." then gosub 51400 : goto 51290
51220 if t0$="p" then gosub 54000 : goto 51290
51222 if t0$="r" then gosub 56500 : goto 51290
51225 if t0$="m" then gosub 54800 : goto 51290
51230 if len(b$)=3 and t0$="n" then gosub 53000
51240 if mn$="j" then goto 51290
51270 if t0$="1" then f=f+1 : f$(f)=zn$+
      " pseudoinstruction erwartet" : printf$(f)
51280 if t0$="n" then la$=b$ : t0$="1"
51290 b$=""
51300 return
51310 :
51400 rem*************        pseudo-operation gefunden
51401 :
51405 ps=0
51410 if b$=".end" then ps=1
51420 if b$=".equ" or b$=".e" then ps=2
51430 if b$=".start" then ps=3
51440 if b$=".block" or b$=".bl" then ps=4
51450 if b$=".byte" or b$=".b" then ps=5
51460 if b$=".dbyte" or b$=".db" then ps=6
51470 if b$=".text" or b$=".t" then ps=7
51480 if b$=".word" or b$=".w" then ps=8
51490 if b$=".varequ" or b$=".v" then ps=9
51495 if b$=".marke" or b$=".m" then ps=10
51497 if b$=".count" or b$=".c" then ps=11
51500 onpsgosub51600,52000,52100,52200,52300,52400,52500
      ,52600,52700,52800,52900
51510 if ps=0 then print"**** keine pseudo ****"
```

```
51515 if ps<>0 then t0$="p"
51520 return
51521 :
51600 rem**************          pseudo-operation .end
51601 : close 8 : gosub 50800
51602 print : print"   ****         Programm-Laenge        ****"
51603 if po=0 then print"   ****              ";pc-pm+2129-2047
51604 if po=1 then print"   ****              ";pc-pm
51605 print"   ****         Bytes               ****"
51606 gosub 61000
51610 print"   ****         Ende                ****"
51640 print"   ****         Fehler              ****"
51643 print"   ****  Weiter mit < RETURN > !    ****"
51645 get w$ : if w$<>chr$(13) then 51645
51650 for t=1 to f
51660 print f$(t)
51670 for g=1 to 1000 : next
51680 next
51681 print"   ****  Das Maschinenprogramm hat"
      :print"   ****   den Namen : "+na$+"-ziel"
51685 goto 62300
51691 :
51781 :
52000 rem**************          pseudo-operation .equ
52001 :
52010 ps$="e"
52020 return
52021 :
52100 rem**************          pseudo-operation .start
52101 :
52110 ps$="s"
52120 return
52121 :
52200 rem**************          pseudo-operation .block
52201 :
```

```
52210 ps$="k"
52220 if la$<>"" then b$=la$ : gosub 54500
52221 :
52230 if f$="d" then gosub 54580
52240 return
52300 rem*************       pseudo-operation .byte
52301 :
52310 ps$="b"
52320 if la$<>"" then b$=la$ : gosub 54500
52321 :
52330 if f$="d" then gosub 54580
52340 return
52400 rem*************       pseudo-operation .dbyte
52401 :
52410 ps$="d"
52420 if la$<>"" then b$=la$ : gosub 54500
52421 :
52430 if f$="d" then gosub 54580
52440 return
52500 rem*************       pseudo-operation .text
52501 :
52510 ps$="t"
52520 if la$<>"" then b$=la$ : gosub 54500
52521 :
52530 if f$="d" then gosub 54580
52540 return
52600 rem*************       pseudo-operation .word
52601 :
52610 ps$="w"
52620 if la$<>"" then b$=la$ : gosub 54500
52621 :
52630 if f$="d" then gosub 54580
52640 return
```

```
52700 rem*************         pseudo-operation .varequ
52701 :
52710 ps$="v" : f$="n"
52720 return
52721 :
52800 rem*************         pseudo-operation .marke
52801 :
52810 t0$="i" : b$=la$ : gosub 54500
52820 if f$="d" then gosub 54580
52830 return
52831 :
52900 rem*************         pseudo-operation .count
52901 :
52910 t0$="i"
52920 l(0)=int(pc/256) : l(1)=pc-l(0)*256
52930 return
53000 rem*************         mnemonic vermutet
53001 :
53005 w=0
53010 t=62
53020 gosub 53700
53030 te$=left$(t$,3)
53035 rem      printte$,b$
53040 if b$=te$ then w=val(mid$(t$,6,1)) : ts=t : goto 53570
53050 if b$<te$ then t=asc(mid$(t$,4,1)) : goto 53210
53060 t=asc(mid$(t$,5,1))
53210 if t=91 then w=0 : goto 53570
53220 goto 53020
53570 if w=0 then mn$="n" : return
53580 if w=1 then gosub 55500 : return
53590 if w=2 then gosub 55700 : return
53600 gosub 56000 : return
53601 :
53700 rem*************         t$ laden mit adresse t
53701 :
53705 on int(t/10)-2 goto 53710,53720,53730,53740,53750
```

```
            ,53760,53770
53710 on t-34 gosub 53801,53802,53803,53804,53805 : return
53720 on t-39 gosub 53806,53807,53808,53809,53810,53811
            ,53812,53813,53814,53815 : return
53730 on t-49 gosub 53816,53817,53818,53819,53820,53821
            ,53822,53823,53824,53825 : return
53740 on t-59 gosub 53826,53827,53828,53829,53830,53831
            ,53832,53833,53834,53835 : return
53750 on t-69 gosub 53836,53837,53838,53839,53840,53841
            ,53842,53843,53844,53845 : return
53760 on t-79 gosub 53846,53847,53848,53849,53850,53851
            ,53852,53853,53854,53855 : return
53770 gosub 53856 : return
53771 :
53801 t$="adc[[369[[[[1265#7k23275#8k3626d[[[[237d[[[[
            8379[[#59361[[[[4271[[[[52":return
53802 t$="and#%329[[[[1225[[j23235$8j3622d[[j4233d[[[[
            8339[[#59321?1[[4231[[[[52":return
53803 t$="asl[[30a[[[[:106[[[[3216[[[[620e[[[[231e,1*183"
            :return
53804 t$="bcc$'290y1w1;2":return
53805 t$="bcs[(2b0u1@6;2":return
53806 t$="beq[[2f0d1p1;2":return
53807 t$="bit&-324$7$2322cj1$423":return
53808 t$="bmi[[230i1o1;2":return
53809 t$="bne*,2d08111;2":return
53810 t$="bpl[[210g101;2":return
53811 t$="brk+.100[[[[01":return
53812 t$="bvc[/250f121;2":return
53813 t$="bvs[[270h1q1;2":return
53814 t$="clc)8118e3e601":return
53815 t$="cld[[1d8434501":return
53816 t$="cli13158:3:501":return
53817 t$="clv[[1b8[[[[01":return
53818 t$="cmp263c9[[[[12c547=132d5487262cd637323dd467483d9
            [[[[93c1616242d1[[[[52":return
```

```
53819 t$="cpx[[3e0+1(112e4n7n232ec[[[[23":return
53820 t$="cpy573c0[[[[12c4[[[[32cc[[[[23":return
53821 t$="dec[[3c6[[[[32d6[[[[62ce[[[[23de[[[[83":return
53822 t$="dex4;1ca424401":return
53823 t$="dey[;188[[[[01":return
53824 t$="eor[[349[[[[1245;7c23255;8c3624d[[c4235d;6c58359
      [[[[93411][[4251[[[[52":return
53825 t$="inc9<3e652<132f6[[[[62ee[[[[23fe[[[[83":return
53826 t$="inx[=1e8[[n101":return
53827 t$="iny[[1c8714101":return
53828 t$="jmp0m34cc1;4236ck1k4<3":return
53829 t$="jsr[[320[[[[23":return
53830 t$="lda?a3a9[[[[12a5a1v132b5b3a362adb4a423bd[[[[83b9
      @3b593a1[[[[42b1[[[[52":return
53831 t$="ldx[[3a2@7b212a6[[[[32b631[[72ae[[[[23beb15193"
      :return
53832 t$="ldy@d3a0&1'112a4[[[[32b4@8[[62ac[[[[23bcx1@583"
      :return
53833 t$="lsr[[34a;1[[;146[[[[3256[[[[624e[[[[235e[[[[83"
      :return
53834 t$="nopce1ea;1n401":return
53835 t$="ora[[309[[%11205e7%23215e8%3620de1%4231d[[[[8319
      [[e59301-1[[4211[[[[52":return
53836 t$="phabi148;2>101":return
53837 t$="php[[108e2e401":return
53838 t$="plag[168#2>201":return
53839 t$="plphk128)1)201":return
53840 t$="rol[[32a#1[[;126[[[[3236[[[[622e[[[[233e%5m183"
      :return
53841 t$="rorjl36a#1[[;166[[[[3276[[[[626e#4[[237ej5a583"
      :return
53842 t$="rti[[140[[[[01":return
53843 t$="rtsfs160.1/101":return
53844 t$="sbc[[3e9[[[[12e5[[[[32f5n8;262ed53;323fdn6;483f9
      [[[[93e1[[[[42f1[[[[52":return
53845 t$="secn[138$3$601":return
```

```
53846 t$="sedor1f8n3n501":return
53847 t$="sei[[178#3#601":return
53848 t$="staq[385t1s13295t2s2628dt3s3239d[[[8399[[[9381
      [[[[4291[[[[52":return
53849 t$="stxpw38691[[3296[[[728e[[[23":return
53850 t$="sty[[384r6[[3294r7[[628c[[[23":return
53851 t$="taxtv1aa@2@401":return
53852 t$="tay[y1a8a2@101":return
53853 t$="tyau[198r2z101":return
53854 t$="tsx[[1ba[[[01":return
53855 t$="txaxz18ar1r301":return
53856 t$="txs[[19ar5r401":return
53860 :
54000 rem*************        pseudo-operation operand
54010 gosub 55200
54015 if ps$="t" then b$=b$+chr$(0)
54020 if ps$="s" then pc=b : pm=pc : po=1
54030 if ps$="e" then goto 54350
54040 if ps$="k" then pc=pc+b : for t=1 to b : c0=0
      : gosub 60100 : next t
54050 if ps$="b" and b<256 then c0=b : gosub 60100
      : pc=pc+1
54060 if ps$="b" and b>=256 then gosub 55400
54070 if ps$="d" then gosub 57620 : c0=b2 : gosub 60100
      : c0=b1 : gosub 60100 : pc=pc+2
54080 if ps$="w" then gosub 57620 : gosub 57060
54090 if ps$="t" then fort=2tolen(b$)-1:c0=asc(mid$(b$,t,1))
      :gosub60100:pc=pc+1 : next t
54100 if ps$="v" then l(vq)=b
54340 t0$="i" : return
54350 b$=la$ : gosub 54500
54360 if f$="d" then gosub 54580 : goto 54340
54370 l(l-1)=b : goto 54340
54500 rem*************        label gefunden & eintragen
54501 :
54510 for t=0 to l
```

```
54520 if l$(t)<>b$ then next
54540 if t<>l+1 then f$="d" : vq=1 : return
54550 l$(l)=b$ : l(l)=pc : vq=1 : l=l+1 : la$=""
54560 return
54570 :
54580 f=f+1 : f$(f)=zn$+"  "+b$+"  doppelt definiert."
      : printf$(f) : return
54800 rem*************    label zu mnemonic suchen
      variable adressse
54801 :
54805 y=len(b$)
54810 if b$="accu" then op%=1 : ce%=10 : by=1 : gosub 57000
      : return
54820 if left$(b$,1)="#" then 58000
54830 if left$(b$,1)="(" and right$(b$,3)=",x)" then 58400
54840 if left$(b$,1)="(" and right$(b$,1)=")" then 58200
54850 if left$(b$,1)="(" and right$(b$,3)="),y" then 58600
54860 if right$(b$,2)=",x" then 58800
54870 if right$(b$,2)=",y" then 59000
54880 goto 59200
54881 :
55200 rem*************   operand b$ - b   dez
55201 :
55205 if left$(b$,1)=chr$(34) then b=0 : return
55210 if left$(b$,1)="$" then gosub 57800 : return
55220 if asc(left$(b$,1))>47 and asc(left$(b$,1))<58 then
      gosub 57900 : return
55230 for t=0 to l : if l$(t)<>b$ then next
55240 if t=l+1 then gosub 62400
55245 if t=l+1 then print chr$(13);b$;"  noch nicht
      definiert."
55250 if t=l+1and(ce%=1 orce%=4orce%=5) then b=255
      : s$(s)=b$ : s(s)=pc : s=s+1 : return
55254 rem      print"55254 b=256*256"
55255 if t=l+1 then b=256*256-1 : s$(s)=b$ : s(s)=pc
      : s=s+1 : return
```

```
55257 if k7=1 then k7=0 : return
55260 b=l(t) : return
55261 :
55300 rem**************       hex nach dez b$-b
55301 :
55310 he$=mid$(b$,2,len(b$)-1)
55320 gosub 59700
55330 b=de : return
55331 :
55400 rem**************       kein operand moeglich - fehler
55401 :
55410 f=f+1
55420 f$(f)=zn$+"  "+b$+" als operand nicht moeglich."
      : printf$(f)
55430 return
55431 :
55500 rem**************       ein-byte befehl
55501 :
55510 me$=b$ : op%=1 : ce%=0
55520 gosub 55600
55530 c0=co : gosub 60100
55540 pc=pc+1
55550 t0$="i" : mn$="j"
55560 return
55561 :
55600 rem**************       maschinencode co feststellen
55601 :
55610 t1=len(t$)-6
55620 for t=0 to t1/8-1
55630 if ce%=asc(mid$(t$,13+t*8,1))-48 then 55685
55640 next t
```

```
55660 f=f+1
55670 f$(f)=zn$+"   adressierung nicht erlaubt."
      : printf$(f)
55680 co=234 : return
55681 :
55685 if op%<>val(mid$(t$,14+t*8,1)) then 55660
55690 he$=mid$(t$,7+t*8,2) : gosub 59700
55695 co=de : return
55699 :
55700 rem************* befehl mit relativer adressierung
55701 :
55710 me$=b$ : op%=2 : ce%=11
55720 gosub 55600
55730 c0=co : gosub 60100
55740 pc=pc+1
55750 t0$="r" : mn$="j"
55760 return
55761 :
56000 rem************* befehl mit variabler adressierung
56001 :
56010 me$=b$ : t0$="m" : mn$="j" : return
56011 :
56500 rem*************    operand zur relativen adresse
56501 :
56510 if left$(b$,1)<>"$" then goto 56600
56520 gosub 57800 : gosub 55300
56530 if b>255 then 55670
56540 c0=b : gosub 60100
56550 pc=pc+1
56560 t0$="i"
56570 return
56571 :
56600 if asc(left$(b$,1))>47 and asc(left$(b$,1))<58 then
      gosub 57900 : goto 56530
56601 :
56610 for t=0 to 1 : if l$(t)<>b$ then next
```

```
56620 if t=l+1 then n$(n)=b$ : n(n)=pc : n=n+1 : b=255
      : goto 56530
56630 b=255-pc+l(t) : goto 56530
56631 :
57000 rem*************      co suchen & poken
57001 :
57010 if f$="j" then t0$="i" : return
57020 gosub 55600
57030 c0=co : gosub 60100 : pc=pc+1
57040 if by=1 then t0$="i" : return
57050 if by=2 then c0=b1 : gosub 60100 : pc=pc+1 : t0$="i"
      : return
57060 c0=b1:gosub 60100 : c0=b2 : gosub 60100 : pc=pc+2
      : t0$="i" : return
57061 :
57590 rem************* operanden testen und b1/b2 setzen
57591 :
57600 if b<0 then 57650
57610 if b<256 then by=2 : b1=b : b2=0 : return
57620 if b>65536 then 57650
57630 by=3 : b2=int(b/256) : b1=b-b2*256 : return
57650 f=f+1 : f$(f)=zn$+" "+str$(b)+"  nicht gueltig."
      : printf$(f) : f$="j" : return
57699 :
57700 rem*************     test ob hexzahl
57701 :
57800 for t=2 to len(b$) : te=asc(mid$(b$,t,1))
57810 if te>47 and te<58 or te>64 and te<71 then next
      : gosub 55300 : return
57830 f=f+1 : f$(f)=zn$+" "+b$+"  ist keine hexzahl."
      : printf$(f) : f$="j"
57840 b=0 : return
57889 :
57890 rem*************     test ob dezimalzahl
57891 :
57900 for t=1 to len(b$)-1 : te=asc(mid$(b$,t,1))
```

```
57910 if te>47 and te<58 then next : b=val(b$) : return
57930 f=f+1 : f$(f)=zn$+" "+b$+"  ist keine dezimalzahl."
      : printf$(f) : f$="j"
57950 b=0 : return
57979 :
57980 rem************* abtrennen der operanden zu mnemonic
57981 :
58000 b$=mid$(b$,2,y-1) : ce%=1 : gosub 59400 : op%=by
      : goto 57000
58200 b$=mid$(b$,2,y-2) : gosub 59400 : op%=3 : ce%=12
      : goto 57000
58400 b$=mid$(b$,2,y-4) : ce%=4 : gosub 59400 : op%=by
      : goto 57000
58600 b$=mid$(b$,2,y-4) : ce%=5 : gosub 59400 : op%=by
      : goto 57000
58800 b$=mid$(b$,1,y-2) : gosub 59400 : op%=by : ce%=6
58810 if by=3 then ce%=8
58820 goto 57000
59000 b$=mid$(b$,1,y-2) : ce%=7 : gosub 59400 : op%=by
59010 if by=3 then ce%=9
59020 goto 57000
59200 b$=mid$(b$,1,y) : ce%=3 : gosub 59400 : op%=by
59210 if by=3 then ce%=2
59220 goto 57000
59299 :
59300 rem*************         b$ nach b
59301 :
59400 gosub 55200 : goto 57600
59599 :
59700 rem*************  umwandlung hex nach dez
59701 :
59710 de=0
59720 for t=len(he$) to 1 step -1
59730 h2$=mid$(he$,t,1)
59740 for t1=1 to 16
59750 if mid$("0123456789abcdef",t1,1)<>h2$ then next t1
```

```
59760 de=de+(t1-1)*16(len(he$)-t)
59770 next t : return
59780 :
60000 rem************* oefnen der ausgabe - datei
60010 print#15,"s:"+na$+"zw"
60020 input#15,en,em$,et,es : rem    print "  **"
      ;left$(em$,13);"**"
60030 open 9,8,9,"0:"+na$+"zw"+",p,w" : gosub 50800
      : if en<>0 then stop
60035 print#9,chr$(0)chr$(0);
60040 return
60100 rem************* ausgabe auf disk
60110 co%=co%+1
60120 if co%<254 then bl$=bl$+chr$(c0) : return
60130 print#9,bl$;
60135 rem           print"bl$ = ";bl$
60140 bl$=chr$(c0) : co%=1
60150 return
60200 rem************* uebergabe des letzten blocks
60205 rem       print"bl$ =";bl$,len(bl$)
60210 print#9,bl$; : return
61000 rem ************   pass ii
61005 if st <>64 then 50800
61010 gosub 60200
61020 close 9 : gosub 50800 : if en<>0 then 48000
61022 rem     open 9,8,9,na$+"zw,p,r"
61024 rem     get#9,b$ : if st<>0 then close 9 : goto 61030
61026 rem     if b$="" then print0; : goto 61024
61028 rem     print asc(b$); : goto 61024
61030 rem     print asc(b$) : close 9 : gosub 50800
      : if en<>0 then stop
61040 print#15,"s:"+na$+"-ziel"
61050 input#15,en,em$,et,es : rem    print "  **"
      ;left$(em$,13);"**"
61060 open9,8,9,"0:"+na$+"-ziel"+",p,w" : gosub 50800
      : if en<>0 then goto 48000
```

```
61062 p7=pc : pc=pm : t2=int(pm/256) : t3=pm-t2*256
61063 if po=1 then print#9,chr$(t3)chr$(t2);
61064 if po=0 then print#9,chr$(1 )chr$(8 );
61065 gosub 62100
61066 rem      print"st=";st
61070 open 8,8,8,"0:"+na$+"zw"+",p,r"
61072 get#8,b$
61073 get#8,b$
61075 rem      print"st =";st
61090 s(s)=65000 : n(n)=65000 : t2=0 : t3=0
61100 if s(t2)=65000 and n(t3)=65000 then 61600
61110 if s(t2)=65000 then t4=n(t3) : t5$=n$(t3) : t3=t3+1
      : t6$="r" : goto61150
61140 if s(t2)<n(t3) then t4=s(t2)+1 : t5$=s$(t2) :t2=t2+1
      :t6$="a" : goto 61150
61145 t4=n(t3) : t5$=n$(t3) : t3=t3+1: t6$="r"
61150 for t=0 to 1
61160 if l$(t)<>t5$ then next t
61170 if t=1+1 then f=f+1:f$(f)=b$+" nicht definiert."
      : goto 61100
61180 if t6$="r" then 61500
61190 b=l(t) : gosub 57630
61200 get#8,g$ : if g$="" then g$=chr$(0)
61205 if pc<>t4 then print#9,g$; : pc=pc+1 : goto 61200
61210 get#8,h$ : if h$="" then h$=chr$(0)
61220 ifasc(g$)=255andasc(h$)=255thenprint#9,chr$(b1)
      chr$(b2);:pc=pc+2:goto61100
61230 ifasc(g$)=255andb<256thenprint#9,chr$(b);h$;:pc=pc+2
      :goto61100
61240 f=f+1:f$(f)="label"+str$(pc)+" nicht zulaessig od.
      frueher zu vereinbaren."
61250 goto 61100
61500 b=l(t)-n(t3-1)-1
61510 if pc<>t4 then get#8,g$ : if g$="" then g$=chr$(0)
61515 if pc<>t4 then print#9,g$; : pc=pc+1 : goto 61510
61520 if b>127 then f=f+1:f$(f)="kein relativer sprung "
```

```
             +str$(pc)+" moeglich."
61540 print#9,chr$(b); : pc=pc+1 : get#8,g$ : goto 61100
61600 get#8,g$ : if g$="" then g$=chr$(0)
61601 if st=0 then print#9,g$; : goto 61600
61603 print#9,g$;
61605 print#9,chr$(0)chr$(0)chr$(0);
61610 close 9 : gosub 50800 : if en<>0 then 48000
61620 close 8 : gosub 50800 : if en<>0 then 48000
61630 print#15,"s:"+na$+"zw"
61640 input#15,en,em$,et,es : rem     print em$
61645 close 15
61650 rem       open 8,8,8,na$+"-ziel,p,r"
61660 rem       get#8,b$ : if st<>0 then 62000
61670 rem       if b$="" then print0; : goto 61660
61680 rem       printasc(b$); : goto 61660
62000 rem       if b$="" then print 0 : close 8 : return
62005 rem       print asc(b$) : close 8
62010 return
62100 rem ------------ basic kopf
62105 if po=1 then return : rem fuer normale prog gesperrt
62110 print#9,chr$(79)chr$(8)chr$(1)chr$(0)chr$(158)
      chr$(32)chr$(50)chr$(49);
62120 print#9,chr$(50)chr$(57)chr$(32)chr$(32)chr$(32)
      chr$(32)chr$(32);
62130 print#9,chr$(86)chr$(79)chr$(76)chr$(75)chr$(69)
      chr$(82)chr$(32);
62140 print#9,chr$(38)chr$(32)chr$(69)chr$(78)chr$(78)
      chr$(79)chr$(32);
62150 print#9,chr$(32)chr$(32)chr$(32)chr$(32)chr$(32)
      chr$(32)chr$(32);
62160 print#9,chr$(32)chr$(32)chr$(32)chr$(32)chr$(32)
      chr$(32)chr$(32);
62170 print#9,chr$(32)chr$(32)chr$(32)chr$(32)chr$(32)
      chr$(32)chr$(32);
62180 print#9,chr$(32)chr$(32)chr$(32)chr$(32)chr$(32)
      chr$(65)chr$(83);
```

```
62190 print#9,chr$(83)chr$(69)chr$(77)chr$(66)chr$(76)
      chr$(69)chr$(82);
62200 print#9,chr$(32)chr$(32)chr$(32)chr$(32)chr$(32)
      chr$(32)chr$(32);
62210 print#9,chr$(32)chr$(32)chr$(49)chr$(57)chr$(56)
      chr$(52)chr$(0);
62220 print#9,chr$(0)chr$(0);
62230 return
62300 rem           schluss
62305 na$=" "+na$:na$=mid$(na$,2,len(na$)-1)
62330 print"  ****      Programm beendet !     ****"
62340 print"  ****      Das Zielprogramm       ****"
62350 print"  ****      kann geladen           ****"
62360 print"  ****      werden mit :           ****"
62365 print"":print"load"+chr$(34)+na$+"-ziel"
      +chr$(34)+",8,1"
62400 rem ------------ label suchen und in hb lb zerlegen
62410 if left$(b$,3)="hb-" then goto 62440
62420 if left$(b$,3)="lb-" then goto 62440
62430 return
62440 k7$=mid$(b$,4,len(b$)-3) : for t=0 to 1
62450 if l$(t)=k7$ then goto 62480
62460 next t
62470 return
62480 k7=1
62490 if left$(b$,3)="hb-" then b=int(l(t)/256) : return
62500 b=l(t)-int(l(t)/256)*256 : return
```

DER DISASSEMBLER

Den Disassembler benötigen Sie, wenn Sie Maschinenprogramme analysieren wollen. Sie haben ja die Möglichkeit, mit Hilfe des Assemblers Maschinenprogramme zu schreiben, die Sie entweder alleine laufen lassen oder in ein MINIATUR - Programm oder BASIC - Programm einbinden können.
Ein Disassembler hat die Aufgabe, ein Maschinenprogramm in die mnemonische Schreibweise zurückzuübersetzen.
Da der Disassembler ein BASIC-Programm ist, können Sie es im Speicher nach Belieben verschieben.
Haben Sie z.B. ein Maschinenprogramm von Speicherzelle 2047 bis 10000 geladen, so können Sie den Disassembler ab Speicherzelle 10002 laden. Tippen Sie dazu im Direktmodus folgende Zeilen ein:

```
POKE 44, INT( 10002/256 )
POKE 43, 10002 - 256 * PEEK( 44 )
POKE 10001 - 1 , 0
```

Anschließend können Sie mit :

```
LOAD "DISASSEMBLER",8
```

den Disassembler laden.
Haben Sie das Maschinenprogramm in einem Speicherbereich außerhalb der Speicherzelle 2047 - 12000 geladen, so können Sie die letzte Zeile auch direkt eingeben.
Vergessen Sie nach der Arbeit mit dem Disassembler nicht, den Rechner wieder in seinen ursprünglichen Zustand zu versetzen, damit Sie ungestört weiterarbeiten können. Dies erreichen Sie durch folgende Zeilen :

        POKE 43,1
        POKE 44,8

Wollen Sie wissen, bis zu welcher Speicherstelle das Programm reicht, welches Sie gerade im Rechner haben, so können Sie das mit :

           PRINT PEEK(45) + PEEK(46) * 256
erfahren.

Laden Sie also den Disassembler und starten ihn mit :

           RUN

Es erscheint ein Menue, welches Ihnen die Befehle des Disassemblers zugänglich macht. Gehen wir die Befehle einzeln durch :

           M : MENUE

Durch Drücken der Taste < M > erscheint nach Ausführung eines Befehls wieder das Menue. Sie können sich also immer wieder über die möglichen Befehle informieren.

           F : FREIER PLATZ

Dieser Befehl informiert Sie über die Anzahl der noch freien Speicherplätze, deren Adressen höher sind, als die Endadresse des Disassemblers. Sie können so durch Einschränken des Speicherplatzes für den Disassembler Platz für Maschinenprogramme schaffen. Dazu müssen Sie in die Speicherzellen 45 und 46 die entsprechenden Zahlen ´poken´.

           Z : DEZ NACH HEX

Mit diesem Befehl können Sie eine Dezimalzahl in eine Hexadezimalzahl umwandeln. Ich finde den Umgang mit Hexadezimalzahlen, so angebracht er für die Programmierung eines Mikroprozessors ist, als gewöhnungsbedürftig und so ist dieser (und der folgende) Befehl zu meinem persönlichen 'Lieblingsbefehl' geworden.

X : HEX NACH DEZ

Sie können eine Hexadezimalzahl in eine Dezimalzahl umwandeln.

A : ADRESSEN SETZEN

Hiermit sind Sie in der Lage, dem Disassembler mitzuteilen, in welchem Speicherbereich Sie arbeiten wollen.

H : ZEIGER WEITER

Zu Beginn des Programms steht der Arbeits - Zeiger auf der Speicherstelle, die Sie mit dem vorhergehenden Befehl als Anfang vereinbart haben. Durch Druck auf die Taste < H > erhöhen Sie den Zeiger um eins und geben den Inhalt der betreffenden Speicherzelle auf den Bildschirm aus.

N : ZEIGER ZURUECK

Mit diesem Befehl setzen Sie den Zeiger um eins zurück und geben ebenfalls den Inhalt der Speicherstelle aus.

P : POKE

Durch Drücken dieser Taste können Sie den Inhalt der Speicherstelle verändern, auf die der Zeiger weist. Sie werden nach dem neuen Inhalt der Speicherstelle gefragt.

Geben Sie diesen ein und drücken Sie < RETURN >. Der Inhalt der Speicherstelle wird nun entsprechend verändert und der Zeiger um eins erhöht.

E : BYTE EINSETZEN

Sie werden nach der Anzahl der einzusetzenden Bytes gefragt. Tippen Sie die Anzahl ein und drücken Sie < RETURN >. Nun werden innerhalb des vorgewählten Speicherbereichs alle Inhalte der Speicherzellen ab der momentanen Zeigerstellung um die Anzahl der einzusetzenden Bytes nach oben verschoben. Die freiwerdenden Speicherzellen werden mit dem Dezimalwert 234 gefüllt. Dies entspricht dem Mikroprozessor - Befehl NOP : NO OPERATION.

L : BYTE LOESCHEN

Hier müssen Sie die Anzahl der zu löschenden Bytes angeben. Ab Zeigerposition werden dann so viele Bytes wie angegeben gelöscht. Der Rest des vorgewählten Speicherbereichs wird entsprechend nach unten verschoben.

Y : SYS(xxxxx)

Mit der Taste < Y > können Sie ein Maschinenprogramm, das an der betreffenden Speicherstelle beginnt, starten. Die Adresse entspricht der Anfangsadresse des voreingestellten Adressbereichs.

D : DISS & DRUCK

Nun kommen wir zum Disassemblieren. Mit < D > können wir uns ein disassembliertes Programm auf einen Drucker ausgeben lassen. Es erscheint sowohl in hexadezimaler als auch in dezimaler Schreibweise. Wir geben als erstes an, ob wir Anfangs- und Endadresse in Hexadezimal-Zahlen oder lieber in

Dezimal-Zahlen eingeben wollen. Geben wir ein anderes Zeichen als ein 'J' ein, so müssen wir die Adressen in dezimaler Form eingeben. Den Ausdruck können wir jederzeit durch Betätigen der < RETURN > Taste beenden.

F5 : DISS & PRINT DEZ

Dieser Befehl gibt das disassemblierte Programm, das an der momentanen Zeiger - Position beginnt, in dezimaler Form auf den Bildschirm aus.

F7 : DISS & PRINT HEX

Ausgabe des disassemblierten Programms in hexadezimaler Form, sonst wie Befehl 'F5'.

S : SAVE DISK

Mit diesem Befehl können Sie den Inhalt beliebiger Speicherbereiche auf einer Diskette speichern.

O : OLD DISK

Mit diesem Befehl können Sie den Inhalt von gespeicherten Speicherbereichen in den Speicher des Rechners laden.

Probieren Sie in Ruhe alle Befehle des Disassemblers aus. Hier gilt wie immer : 'Ein wenig Übung ersetzt tausend Worte', aber den Spruch kennen Sie ja bereits!

Das Listing des Disassemblers :

```
9995 rem**************        speicherbereich
9996 :
10032 :
30020 poke650,128 : en=49151 : an=40960 : la=an : ai=0
30027 rem*************        menue
30029 :
30040 print" e : byte einsetzen"
30045 print" l : byte loeschen"
30050 print" h : zeiger weiter"
30055 print" n : zeiger zurueck"
30056 print" z : dez nach hex"
30057 print" x : hex nach dez"
30060 print" y : sys(";an;")"
30065 print" a : adressen setzen"
30068 print" s : save disk"
30070 print" o : old   disk"
30071 print" f : freier platz    "
30072 print" p : poke"
30073 print" m : menue"
30074 print" d : dis & druck"
30076 print" f5: dis & print dez"
30077 print" f7: dis & print hex"
30080 get w$ : if w$="" then goto 30080
30085 if w$="h" then la=la+1 : print la;peek(la)
 : goto 30080
30090 if w$="n" then la=la-1 : print la;peek(la)
 : goto 30080
30100 if w$="e" then gosub 31000 : goto 30040
30102 if w$="z" then gosub 32200
30104 if w$="x" then gosub 32400
30110 if w$="l" then gosub 32000 : goto 30040
```

```
30120 if w$=chr$(135)   then gosub 44300
30130 if w$=chr$(136)   then gosub 44300
30131 if w$="f" then print"freier platz :";fre(8)
30132 if w$="s" then gosub 40000
30133 if w$="o" then gosub 41000
30135 if w$="a" then input" anfangsadresse";an
30136 if w$="p" then print la; : input po : poke la,po
: la=la+1
30137 if w$="y" then print"  sys(";an;")"; : sys(an)
: print"  ende"
30138 if w$="m" then 30040
30139 if w$="d" then 44000
30140 if w$="a" then input" endadresse";en : la=an
30141 :
30150 goto 30080
30997 rem*************     bytes einsetzen
30999 :
31000 print"  wieviele bytes"
: input"  einsetzen      ";by
31010 for t=en to la+by step-1 : poke t,peek(t-by) : next
31020 for t=la to la+by-1 : poke t,234 : next
31030 return
31032 :
31997 rem*************     bytes loeschen
31999 :
32000 print"  wieviele bytes"
: input"  loeschen      ";by
32010 for t=la to la+by : poke t,peek(t+by) : next
32020 return
32022 :
32200 rem*************     dez nach hex
32202 :
32210 input"welche dezimalzahl";de
32220 gosub 45000
32230 print"die hexzahl lautet:      ";he$
32240 return
```

```
32241 :
32400 rem**************      hex nach dez
32402 :
32410 input"welche hexzahl";he$
32420 gosub 32600
32430 print"die dezimalzahl:       ";de
32440 return
32441 :
32600 rem**************      umwandlung hex nach dez
32602 :
32610 de=0
32620 for t=len(he$) to 1 step-1
32630 h2$=mid$(he$,t,1)
32640 for t1=1 to 16
32650 if mid$("0123456789abcdef",t1,1)<>h2$ then next t1
32660 de=de+(t1-1)*16(len(he$)-t)
32670 next t
32680 return
32681 :
39997 rem**************      speichern disk
39998 :
40000 print"":input"   name der datei";w$
40005 a1=0 : a2=0
40007 print"   speichern"
40010 input"   von ";a1
40020 input"   bis ";a2
40025 ac=8 : rx=8 : ry=1 : gosub 42200 : sys 65466
40030 gosub 42500
40040 ac=len(w$) : rx=175 : ry=2 : gosub 42200 : sys 65469
40050 ac=251 : rx=peek(253) : ry=peek(254) : gosub 42200
: sys 65496
40060 gosub 42900
40070 return
40071 :
40997 rem**************      laden von disk
40998 :
```

```
41000 print"" : input"    name der datei";w$
41005 a1=0 : a2=0
41007 print" laden"
41010 input" von ";a1 : a2=0
41025 ac=8 : rx=8 : ry=1 : gosub 42200 : sys 65466
41030 gosub 42500
41040 ac=len(w$) : rx=175 : ry=2 : gosub 42200 : sys 65469
41050 ac=0 : rx=251 : ry=252 : gosub 42200 : sys 65493
41060 gosub 42900
41070 return
41071 :
42200 rem**************    sys
42201 :
42210 poke 780,ac
42220 poke 781,rx
42230 poke 782,ry
42280 return
42281 :
42500 rem**************  setzen der register 680 ff
42580 rem**    251 := l.b.  start-adresse zum laden
/ speichern
42590 rem**    252 := h.b.  start-adresse zum laden
/ speichern
42600 rem**    253 := l.b.  ende-adresse +1 zum laden
/ speichern
42610 rem**    254 := h.b.  ende-adresse +1 zum laden
/ speichern
42640 rem**    687-700 := name
42760 if a1=0 and a2=0 then a1=an : a2=en
42770 poke 251,a1-int(a1/256)*256
42780 poke 252,int(a1/256)
42790 poke 253,a2+1-int((a2+1)/256)*256
42800 poke 254,int((a2+1)/256)
42810 for t=687 to 686+len(w$)
42820 poke t,asc(mid$(w$,t-686,1))
42830 next
```

```
42840 return
42841 :
42900 rem*************     fehlerkanal lesen
42901 :
42910 open 1,8,15
42920 input#1,ef,em$,et,es
42930 if ef=0 then close 1 : return
42940 print"** fehler auf disk **"
42950 print"** fehler nummer :";ef
42960 print"** fehler nachricht";em$
42970 print"** fehlerhafte spur";et
42980 print"** fehlerhafter sector";es
42990 close 1 : return
42991 :
42992 :
44000 rem*************     dis & druck
44002 :
44010 print"liste ausdrucken "
44030 open4,4
44033 input"eingabe in hex ";ef$
44035 if ef$<>"j" then 44050
44040 input"von adresse ";he$ : gosub 32600 : a1=de
44045 input"bis adresse ";he$ : gosub 32600 : a2=de
: goto 44065
44050 input"von adresse ";a1
44060 input"bis adresse ";a2
44065 print"unterbrechen mit    < return >"
44080 if a1>a2 then close 4 : goto 30027
44085 get ef$ : if ef$=chr$(13) then close 4 : goto 30027
44090 gosub 48500
44100 print#4,pr$
44110 a1=a1+oe
44120 goto 44080
44121 :
44299 :
44300 rem*************     dis & print hex / dez
```

```
44302 :
44320 a9=la : a1=a9
44330 gosub 48500
44335 if w$=chr$(135) then pr$=mid$(pr$,38,len(pr$)-35)
: goto 44350
44340 pr$=left$(pr$,35)
44350 print pr$
44360 get ef$ : if ef$=chr$(13) then la=a1 : return
44370 a1=a1+oe : goto 44330
44371 :
45000 rem************* umwandlung dez - hex  4 - stellig
45002 el=3
45005 he$=""
45010 for d=el to 0 step -1
45020 h1=16d : h2=int(de/h1)
: he$=he$+mid$("0123456789abcdef",h2+1,1) : de=de-h2*h1
45030 next
45040 return
45050 :
45060 rem************* umwandlung dez - hex  2 - stellig
45062 :
45065 el=1 : gosub 45005 : return
45099 :
45100 rem**************                   oe=0 / fehler
45102 :
45110 pr$=pr$+" *****"
45120 hi$=hi$+"   *******"
45130 a1=a1+1
45140 return
45199 :
```

```
45200 rem*************            oe=1 / 1 byte
45202 :
45210 pr$=pr$+"        "
45220 hi$=hi$+"            "
45230 return
45299 :
45300 rem*************            oe=2 / 2 byte
45302 :
45310 de=peek(a1+1) : gosub 45060
45320 pr$=pr$+" "+he$+"   "
45330 de=peek(a1+1) : hi$=hi$+" "+right$("   "+str$(de),3)
+"    "
45340 return
45398 :
45400 rem*************            oe=3 / 3 byte
45402 :
45410 for t=1 to 2
45420 de=peek(a1+t) : gosub 45060
45430 pr$=pr$+" "+he$
45440 de=peek(a1+t) : hi$=hi$+" "+right$("   "+str$(de),3)
45450 next
45460 return
45498 :
45500 rem*************          ein byte befehl
45502 :
45510 pr$=pr$+"            "
45520 return
45698 :
45700 rem*************          unmittelbar
45702 :
45710 gosub 48300
45720 pr$=pr$+" #"+he$+"   "
45730 hi$=hi$+" #"+de$+"   "
45740 return
45898 :
45900 rem*************          absolut
```

```
45902 :
45910 gosub 48400 : gosub 45960
45920 pr$=pr$+"   "
45930 hi$=hi$+"   "
45940 return
45960 pr$=pr$+"  "+he$ : hi$=hi$+"  "+de$ : return
46098 :
46100 rem*************           seite null
46102 :
46110 gosub 48300 : gosub 45960
46120 pr$=pr$+"   "
46130 hi$=hi$+"   "
46140 return
46298 :
46300 rem*************           (ind,x)
46302 :
46310 gosub 48300
46320 pr$=pr$+" ("+he$+",x)"
46330 hi$=hi$+" ("+de$+",x)"
46340 return
46499 :
46500 rem*************           (ind),y
46502 :
46510 gosub 48300
46520 pr$=pr$+" ("+he$+"),y"
46530 hi$=hi$+" ("+de$+"),y"
46540 return
46699 :
46700 rem*************           seite null ,x
46702 :
46710 gosub 48300 : gosub 45960
46720 pr$=pr$+" ,x"
46730 hi$=hi$+" ,x"
46740 return
46898 :
46900 rem*************           seite null ,y
```

```
46902 :
46910 gosub 48300 : gosub 45960
46920 pr$=pr$+" ,y"
46930 hi$=hi$+" ,y"
46940 return
47098 :
47100 rem*************          absolute x
47102 :
47110 gosub 48400 : gosub 45960
47120 pr$=pr$+" ,x"
47130 hi$=hi$+" ,x"
47140 return
47298 :
47300 rem*************          absolute y
47302 :
47310 gosub 48400 : gosub 45960
47320 pr$=pr$+" ,y"
47330 hi$=hi$+" ,y"
47340 return
47499 :
47500 rem*************          akku
47502 :
47510 pr$=pr$+"   accu     "
47520 hi$=hi$+"   accu     "
47530 return
47698 :
47700 rem*************          relativ
47702 :
47710 if peek(a1+1)>127 then 47750
47720 sp=a1+2+peek(a1+1)
47730 goto 47800
47740 :
47750 sp=a1-254+peek(a1+1)
47760 :
47800 de=sp : gosub 45000
47810 pr$=pr$+"  "+right$("    $"+he$,5)+"   "
```

```
47820 hi$=hi$+"  "+right$("     "+str$(sp),5)+"  "
47830 return
47898 :
47900 rem*************       indirekt
47902 :
47910 gosub 48400
47920 pr$=pr$+" ("+he$+")   "
47930 hi$=hi$+" ("+de$+")   "
47940 return
48098 :
48100 rem*************       fehler
48102 :
48110 pr$=left$(pr$,16)+"                "
48120 hi$=left$(hi$,23)+"  "
48130 if op<32 or op>95 then hi$=hi$+"kein ascii - zeichen" : return
48140 hi$=hi$+"ascii - zeichen : "+chr$(op)
48150 return
48299 :
48300 rem************  aufarbeitung 1 byte in dez und hex
48302 :
48310 de=peek(ai+1) : d9=de
48320 gosub 45060
48340 he$="  $"+he$
48350 de$=right$("     "+str$(d9),5)
48360 return
48398 :
48399 :
48400 rem************  aufarbeitung 2 byte in dez und hex
48402 :
48410 de=peek(ai+1)+peek(ai+2)*256 : d9=de
48420 gosub 45000
48440 he$="$"+he$
48450 de$=right$("    "+str$(d9),5)
48460 return
48498 :
```

```
48500 rem**************    disassemblier   schleife
48502 :
48510 de=a1
48520 gosub 45000
48530 pr$=he$ : hi$="    "+str$(a1)
48540 op=peek(a1)
48550 gosub 49000
48560 de=op
48570 gosub 45060
48580 pr$=pr$+"   "+he$
48590 hi$=hi$+"   "+right$(" "+str$(op),3)
48600 on oe+1 gosub 45100,45200,45300,45400
48610 pr$=pr$+"   "+me$
48615 hi$=hi$+"   "+me$
48620 if ce%>7 goto 48627
48622 on ce%+1 gosub 45500,45700,45900,46100,46300,46500
,46700,46900
48625 goto 48630
48627 on ce%-7 gosub 47100,47300,47500,47700,47900,48100
48630 pr$=pr$+"   "+hi$
48640 return
48641 :
49000 rem**************    me$,oe,ce% suchen
49010 te$="k" : se=4
49020 t=asc(te$)
49030 gosub 53700
49040 he$=mid$(t$,7+se*8,2) : gosub 32600
49050 if op=de then 49500
49060 if op<de then te$=mid$(t$,9+se*8,1)
: se=val(mid$(t$,10+se*8,1))-1 : goto 49200
49070 te$=mid$(t$,11+se*8,1) : se=val(mid$(t$,12+se*8,1))-1
: goto 49200
49200 if se=-1 then me$="*" : oe=0 : ce%=13 : return
49210 goto 49020
49500 me$=left$(t$,3)
49510 oe=val(mid$(t$,14+se*8,1))
```

```
49520 ce%=asc(mid$(t$,13+se*8,1))-48
49530 return
53700 rem*************      t$ laden mit adresse t
53705 on int(t/10)-2 goto 53710,53720,53730,53740,53750
,53760,53770
53710 on t-34 gosub 53801,53802,53803,53804,53805 : return
53720 on t-39 gosub 53806,53807,53808,53809,53810,53811
,53812,53813,53814,53815 : return
53730 on t-49 gosub 53816,53817,53818,53819,53820,53821
,53822,53823,53824,53825 : return
53740 on t-59 gosub 53826,53827,53828,53829,53830,53831
,53832,53833,53834,53835 : return
53750 on t-69 gosub 53836,53837,53838,53839,53840,53841
,53842,53843,53844,53845 : return
53760 on t-79 gosub 53846,53847,53848,53849,53850,53851
,53852,53853,53854,53855 : return
53770 gosub 53856 : return
53771 :
53801 t$="adc[[369[[[[1265#7k23275#8k3626d[[[[237d[[[[8379
[[#59361[[[[4271[[[[52":return
53802 t$="and#%329[[[[1225[[j23235$8j3622d[[j4233d[[[[8339
[[$59321?1[[4231[[[[52":return
53803 t$="asl[[30a[[[[:106[[[[3216[[[[620e[[[[231e,1*183"
:return
53804 t$="bcc$'290y1w1;2":return
53805 t$="bcs[(2b0u1@6;2":return
53806 t$="beq[[2f0d1p1;2":return
53807 t$="bit&-324$7*2322cj1#423":return
53808 t$="bmi[[230i1o1;2":return
53809 t$="bne*,2d08111;2":return
53810 t$="bpl[[210g101;2":return
53811 t$="brk+.100[[[[01":return
53812 t$="bvc[/250f121;2":return
53813 t$="bvs[[270h1q1;2":return
53814 t$="clc)8118e3e601":return
53815 t$="cld[[1d8434501":return
```

```
53816 t$="cli13158:3:501":return
53817 t$="clv[[1b8[[[01":return
53818 t$="cmp263c9[[[[12c547=132d5487262cd637323dd467483d9
[[[[93c1616242d1[[[[52":return
53819 t$="cpx[[3e0+1(112e4n7n232ec[[[[23":return
53820 t$="cpy573c0[[[[12c4[[[[32cc[[[[23":return
53821 t$="dec[[3c6[[[[32d6[[[[62ce[[[[23de[[[[83":return
53822 t$="dex4;1ca424401":return
53823 t$="dey[:188[[[[01":return
53824 t$="eor[[349[[[[1245:7c23255:8c3624d[[c4235d:6c58359
[[[[934111[[4251[[[[52":return
53825 t$="inc9<3e652<132f6[[[[62ee[[[[23fe[[[[83":return
53826 t$="inx[=1e8[[n101":return
53827 t$="iny[[1c8714101":return
53828 t$="jmp0m34cc1:4236ck1k4<3":return
53829 t$="jsr[[320[[[[23":return
53830 t$="lda?a3a9[[[[12a5a1v132b5b3a362adb4a423bd[[[[83b9
@3b593a1[[[[42b1[[[[52":return
53831 t$="ldx[[3a2@7b212a6[[[[32b631[[72ae[[[[23beb15193"
:return
53832 t$="ldy@d3a0&1'112a4[[[[32b4@8[[62ac[[[[23bcx1@583"
:return
53833 t$="lsr[[34a:1[[:146[[[[3256[[[[624e[[[[235e[[[[83"
:return
53834 t$="nopce1ea;1n401":return
53835 t$="ora[[309[[%11205e7%23215e8%3620de1%4231d[[[[8319
[[e59301-1[[4211[[[[52":return
53836 t$="phabi148:2>101":return
53837 t$="php[[108e2e401":return
53838 t$="plag[168#2>201":return
53839 t$="plphk128)1)201":return
53840 t$="rol[[32a#1[[:126[[[[3236[[[[622e[[[[233e%5m183"
:return
53841 t$="rorj136a#1[[:166[[[[3276[[[[626e#4[[237ej5a583"
:return
53842 t$="rti[[140[[[[01":return
```

```
53843 t$="rtsfs160.1/101":return
53844 t$="sbc[[3e9[[[[12e5[[[[32f5n8;262ed53;323fdn6;483f9
[[[[93e1[[[[42f1[[[[52":return
53845 t$="secn[138$3$601":return
53846 t$="sedor1f8n3n501":return
53847 t$="sei[[178#3#601":return
53848 t$="staq[385t1s13295t2s2628dt3s3239d[[[[8399[[[9381
[[[[4291[[[[52":return
53849 t$="stxpw38691[[3296[[[[728e[[[[23":return
53850 t$="sty[[384r6[[3294r7[[628c[[[[23":return
53851 t$="taxtv1aa@2@401":return
53852 t$="tay[[1a8a2@101":return
53853 t$="tyauy198r2z101":return
53854 t$="tsx[[1ba[[[[01":return
53855 t$="txaxz18ar1r301":return
53856 t$="txs[[19ar5r401":return
```

DAS BETRIEBSSYSTEM UND DER INTERPRETER DES CBM-64 :

Ein Rechner besteht nicht alleine aus einem Mikroprozessor und einem Speicher, sondern auch aus einer Reihe von Geräten, z.B. Ausgabegerät wie Bildschirm und Drucker, Geräte zur Datenspeicherung wie Diskettenstation oder Bandlaufwerk. Damit diese Geräte benutzt werden können, braucht der Mikroprozessor spezielle Programme. Diese Programme sind in dem Rechner bereits als Unterprogramme enthalten und man nennt dieses Programmpaket das Betriebssystem.

Zudem beherrscht der Rechner von Hause aus schon die Programmiersprache Basic. Um nun Anweisungen aus Basic verstehen zu können, verfügt der Rechner über einen sogenannten Basic-Interpreter. Dieser Interpreter ist nichts weiter als ein Programm in der Sprache des Prozessors, das Anweisungen von Basic analysieren und die entsprechenden Aktionen in Gang setzen kann.

In diesem Kapitel wollen wir uns damit beschäftigen, wie diese schon vorhandenen Programme für unsere eigenen Zwecke zu nutzen sind. Die Programme sind als Unterprogramme geschrieben, an die wir nur die nötigen Informationen übergeben müssen. Meist geschieht dies mit Hilfe der X-, Y-Register und des Akkumulators.

Die Unterprogramme des Betriebssystems werden gebraucht, um externe Geräte zu benutzen, aber warum wollen wir uns mit den Unterprogrammen des Interpreters beschäftigen? In jeder Programmiersprache sind bestimmte Aufgaben zu erfüllen, wie z.B. eine Fließkomma-Arithmetik, oder Entscheidungen zu treffen, und so können wir uns aus dem Basic-Topf bedienen, falls dies gewünscht wird. Da es sehr zeitraubend ist, schnelle und vor allen Dingen funktionsfähige Maschinenprogramme zu schreiben, sollten schon gewichtige Gründe vorliegen, wenn man eigene Routinen zu diesen Aufgaben schreiben will.

Dieses Kapitel wird somit zwar auf der einen Seite sehr speziell auf den CBM-64 ausgerichtet sein, auf der anderen Seite jedoch verfügen die meisten Mikrocomputer über ein Betriebssystem und einen Interpreter, die denen aus dem Hause Commodore in vielem ähnlich sind. Fur viele Rechner gibt es entsprechende Literatur, aus der ersichtlich ist, wo sich die entsprechenden Unterprogramme im Rechner befinden und wie die Parameter zu übergeben sind.

Haben Sie einen anderen Commodore-Rechner als den CBM-64, so finden Sie entsprechende Hinweise in dem Buch ´64 intern´. In diesem Falle können Sie die Informationen aus diesem Kapitel bis auf die Einsprungadressen in die Unterprogramme übernehmen.

Genug der Vorrede, los geht´s!

Schauen wir uns als erstes die Bildschirmausgabe an.

SETZEN DES CURSORS:

Für diese Aufgabe benötigen wir ein Unterprogramm, das mit unterschiedlichen Parametern aufgerufen wird. Um den Cursor an eine bestimmte Bildschirmposition zu setzen, übergeben wir im X-Register die Zeile und im Y-Register die Spalte, in der der Cursor erscheinen soll. Dann müssen wir das Carry-Bit mit ´CLC´ löschen (auf Null setzen) und in das Unterprogramm ab $FFF0 springen. Nun wollen wir in einer

Anweisung immer nur entweder die Spalte oder die Zeile verändern. Wir wissen aber nicht, wenn die Spalte geändert werden soll, in welcher Zeile der Cursor sich gerade befindet. Also müssen wir erst die Cursorposition holen. Dies geschieht mit demselben Unterprogramm, aber mit gesetztem Carry-Bit. Das Carry-Bit wird mit ´SEC´ gesetzt.

Der CBM-64 fängt bei Zeilen und Spalten mit Null statt mit Eins an zu zählen. Spalte 17 hat also intern die Nummer 16.

Beispiel: Der Cursor soll in Spalte 22 gesetzt werden.

```
SEC
JSR $FFF0
CLC
LDY #21
JSR $FFF0
```

BILDSCHIRM LÖSCHEN:

Hierfür gibt es ein eigenes Unterprogramm:

```
JSR $E544
```

AUSGABE EINES ZEICHENS AUF DEN BILDSCHIRM:

Hierzu ist der ASCII-Wert des auszugebenden Zeichens in den Akkumulator zu bringen und zur Unterroutine ab $FFD2 zu springen.

Beispiel: Ausgabe des Zeichens A auf den Bildschirm

      LDA #65
      JSR $FFD2

ZEICHENKETTE AUF DEN BILDSCHIRM AUSGEBEN:

Es gibt eine Routine, die eine ganze Zeichenkette ausgibt, wenn diese in Anführungszeichen eingeschlossen ist. Dazu müssen wir die Adresse des ersten Zeichens (des Anführungszeichens) im Y-Register und im Akkumulator übergeben und in das Unterprogramm ab $AB1E springen.

Im Y-Register wird der Platz innerhalb der Seite und im Akkumulator die Seitennummer übergeben. Die Information über die Seite wird auch als der höherwertige Teil der Adresse bezeichnet, der Platz innerhalb der Seite als der niederwertige Teil. Der höherwertige Teil wird im Assembler mit HB-Adresse und der niederwertige mit LB-Adresse abgekürzt. Der Assembler rechnet dann die Seite und den Platz aus.

Beispiel: Die Zeichenkette ab $1000 soll ausgegeben werden.

      Adresse .EQU $1000
      LDY LB-Adresse
      LDA HB-Adresse
      JSR $AB1E

ZEILENVORSCHUB:

Hierzu ist das gleiche Unterprogramm zu benutzen wie in Ausgabe eines Zeichens auf dem Bildschirm. Der ASCII-Wert des Zeilenvorschubs (auf dem Bildschirm genügt das Senden eines Wagenrücklauf-Zeichens!) ist 13.

```
        LDA #13
        JSR $FFD2
```

Diese Funktion wollen wir als Unterprogramm definieren mit dem Namen ZVOR.

```
ZVOR    .MARKE
        LDA #13
        JSR $FFD2
        RTS
```

UMLEGEN DER AUSGABE AUF EINEN DRUCKER:

Dies ist eine etwas umfangreichere Angelegenheit.

Als erstes müssen wir einen Ausgabekanal für den Drucker eröffnen. Dazu müssen wir in der Speicherstelle

    183 die Länge des Filenamens
 in 184 die logische Filenummer
 in 185 die Sekundäradresse und
 in 186 die Gerätenummer

abspeichern. Einen Filenamen wollen wir nicht angeben, deshalb ist die Länge des Namens gleich Null.

```
        LDA #0
        STA 183
```

Die logische Filenummer und die Geräteadresse soll den Wert Vier haben:

```
          LDA #4
          STA 184
          STA 186
```

Die Sekundäradresse hat den Wert 7, um den Drucker auf Groß-Kleinschrift zu schalten.

```
          LDA # 7
          STA 185
```

Nun springen wir in Unterprogramm zum Eröffnen einer Datei:

```
          JSR $FFC0
```

Die Ausgabe wird auf diesen Kanal gelegt. Dazu gibt es die Unterroutine ´Ausgabegerät setzen´, die Kanalnummer muß im X-Register übergeben werden.

```
          LDX #4
          JSR $FFC9
```

Ab jetzt werden alle Ausgaben auf den Drucker gesendet.

AUSGABEN ZURÜCK AUF DEN BILDSCHIRM HOLEN:

Um für alle Fälle den Druckpuffer im Drucker zu leeren, senden wir einen Vorschub.

```
          JSR ZVOR
```

Danach müssen wir das Ausgabegerät zurücksetzen:

    JSR $FFCC

Der Kanal 4 ist zu schließen. Dazu übergehen wir die Kanalnummer im Akkumulator:

    LDA $4
    JSR $FFC3

DIE FLIEßKOMMA-ARITHMETIK:

Zunächst einige grundsätzliche Überlegungen:

Unter einer Operation wollen wir die Addition, Subtraktion, Multiplikation, Division oder Potenzierung von zwei Fließkommazahlen verstehen.

Weiter wollen wir davon ausgehen, daß die Fließkommazahlen schon in der internen Darstellung abgespeichert sind.

Dann gibt es zunächst mehrere Möglichkeiten, eine Operation zu realisieren. Zwei werden erläutert:

Immer wenn wir eine Operation durchzuführen haben, schreiben wir an dieser Stelle im Programmtext das Programm zu der betreffenden Operation. Ein Unterprogramm kann ohne weiteres nicht geschrieben werden, da unsere Variablen im Speicher vertreut liegen und jede Operation auf anderen Speicherstellen stattfinden müßte. Nur ist es eine große Speicherplatzverschwendung, immer - bis auf die Adressen - gleiche Programme sehr oft in einem Programm aufzuschreiben.

Deshalb kann Möglichkeit 2 genommen werden:

Wir wählen zwei Speicherplatzbereiche für je eine Fließkommazahl aus, bringen zu Beginn der Operation die entsprechenden Variablen in diese Speicherbereiche und springen dann in das Unterprogramm für die entsprechende Operation, die dann auf den beiden Bereichen arbeitet. Das Ergebnis kann dann in einen Speicherbereich übernommen und in den Speicherbereich für die Zielvariable übertragen werden. Dies dauert zwar in der Ausführungszeit etwas länger, da wir die Inhalte von Speicherbereichen umspeichern müssen, spart aber enorm viel Platz. Zudem besitzt der Interpreter Routinen für alle notwendigen Operationen.

Es stehen zwei Speicherbereiche zur Verfügung, mit denen wir rechnen können: Abkürzend wollen wir den ersten FAC und den zweiten ARG nennen. Dies in Übereinstimmung mit dem ROM-Listing im Buch ´64 intern´. Das Ergebnis einer Operation steht im FAC (Fließkomma-Akkumulator).

Benutzen wollen wir folgende Unterprogramme:

    Übertragen einer Variablen in den FAC.
    Übertragen des FAC in eine Variable.
    Addition einer Variablen mit dem FAC.
    Subtraktion des FAC von einer Variablen.
    Multiplikation einer Variablen mit dem FAC.
    Division einer Variablen durch den FAC.
    Potenzierung einer Variablen mit dem FAC.

Alle Operationen laufen nun nach demselben Muster ab:

Beispiel:

    Variable 1 Operation Variable 2 nach Variable 3.

Variable 2 wird in den FAC gebracht.

Es wird die Operation mit Variable 1 aufgerufen.
Der FAC wird zur Variablen 3 überspielt.

Sehen wir uns an, was im einzelnen zu tun ist:

1) ÜBERTRAGEN EINER VARIABLEN IN DEN FAC:

Die Adresse der Variablen wird im Akkumulator und im Y-Register wie folgt gespeichert: Das Y-Register enthält den höherwertigen Teil der Adresse, der Akkumulator den niederwertigen. Dann wird ins Unterprogramm ab $BBA2 gesprungen.

Beispiel: Die Variable Benno soll in den FAC übertragen werden:

```
        LDY #HB-Benno
        LDA #LB-Benno
        JSR $BBA2
```

2) ÜBERTRAGEN DES FAC´S IN EINE VARIABLE:

Hier wird die Zieladresse im X- und Y-Register angegeben, wobei im X-Register der niederwertige und im Y-Register der höherwertige Teil der Adresse gespeichert wird. Das Unterprogramm beginnt bei $BBD4.

Beispiel: Übertragen des FAC's in die Variable mit Namen Enno.

```
LDX #LB-Enno
LDY #HB-Enno
JSR $BBD4
```

3) ADDITON EINER VARIABLEN MIT DEM FAC.

Dazu übergeben wir die Adresse der Variablen wieder im Akkumulator und dem Y-Register und springen ins Unterprogramm ab $B867. Dieses Unterprogramm überträgt nun erst die Variable in den Speicherbereich ARG und addiert dann ARG und FAC, wobei das Ergebnis im FAC abgelegt wird.

Die folgenden Operationen funktionieren genau nach demselben Muster, nur ist die Adresse des jeweiligen Unterprogramms eine andere.

Beispiel: Addition der Variablen mit dem Namen 'Gudrun' mit dem FAC.

```
LDY #HB-Gudrun
LDA #LB-Gudrun
JSR $B867
```

4) SUBTRAKTION DES FAC'S VON EINER VARIABLEN:

Wie Punkt 3 mit der Adresse $B850.

5) MULTIPLIKATION EINER VARIABLEN MIT DEM FAC:

Wie Punkt 3 mit der Adresse $BA28.

6) DIVISION EINER VARIABLEN DURCH DEN FAC:

Wie Punkt 3 mit der Adresse $BB0F.

7) POTENZIERUNG EINER VARIABLEN MIT DEM FAC:

Für diese Operation stellt uns das Betriebssystem nur die Routine ARG hoch FAC zur Verfügung, d.h. wir müssen die Variable noch selbst in den ARG bringen. Dies geschieht so, als wenn wir sie in den FAC bringen wollten, nur mit einem anderen Unterprogramm.

Beispiel: Potenzierung der Variablen mit dem Namen 'Enno' mit dem FAC.

'Enno' mit dem FAC.

```
LDY #HB-Enno
LDA #LB-Enno
JSR $BA8C ; ENNO nach ARG
JSR $BF7B ; ARG  hoch FAC
```

FUNKTIONEN:

Bei der Berechnung der Funktionen gehen wir wie folgt vor:

Wir bringen den Wert, die Variable in den FAC, springen in das Unterprogramm für die entsprechende Funktion und übertragen dann den FAC in die Variable.

Als erstes eine Auflistung über die Funktionen und die Adressen der entsprechenden Unterprogramme.

Funktion	Adresse
absolut	$BC58
actangens	$E30E
cosinus	$E264
exponent	$BFED
integer	$BCCC
logarithmus	$B9EA
speicherwert	$B80D
zufall	$E097
vorzeichen	$BC39
sinus	$E26B
quadratwurzel	$BF71
tangens	$E2B4

Beispiel: Übertragung der Anweisung:
'bilde absolut von ENNO nach BENNO.'
in ein Assemblerprogramm.

;Übertragen von enno in den FAC.

```
            LDY #HB-ENNO
            LDA #LB-ENNO
            JSR $BBA2
            ;Aufruf der Funktion 'absolut'.
            JSR $BC58
            ;Übertragen des FAC nach benno:
            LDY #HB-BENNO
            LDX #LB-ENNO
            JSR $BBD4
```

Ist das nicht eine recht elegante Art der Programmierung?

DATEN EIN- UND AUSGABE:

Auch für die Daten Ein- und Ausgabe stellt uns der Interpreter bzw. das Betriebssystem Routinen zur Verfügung.

Beginnen wir mit der Ausgabe:

Die Fließkommazahlen liegen in der internen Form im Speicher vor. Wir müssen sie aus dieser Form in eine Form bestehend aus ASCII-Zahlen umwandeln, und erst dann werden sie für uns Menschen direkt lesbar.

Die Umwandlungsroutine wirkt wieder auf den FAC, wohin wir unsere Fließkommazahl bringen müssen. Diese wird dann umgewandelt und in einen Speicherbereich geschrieben, der ab $0100 beginnt. Wir wollen diesen Bereich, den Ein-Ausgabepuffer oder abkürzend 'Puffer' nennen. Dieser Puffer faßt 12 Zeichen. Als letztes Zeichen der aktuellen Umwandlung schreibt die Routine eine binäre 0 in den Puffer. Wir wissen so immer genau, wie lang unsere Zeichenkette ist, die wir ausgeben wollen. Die Ausgabe können wir mit der schon erwähnten Routine durchführen, aber wir können uns selbst ein kleines Unterprogramm schreiben. Die erste Lösung ist klar, deshalb soll die zweite angegangen werden. Diese Routine ist als Unterprogramm zu schreiben, um sie von verschiedenen Stellen aus aufrufen zu können.

1) Variableninhalt in den FAC bringen;

```
    LDA #LB-Name
    LDY #HB-Name
    JSR $BBA2
    JSR AUS  ; Ausgaberoutine rufen.
```

2) Ausgaberoutine:

```
AUS     .Marke
JSR $BDDD       ; FAC nach $0100
LDX #0          ;   X-Reg löschen
AUSP    .M      ; Ausgabeschleife
LDA $0100,X     ; Akku mit Zeichen laden
BEQ AUSE        ; Akku =0 dann Ende
JSR $FFD2       ; Akku ausgeben
INX             ; X-Reg erhöhen für nächstes Zeichen
BNE AUSP        ; zur Ausgabeschleife
AUSE    .M      ; Schleifenende
RTS             ; Job erledigt
```

Ist es schwer, ein kleines Assemblerprogramm zu schreiben?

Einige Erläuterungen:

JSR $BDDD   wandelt den FAC in die entsprechende ASCII-Zeichenkette.

LDA $0100,X   läd jeweils das Zeichen in $0100+X in den Akkumulator.

BEQ AUSE   wird eine binäre Null in den Akku geladen, so wird das Zero-Bit gesetzt und nach AUSE gesprungen.

JSR $FFD2   Sonst springe in die Ausgaberoutine, die ein Zeichen ausgibt. (Zeichen im Akku)

BNE AUSP   ist im ersten Moment nicht ganz einsichtig. Der BNE-Befehl ist intern kürzer als der JMP-Befehl ausführt. Da INX eine Zahl ungleich Null zum Ergebnis hat, wird das Zero-Bit bei INX auf Null gesetzt. Dies hat zur Folge, daß der Sprung ausgeführt wird. Erst wenn INX bewirkt, daß das X-Register von 255 nach Null wechselt, wird das Zero-Bit gesetzt. Da aber nur höchstens 11 Zeichen vor einer binäre Null im Puffer stehen, tritt dieser Fall nie ein.

DATEN-EINGABEN:

Zur Dateneingabe schreiben wir uns wieder ein kleines Unterprogramm, welches wir immer dann aufrufen, wenn wir eine Eingabe starten wollen.

Also:

        EIN .MARKE

Auf dem Bildschirm soll bei einer Eingabe ein Fragezeichen erscheinen. Das Fragezeichen hat den ASCII-Wert von $3F.

```
    LDA #$3F
    JSR $FFD2 ; Ausgabe von "?"
```

Die Eingabe wollen wir ab $0220 zwischenspeichern. Dazu nehmen wir das X-Register als Index-Register. Die Eingabe eines Zeichens veranlassen wir durch Aufrufen der Routine ab $FFCF. Wurde als letzte Taste nicht die Return-Taste betätigt (ASCII-Wert $D), so fordern wir ein weiteres Zeichen an.

```
    LDX #0
    EIN1 .MARKE
    JSR $FFCF
    STA $220,X
    INX
    CMP #$D
    BNE EIN1
```

Wurde die Return-Taste betätigt, so lösen wir mit

        JSR $FFD2

einen Vorschub aus, da das Return-Zeichen ausgegeben wird. Nun übergeben wir noch den Zeiger auf unserem Zwischenspeicher und die Länge des Eingabefeldes einer Routine, die die Eingabe in die interne Form umwandelt und im FAC ablegt.

```
LDA #$02
STA $23
LDA #$20
STA $22
DEX
TXA
JSR $B7B5
RTS
```

Jetzt brauchen wir in unserem Programm jeweils nur folgende Zeilen zu schreiben.

```
JSR EIN
LDX #LB-Name
LDY #HB-Name
JSR $BBD4
```

So erhält die Variable ihren Wert.

AUSGABE VON ZEILENNUMMERN:

Zur Ausgabe von Zeilennummern bei eingeschalteter Spur benutzen wir die Routine des Interpreters, wenn er bei der Ausgabe ´break in ..." die Zeilennummer ausgibt. Die Zeilennummer wird in einen höherwertigen und einen niederwertigen Teil zerlegt. Dies zum Zeitpunkt, in dem wir das Assemblerprogramm schreiben (lassen). Die Übergabe erfolgt im X-Register und im Akkumulator. Das Unterprogramm beginnt bei $BDCD.

Beispiel: Ausgabe der Zeilennummer 259

```
LDX #3
LDA #1
JSR $BDCD
```

ENTSCHEIDUNGEN:

Reißen wir doch das Problem einmal auf:

Die Sprachkonstruktion, die wir umzusetzen haben, lautet:

```
wenn A    Operator B
dann
--
--        Block1
--
sonst
--
--        Block2
--
wende
```

Ist die Bedingung A Operator B erfüllt, dann soll bis zum 'sonst' weitergemacht werden. Ist die Bedingung nicht erfüllt, soll nach 'sonst' gesprungen werden. Sehen wir uns jetzt für die möglichen Bedingungen an, wie dies gemacht wird. Der Interpreter hat eine Routine, die zwei Fließkommazahlen miteinander vergleichen kann. Sie beginnt bei $BC5B. Die erste Fließkommazahl muß sich im FAC befinden und die Adresse der zweiten übergeben wir in bekannter Weise im Akkumulator und im Y-Register. Nach Ausführung des Unterprogrammes finden wir im Akkumulator die Information über das Ergebnis des Vergleichs:

```
Akkumulator = 0    bedeutet, daß die Werte gleich sind.
Akkumulator = 1    bedeutet, daß Variable 1 größer als
                   Variable 2 ist.
Akkumulator = 255  bedeutet, daß Variable 1 kleiner als
                   Variable 2 ist.
```

Für die einzelnen Operatoren ergeben sich damit folgende Realisationen:

Operator: =

```
; 1) Übertragen von Variable 1 in den FAC

      LDA  #LB-Variable1
      LDY  #HB-Variable1
      JSR  $BBA2

; 2) Übergabe der Adresse von Variable 2

      LDA  #LB-Variable2
      LDY  #HB-Variable2

; 3) Sprung in die Vergleichsroutine

      JSR  $BC5B

; 4) Auswerten des Ergebnisses für '='.

      CMP #0    ; Vergleich Akku mit Null
      BNE SONST
;
; Die folgenden Anweisungen des Programms
;
      JMP WENDE ; Block 1 ist ausgeführt
      SONST .MARKE ; Beginn von Block 2
;
; Anweisung des zweiten Blocks
;
      WENDE .MARKE ; Ende der Entscheidung
```

Wir testen mit CMP #0 auf Gleichheit. Sind die Werte gleich, so darf nicht gesprungen werden. Darum springen wir bei Ungleichheit. Die prinzipielle Konstruktion bleibt immer die gleiche, Unterschiede tauchen nur bei Punkt 4 auf. Im folgenden werden nur diese aufgeschrieben.

    Operator:/=

; 4) Auswerten des Ergebnisses für '/='.

    CMP #0
    BEQ SONST

Getestet wird mit CMP #0 auf Gleichheit der Variablenwerte. Bei Ungleichheit wird weitergemacht und bei Gleichheit nach 'SONST' gesprungen.

    Operator : >

; 4) Auswerten des Ergebnisses bei '>'.

    CMP #1
    BNE SONST

Bei Variable 1 Variable 2 wird fortgeführt, sonst gesprungen.

    Operator : <=

; 4) Auswerten des Ergebnisses bei '<='.

    CMP #1
    BEQ SONST

Bei <= muß das Gegenteil getan werden wie bei >.

    Operator : <

; 4) Auswerten des Ergebnisses bei ´<´.

    CMP #255
    BNE SONST

    Operator: >=

! 4) Auswerten des Ergebnisses bei ´>=´.

    CMP #255
    BEQ SONST

Wir wissen jetzt, wie eine einzelne Entscheidung realisiert wird. Sind Entscheidungen ineinander verschachtelt, so muß man sich bei der Wahl der Sprungmarken etwas einfallen lassen. Sehen Sie hierzu bitte im Kapitel ´Codegenerierung´ nach.

SCHLEIFEN :

Die umzusetzende Anweisung lautet:

    fuer Variable1 von Variable2 bis Variable3 wiederhole
    --
    -- Block
    --
    Sende.

Was ist zu tun?

Als erstes muß der Variablen1 der Startwert, der Wert der Variablen2, zugeordnet werden. Dann muß eine Sprungmarke gesetzt werden, die den Beginn der Schleife darstellt. Nun prüfen wir, ob der Wert der Variablen1 echt größer ist als der Wert der Variablen3. Ist er es, springen wir ans Schleifenende. Ist er dies nicht, so addieren wir zum Wert von Variable1 eine Eins und führen die Anweisungen des Blocks aus. Am Schleifenende springen wir zur Marke, die den Beginn der Schleife kennzeichnet.

Beispiel:

    fuer Otto von Enno bis Benno wiederhole
    --
    --
    --
    sende.

Enno hat den Wert 1 und Benno den Wert 3.

Nun geschieht folgendes:

1) Otto erhält den Wert 1.
2) Ist Otto schon größer als Benno?
3) Nein! Also Otto = Otto + 1.
4) Ausführen der Anweisungen.
5) Sprung zum Test mit Otto = 2.
6) Ist Otto größer als Benno?
7) Nein! Also Otto = Otto + 1.
8) Ausführen der Anweisungen.
9) Sprung zum Test mit Otto = 3.
10) Ist Otto größer als Benno?
11) Nein! Also Otto = Otto + 1.
12) Ausführen der Anweisungen.
13) Sprung zum Test mit Otto = 4.
14) Ja! Sprung zum Schleifenende

Wenn Sie mitgezählt haben, werden die Anweisungen dreimal ausgeführt.

Erzeugen wir doch für diese Schleife einmal das entsprechende Assemblerprogramm und sehen wir, wie wir das Betriebssystem nutzen können:

1) Otto erhält den Wert von Enno:

```
; Übertragen von Enno in den FAC
LDY $HB-Enno
LDA #LB-Enno
JSR $BBA2
; Übertragen des FAC nach Otto
LDY #HB-Otto
LDA #LB-Otto
JSR $BBD4
```

2) Setzen der Marke für den Schleifbeginn:

```
SCHLEIFE .MARKE
```

3) Vergleich ob Otto echt größer Benno:

```
; Übertragen von Otto in den FAC
LDY #HB-Otto
LDA #LB-Otto
JSR $BBA2
; Übergabe der Adresse von Benno für den Vergleich
LDY #HB-Benno
LDA #LB-Benno
JSR $BC5B
; Vergleich auf größer
CMP #1
BEQ SCHLEIFENENDE
; Nein, dann weiter:
; Addition von 1 zum FAC
LDA #$E8
LDY #$BF
JSR $B867
; Sichern des FAC nach Otto
LDY #HB-Otto
LDA #LB-Otto
JSR $BDD4
Hier folgen jetzt die Anweisungen vom Block
;
: Schleifenende
JMP SCHLEIFE ; zurück zum Anfang
SCHLEIFENENDE .MARKE ; Ende der Schleife
```

Ein paar Erläuterungen:

´CMP #1´ und ´BEQ Marke´

kennen Sie bereits aus dem letzten Abschnitt. Die Vergleichsroutine verändert nicht den FAC, deshalb können wir zum FAC direkt eine Eins addieren. Vor dem Vergleich müßen wir den Wert von Otto in den FAC bringen, da wir nicht wissen, wie der FAC innerhalb der Schleife selbst verwendet wird.

Ab der Adresse $BFE8 hat der Interpreter für eigene Zwecke eine Eins gespeichert. Diese benutzen wir zur Addition. Danach sichern wir den Wert im FAC nach Otto für die nächste ´Schleifenrunde´.

Haben wir mehrere Schleifen ineinander geschachtelt, so müssen wir die Namen der Marken wiederum mit System wählen. Dazu lesen Sie bitte im Kapitel ´Codegenerierung´ nach.

Schleifen mit Ausgang werden im Prinzip so behandelt wie Entscheidungen, auch hier wird auf das Kapitel ´Codegenerierung´ verwiesen.

Was fehlt noch?

Wie Zahlen in das interne Zahlenformat umgewandelt werden, finden Sie im Kapitel ´Codegenerierung´.

Das Setzen der Bildschirmfarben geschieht auf denkbar einfache Art und Weise:

Es müssen jeweils nur die den Farben entsprechenden Zahlen in speziellen Speicherstellen abgelegt werden, den Rest erledigt der Rechner. Die Tabellen hierfür stehen in Ihrem Handbuch.

Eine abschließende Bemerkung:

Zum Betriebssystem und zum Interpreter ließe sich noch vieles sagen und mühelos ein Buch solchen Umfangs füllen, wie Sie es vorliegen haben.

Die Ihnen gegebenen Informationen mögen Ihnen dienen, dieses Buch zu verstehen und Ihnen den Mund ´wässerig´ zu machen, eine eigene Entdeckungsreise im ROM-Listing zu Ihrem Rechner zu unternehmen. Sie werden mit Sicherheit auf viele interessante Möglichkeiten stoßen, die Sie dann in Ihrer eigenen Sprache verwirklichen können.

WIE MACHEN WIR UNSERE PROGRAMME KLEINER?

Wir haben in diesem Buch Programme entwickelt, die den Speicher unseres Rechners zu einem großen Teil mit Programmtext belegen, so daß für Erweiterungen nicht mehr allzuviel Platz vorhanden ist.
Wenn Sie einen Basic-Übersetzer haben, so können Sie die Programme durch eine Übersetzung kleiner machen, vorausgesetzt Ihr Übersetzer schafft das.
Haben Sie keinen Übersetzer, so können Sie die Programme von Hand verkleinern, aber das ist sehr mühsam und anstrengend.
Ich habe deshalb in derr Zeitschrift 'Data Welt' Ausgabe 4/84 eine Lösung vorgeschlagen, die ich noch einmal vorstelle.

Wer hat sich nicht schon einmal gewünscht, daß sich per 'Knopfdruck' ein Basic-Programm so klein und so schnell macht, wie es moeglich wäre? Spätestens, wenn man mit seinen Programmen an die Grenze des zur Verfügung stehenden Speicherplatzes gelangt, fängt man an zu überlegen, wie Platz gespart werden könnte!
Als Erstes werden dann die Kommentarzeilen gelöscht, von denen man glaubt, daß sie überflüssig seien. Aber dieses Vorgehen rächt sich schon nach kurzer Zeit, wenn man eine Stelle im Programm sucht, die verändert werden soll. Das Entfernen aller überflüssigen Leerzeichen mutet bei längeren Programmen schon in eine 'Sysiphusarbeit' aus. Das Zusammenfügen von mehreren Zeilen zu einer einzigen gestattet der Editor auch nur bis zu einer Länge von achtzig Zeichen, obwohl im Handbuch steht, daß unser Commodore - Rechner in der Lage ist, Zeilen von einer Länge bis zu 256 Zeichen zu verarbeiten! Eine höchst überflüssige Bemerkung, wie man zuerst glaubt. Ein neues Durchnummerieren

von Zeilen mit kürzeren Zeilennummern ziehen ohnehin nur Besitzer einer entsprechenden Programmierhilfe in Betracht. Führt man alle diese Maßnahmen einmal an einem kleinen Beispielprogramm durch, so wird man feststellen, daß man zwar einiges an Platz und Ausführungszeit sparen kann, aber die Programme werden sehr unübersichtlich und sind für Verbesserungen fast nicht mehr zugänglich. Zudem ist diese Arbeit sehr zeitintensiv und verlangt Konzentration, da man z.B. eine Zeile erst an die vorherige ´hängen´ darf, wenn man sicher ist, daß sie nicht Ziel eines Sprunges ist. Nun haben wir uns aber keinen Computer gekauft, um stundenlang dazusitzen und Leerzeichen aus Programmen zu entfernen. Überlassen wir ihm doch diese stupide Arbeit! Bei der Gelegenheit kann er dann auch gleich die anderen Maßnahmen, die oben ausgeführt sind, in Anwendung bringen! Mit dem Programm ´Basic - Compressor´ ist Ihr Computer nun in der Lage, Ihre Programme bis zu 55% kürzer und bis zu 40% schneller zu machen. Das natürlich in Abhängigkeit vom jeweiligen Programmierstil. Meine eigenen Programme werden im Durchschnitt etwa 45% kürzer und 35% schneller. Und das ich nicht allzu üppig mit dem Speicherplatz umgehe, sehen Sie ja an dem folgenden Listing des Basic - Compressors.

Handhabung des Programms :

Um allen Eventualitäten vorzubeugen, schalten Sie bitte Ihren Rechner aus und wieder ein. Danach laden Sie das Programm, welches Sie verdichten wollen. Anschließend geben Sie bitte folgende zwei Zeilen im Direktmodus ein:

POKE 43,(PEEK(45)+256*PEEK(46)-2)AND255
POKE 44,(PEEK(45)+256*PEEK(46)-2) / 256

Damit verlegen Sie den Anfang des Basic - Programmbereichs an das Ende Ihres zu verdichtenden Programms. Nun laden Sie den Basic - Compressor und starten ihn mit RUN. Der

Basic - Compressor ist nun das Programm, welches Sie ausführen.

Er fragt Sie als Erstes, wieviel Bytes Länge die Zeilen des verdichteten Programms haben dürfen. Beachten Sie bitte, daß hier die interne Zeilenlänge gemeint ist. Zeilen in der Darstellung auf dem Bildschirm sind in der Regel länger als die interne Darstellung, da Schlüsselwörter (wie z.B. GOSUB) als ein Zeichen gespeichert werden. Der LIST - Befehl kann aber nur Zeilen bearbeiten, die höchstens 256 Zeichen Bildschirmformat haben. Ihr Rechner kann also Zeilen ausführen, die länger sind, als er listen kann!

Der Rechner macht Ihnen auf jede Frage einen Vorschlag, den Sie durch Überschreiben ändern können. Eingaben beenden Sie durch Drücken der RETURN - Taste.

Dann fragt er nach der Nummer der ersten Zeile, die das verdichtete Programm haben soll, anschließend nach dem Abstand der Nummern der Nummerierung.

Als Letztes möchte der Rechner wissen, wieviele Zeilen das zu verdichtende Programm ungefähr hat. Geben Sie eine zu große Zahl an, so kann es bei knappem Speicherplatz geschehen, daß ein 'OUT OF MEMORY' Fehler erscheint. Erhalten Sie eine 'BAD SUBSCRIPT' Fehlermeldung, so haben Sie eine zu kleine Zahl angegeben.

Das Programm arbeitet sich dreimal durch Ihr Programm, und gibt Ihnen die Nummer der jeweils bearbeiteten Zeile aus.

Nachdem der Basic - Compressor seine Arbeit verrichtet hat, steht nur noch Ihr verdichtetes Programm im Speicher. Seien Sie aber bitte nicht traurig, wenn Sie es kaum wiedererkennen!

Wie testen Sie den Basic - Compressor?
Na, ganz einfach mit sich selbst!

Laden Sie den Basic - Compressor, geben Sie die beiden Zeilen ein und laden den Basic - Compressor noch einmal. Nach dem Starten mit RUN erwidern Sie alle Fragen mit einem

RETURN. Nach dem Programmende speichern Sie den verdichteten Basic - Compressor ab. Schalten Sie zur Vorsicht den Rechner aus und wieder ein. Dann laden Sie den Original Basic - Compressor, geben die beiden Zeilen ein und laden den verdichteten Basic - Compressor. Sie starten ihn und erwidern wieder alle Fragen mit einem RETURN. Nachdem das Programm seine Arbeit verrichtet hat, machen Sie mit Hilfe des VERIFY - Befehls einen Test, ob das Programm im Speicher mit dem abgespeicherten verdichteten Basic - Compressor übereinstimmt. Wenn ja, so haben Sie keinen Fehler beim Abtippen und bei der Handhabung gemacht. Bevor Sie den Basic - Compressor ausprobieren, sollten Sie auf jeden Fall eine Sicherungskopie machen, da das Programm sich selbst zerstört, falls es einwandfrei durchläuft!

Studieren Sie in Ruhe den Basic - Compressor und die verdichtete Version. Sie werden dann sicher schnell die einzelnen Möglichkeiten des Programms erkennen. Nutzen Sie die Möglichkeit, gut dokumentierte Programme zu schreiben, die Sie ohne Mühe während der verdienten Kaffeepause verdichten lassen.

Hinweis:
Beachten Sie beim Abtippen den Hinweis betreffend der Cursor-Steuerzeichen.

```
53000 rem ============================
53010 rem =   basic - compressor      =
53030 rem =   von    volker sasse     =
53050 rem =   fuer   vc20 & cbm64     =
53070 rem =   basic  version 2.0      =
53080 rem ============================
53090 :
53100 rem ============================
53110 rem =   hinweis !               =
53120 rem =      #    = cursor-links  =
53130 rem =      &    = cursor-runter =
53140 rem =      '    = clr           =
53150 rem ============================
53160 :
54010 print"'&&&    basic - compressor"
54020 print"&&&    maximale zeilenlaenge"
54021 input"        60####";zm
54022 print"&    erste zeilennummer"
54023 input"        10####";sa
54024 print"&    abstand der zeilennummern"
54025 input"        10####";ab
54027 print"&    anzahl der zeilen"
54028 input"        300#####";a9
54030 dim a(a9),m%(a9),vs(a9)
54040 l=4608
54045 if peek(64787)=56 and peek(64788)=48 then l=2048
54050 h=peek(44)*256+peek(43):z=l-1:n1=1
54055 print"durchgang 1    zeile : ";
54060 z=z+1 : if z>h then 54175
54070 t=peek(z)
54080 if t=34 then gosub 57500
54090 if t=32 then poke z,7 : goto 54060
54100 if t=139 then gosub 57300 : goto 54060
54110 if t=167 then gosub 56200 : goto 54060
54120 if t=137 then gosub 56400 : goto 54060
54130 if t=141 then gosub 56400 : goto 54060
```

```
54140 if t=0 then z=z+3 : gosub 57700 : goto 54060
54150 if t=58 then gosub 57650 : goto 54060
54160 if t=143 then gosub 57600 : goto 54060
54170 goto 54060
54175 rem ============ durchgang 1 ende
54176 m%(1)=1
54177 gosub 57100
54178 rem ============ durchgang 2 ende
54180 for t=1 to vo : zn=vs(t) : gosub 57000 : next
54200 t1=1
54210 for t=1 to zl
54220 if m%(t)=1 then a(t1)=a(t) : t1=t1+1
54230 next
54235 for t=t1 to zl : a(t)=0 : next
54240 zl=t1-1
54300 z=l-1 : pz=l-1 : z4=1
54305 print:print"&   durchgang 3   zeile : ";
54310 z=z+1 : if z>h then 54400
54320 t=peek(z)
54340 if t=7 then 54310
54345 if t=34 then gosub 58000 : if t=34 then 54310
54350 if t=167 then pz=pz+1:poke pz,167:gosub56100:goto54310
54360 if t=137 then pz=pz+1:poke pz,137:gosub55800:goto54310
54370 if t=141 then pz=pz+1:poke pz,141:gosub55800:goto54310
54380 if t=0 then gosub 56600 : goto 54310
54390 pz=pz+1 : poke pz,t : goto 54310
54400 pz=pz-1:poke pz-2,0:poke pz-1,0
54410 h=int(pz/256) : i=pz-int(pz/256)*256
54412 poke 828,i : poke 829,h
54413 rem ============ durchgang 3 ende
54414 poke 1,0
54415 print:print"&    ";z-pz;"bytes weniger!"
54420 poke 43,1 : poke 44,18 : if l=2048 then poke 44,8
54430 poke 45,peek(828) : poke46,peek(829) : clr : end
55398 :
55400 rem ============ komma weitere zeilennmmern
```

```
55401 :
55410 z=z+1 : t=peek(z)
55420 if t=7 then 55410
55430 if t=44 then pz=pz+1 : poke pz,44 : goto 55410
55440 if t>47 and t<58 then gosub 55600 : goto 55400
55450 z=z-1 : return
55598 :
55600 rem ============ zeilennummer erkennen und ersetzen
55602 :
55610 z=z-1 : zn$=""
55620 z=z+1
55622 if peek(z)>47andpeek(z)<58thengosub55700:goto55620
55630 zn=val(zn$) : z=z-1
55640 for t1=1 to zl : if a(t1)<zn then next
55650 rem ============ t1 neue zeilennummer
55660 zn$=str$((t1-1)*ab+sa)
55670 for t1=2 to len(zn$)
55672 pz=pz+1 : poke pz,asc(mid$(zn$,t1,1))
55674 next
55680 return
55681 :
55700 zn$=zn$+chr$(peek(z)) : return
55702 :
55800 rem ============ zeilennummern nach goto / gosub
55802 :
55810 z=z+1 : t=peek(z)
55820 if t=7 then 55810
55830 if t>47andt<58thengosub55600:gosub55400:return
55840 z=z-1 : return
55841 :
56000 rem ============ zeilennummer then/goto/gosub sperren
56001 :
56010 z=z-1 : zn$=""
56020 z=z+1
56022 if peek(z)>47andpeek(z)<58thengosub55700:goto56020
56030 zn=val(zn$)
```

```
56040 if zn<=a(z1) then gosub 57000 : goto 56055
56050 vo=vo+1 : vs(vo)=zn
56055 z=z-1
56060 return
56061 :
56100 rem ============ zeilennummer nach then
56102 :
56110 z=z+1 : t=peek(z)
56120 if t=7 then 56110
56130 if t=137 then pz=pz+1:poke pz,137:gosub55800:return
56140 if t=141 then pz=pz+1:poke pz,141:gosub55800:return
56150 if t>47 and t<58 then gosub 55600 : return
56160 z=z-1 : return
56161 :
56200 rem ============ zeilennummer nach then
56202 :
56210 z=z+1 : t=peek(z)
56220 if t=32 then poke z,7 : goto 56210
56230 if t=137 then gosub 56400 : return
56235 if t=141 then gosub 56400 : return
56240 if t>47 and t<58 then gosub 56000 : return
56250 z=z-1 : return
56252 :
56400 rem ============ zeilennummer nach goto / gosub
56402 :
56410 z=z+1 : t=peek(z)
56420 if t=32 then poke z,7 : goto 56410
56430 if t>47andt<58thengosub56000:gosub56800:return
56440 z=z-1 : return
56599 :
56600 rem ============ kann zeile aufgeloest werden?
56610 rem ============ aendern der zeilennummer
56620 zn=peek(z+3)+peek(z+4)*256
56622 print spc(8-len(str$(zn)))str$(zn);
56625 if z=h-1 then 56650
56630 if a(z4)=zn then 56650
```

```
56640 pz=pz+1 : poke pz,58 : z=z+4 : return
56650 pz=pz+1 : poke pz,0
56655 poke n1,pz+1-int((pz+1)/256)*256
56657 poke n1+1,int((pz+1)/256)
56660 n1=pz+1 : z5=(z4-1)*ab+sa
56665 poke pz+3,z5-int(z5/256)*256 : poke pz+4,int(z5/256)
56670 pz=pz+4 : z4=z4+1 : z=z+4 : return
56671 :
56800 rem ============ komma weitere zeilennummern
56802 :
56810 z=z+1 : t=peek(z)
56820 if t=32 then poke z,7 : goto 56810
56830 if t=44 then 56810
56840 if t>47 and t<58 then gosub56000:gosub57300:goto56800
56850 z=z-1 : return
56852 :
57000 rem ============ zn in a() suchen und in m%() sperren
57001 :
57010 for z4=1 to zl : if a(z4)<zn then next
57020 m%(z4)=1
57030 return
57032 :
57100 rem ============ zeilenlaenge festlegen
57102 :
57105 print:print"&   durchgang 2    zeile : ";
57110 z=l-1 : t=0
57120 z=z+1 : q=peek(z)
57130 if q=0 then 57160
57140 if q<>7 then zc=zc+1
57150 goto 57120
57160 t=t+1 : if zz+zc>zm then m%(t-1)=1 : zz=zc : zc=0
57163 zn=peek(z+3)+peek(z+4)*256
57165 print spc(8-len(str$(zn)))str$(zn);
57170 if m%(t)=1 then zz=0 : zc=0 : goto 57200
57180 zz=zz+zc
57190 zc=0
```

```
57200 if z=h-1 then return
57201 z=z+4 : goto 57120
57202 :
57300 rem ============ bei if / on naechste zeile sperren
57302 :
57310 m%(zl+1)=1 : return
57312 :
57500 rem ============ strings ueberlesen
57520 :
57530 z=z+1 : t=peek(z) : if t<>34 and t<>0 then 57530
57540 return
57560 :
57600 rem ============ kommentarzeilen loeschen
57602 :
57605 if peek(z-1)=58 then poke z-1,7 :poke z,7 : goto 57620
57606 if peek(z-1)=7 and peek(z-2)=58 then poke z-2,7
      :poke z,7 : goto 57620
57610 zl=zl-1 : for z3=z-5 to z : poke z3,7 : next
57620 z=z+1 : if peek(z)<>0 then poke z,7 : goto 57620
57630 z=z+3 : gosub 57700 : return
57632 :
57650 rem ============ doppelpunktzeilen loeschen
57652 :
57655 if peek(z-5)=0 and peek(z+1)=0 then 57660
57657 return
57660 zl=zl-1 : for z3=z-5 to z :  poke z3,7 : next
57670 z=z+4 : gosub 57700 : return
57671 :
57700 rem ============ zeilennummern abspeichern
57720 :
57730 zl=zl+1 : a(zl)=peek(z)+peek(z+1)*256
57735 print spc(8-len(str$(a(zl))))str$(a(zl));
57740 z=z+1 : return
58000 rem=========== zeichenketten uebertragen
58010 pz=pz+1 : poke pz,34
58020 z=z+1 : t=peek(z)
```

```
58030 if t=0 or t=34 then pz=pz+1 : poke pz,34 : return
58040 pz=pz+1 : poke pz,t : goto 58020
```

Hier als Beispiel der verdichtete Compressor

```
1 print"      basic - compressor"
  :print"      maximale zeilenlaenge"
  :input"     60";zm:print"     erste zeilennummer"
  :input"     10";sa:print"     abstand der
  zeilennummern":input"     10";ab:print"     anzahl
  der zeilen"
2 input"      300";a9:dima(a9),m%(a9),vs(a9):l=4608
  :ifpeek(64787)=56andpeek(64788)=48thenl=2048
3 h=peek(44)*256+peek(43):z=l-1:n1=1
  :print"durchgang 1     zeile :  ";
4 z=z+1:ifz>hthen15
5 t=peek(z):ift=34thengosub77
6 ift=32thenpokez,7:goto4
7 ift=139thengosub76:goto4
8 ift=167thengosub49:goto4
9 ift=137thengosub54:goto4
10 ift=141thengosub54:goto4
11 ift=0thenz=z+3:gosub87:goto4
12 ift=58thengosub84:goto4
13 ift=143thengosub79:goto4
14 goto4
15 m%(1)=1:gosub67:fort=1tovo:zn=vs(t):gosub65:next:t1=1
   :fort=1tozl:ifm%(t)=1thena(t1)=a(t):t1=t1+1
16 next:fort=t1tozl:a(t)=0:next:zl=t1-1:z=l-1:pz=l-1:z4=1
   :print:print"durchgang 3     zeile :  ";
17 z=z+1:ifz>hthen25
18 t=peek(z):ift=7then17
19 ift=34thengosub88:ift=34then17
20 ift=167thenpz=pz+1:pokepz,167:gosub44:goto17
21 ift=137thenpz=pz+1:pokepz,137:gosub36:goto17
22 ift=141thenpz=pz+1:pokepz,141:gosub36:goto17
```

```
23 ift=0thengosub57:goto17
24 pz=pz+1:pokepz,t:goto17
25 pz=pz-1:pokepz-2,0:pokepz-1,0:h=int(pz/256)
   :i=pz-int(pz/256)*256:poke828,i:poke829,h:pokel,0:print
   :print"      ";z-pz;"bytes weniger!":poke43,1:poke44,18
   :ifl=2048thenpoke44,8
26 poke45,peek(828):poke46,peek(829):clr:end
27 z=z+1:t=peek(z):ift=7then27
28 ift=44thenpz=pz+1:pokepz,44:goto27
29 ift>47andt<58thengosub31:goto27
30 z=z-1:return
31 z=z-1:zn$=""
32 z=z+1:ifpeek(z)>47andpeek(z)<58thengosub35:goto32
33 zn=val(zn$):z=z-1:fort1=1tozl:ifa(t1)<znthennext
34 zn$=str$((t1-1)*ab+sa):fort1=2tolen(zn$):pz=pz+1
   :pokepz,asc(mid$(zn$,t1,1)):next:return
35 zn$=zn$+chr$(peek(z)):return
36 z=z+1:t=peek(z):ift=7then36
37 ift>47andt<58thengosub31:gosub27:return
38 z=z-1:return
39 z=z-1:zn$=""
40 z=z+1:ifpeek(z)>47andpeek(z)<58thengosub35:goto40
41 zn=val(zn$):ifzn<=a(zl)thengosub65:goto43
42 vo=vo+1:vs(vo)=zn
43 z=z-1:return
44 z=z+1:t=peek(z):ift=7then44
45 ift=137thenpz=pz+1:pokepz,137:gosub36:return
46 ift=141thenpz=pz+1:pokepz,141:gosub36:return
47 ift>47andt<58thengosub31:return
48 z=z-1:return
49 z=z+1:t=peek(z):ift=32thenpokez,7:goto49
50 ift=137thengosub54:return
51 ift=141thengosub54:return
52 ift>47andt<58thengosub39:return
53 z=z-1:return
54 z=z+1:t=peek(z):ift=32thenpokez,7:goto54
```

```
55 ift>47andt<58thengosub39:gosub61:return
56 z=z-1:return
57 zn=peek(z+3)+peek(z+4)*256:printspc(8-len(str$(zn)))
   str$(zn);:ifz=h-1then60
58 ifa(z4)=znthen60
59 pz=pz+1:pokepz,58:z=z+4:return
60 pz=pz+1:pokepz,0:poken1,pz+1-int((pz+1)/256)*256
   :poken1+1,int((pz+1)/256):n1=pz+1:z5=(z4-1)*ab+sa
   :pokepz+3,z5-int(z5/256)*256:pokepz+4,int(z5/256)
   :pz=pz+4:z4=z4+1:z=z+4:return
61 z=z+1:t=peek(z):ift=32thenpokez,7:goto61
62 ift=44then61
63 ift>47andt<58thengosub39:gosub76:goto61
64 z=z-1:return
65 forz4=1tozl:ifa(z4)<znthennext
66 m%(z4)=1:return
67 print:print"durchgang 2   zeile : ";:z=l-1:t=0
68 z=z+1:q=peek(z):ifq=0then71
69 ifq<>7thenzc=zc+1
70 goto68
71 t=t+1:ifzz+zc>zmthenm%(t-1)=1:zz=zc:zc=0
72 zn=peek(z+3)+peek(z+4)*256:printspc(8-len(str$(zn)))
   str$(zn);:ifm%(t)=1thenzz=0:zc=0:goto74
73 zz=zz+zc:zc=0
74 ifz=h-1thenreturn
75 z=z+4:goto68
76 m%(zl+1)=1:return
77 z=z+1:t=peek(z):ift<>34andt<>0then77
78 return
79 ifpeek(z-1)=58thenpokez-1,7:pokez,7:goto82
80 ifpeek(z-1)=7andpeek(z-2)=58thenpokez-2,7:pokez,7:goto82
81 zl=zl-1:forz3=z-5toz:pokez3,7:next
82 z=z+1:ifpeek(z)<>0thenpokez,7:goto82
83 z=z+3:gosub87:return
84 ifpeek(z-5)=0andpeek(z+1)=0then86
85 return
```

```
86 zl=zl-1:forz3=z-5toz:pokez3,7:next:z=z+4:gosub87:return
87 zl=zl+1:a(zl)=peek(z)+peek(z+1)*256:print
   spc(8-len(str$(a(zl))))str$(a(zl));:z=z+1:return
88 pz=pz+1:pokepz,34
89 z=z+1:t=peek(z):ift=0ort=34thenpz=pz+1:pokepz,34:return
90 pz=pz+1:pokepz,t:goto89
```

LITERATURVERZEICHNIS:

Es soll Ihnen hier einige Literatur empfohlen werden, die Sie zur Vertiefung in das Thema 'Compiler' benutzen können.

Daß die meiste Literatur in Englisch ist, liegt an der Sache selbst.

Einen Teil der Literatur bekommen Sie in Buchhandlungen, den anderen können Sie in Bibliotheken von Universitäten einsehen.

1) Aho, Alfred V. und Ullman, Jeffrey D.
   Principles of Compiler Design
   3. Auflage 1979 Addison Wesley

2) Aho, Alfred V. und Ullman, Jeffrey D.
   The Theory of Parsing, Translation, and Compiling
   Volume I: Parsing
   1972 Prentice-Hall
   Volume II: Compiling
   1973 Prentice-Hall

3) Angerhausen-Brückmann-Englisch-Gerits
   64 - Intern
   3. Auflage 1983 Data-Becker Düsseldorf

4) Backhouse, Roland C.
   Syntax of Programming Languages
   1979 Prentice-Hall London

5) Englisch-Szczepanowski
   Das große Floppy-Buch
   2. Auflage 1984 Data-Becker Düsseldorf

6) Englisch, Lothar
   Das Maschinensprachebuch zum Commodore 64
   1984 Data-Becker Düsseldorf

7) Gries, David
   Compiler Construction for Digital Computers
   1971
   New York - London - Sydney - Toronto

8) Leventhal, Lance A. und Saville, Winthorp
   6502 Assembly Language Subroutines
   1982 Berkeley

9) Mayer, Otto
   Syntaxanalyse
   1978 Zürich

10) Peterson, James I.
    Computer organisation and assembly language programming
    1978 New York

11) Tremblay, Jean-Paul and Sorenson, Paul G.
    An Implementation Guide to Compiler Writing
    1982 Mc Graw Hill

12) Raeto West
    Programming the Pet/CBM
    1982 London

13) Waite, William M. and Goos, Gerhard
    Compiler Construction
    1984 New York

DATA BECKER'S NEUE BÜCHER UND PROGRAMME FÜR COMMODORE

Spickzettel ade.

Ein neues DATA BECKER BUCH, das den Einsatz des COMMODORE 64 in der Schule entscheidend mitprägen dürfte, wurde von Professor Voß geschrieben. Besonders für Schüler der Mittel- und Oberstufe geschrieben, enthält das Buch viele interessante Problemlösungs- und Lernprogramme, die besonders ausführlich und leicht verständlich beschrieben sind. Sie ermöglichen ein intensives und anregendes Lernen, unter anderem mit folgenden Themen: Satz des Pythagoras, quadratische Gleichungen, geometrische Reihen, Pendelbewegungen, mechanische Hebel, Molekülbildung, exponentielles Wachstum, Vokabeln lernen, unregelmäßige Verben, Zinseszinsrechnung. Ein kurzer Überblick über die Grundlagen der EDV, eine knappe Wiederholung der wichtigsten BASIC-Elemente und eine Einführung in die Grundzüge der Problemanalyse vervollständigen das Ganze. Mit diesem Buch machen die Hausaufgaben wieder Spaß!

DAS SCHULBUCH ZUM COMMODORE 64, 1984, über 300 Seiten, DM 49,–

Tempo!

MASCHINENSPRACHE FÜR FORTGESCHRITTENE ist bereits das zweite Buch von Lothar Englisch zum Thema Maschinenprogrammierung mit dem COMMODORE 64. Hier wird von der Problemanalyse bis zum Maschinensprachealgorithmus in die Grundlagen der professionellen Maschinensprachprogrammierung eingeführt. In diesem Buch finden Sie unter anderem folgende Themen behandelt: Problemlösungen in Maschinensprache, Programmierung von Interruptroutinen, Interruptquellen beim COMMODORE 64, Interrupts durch CIA's und Videocontroller, Programmierung der Ein-Ausgabe-Bausteine, die CIA's des COMMODORE 64, Timer, Echtzeituhr, parallele und serielle Ein/Ausgabe, BASIC-Erweiterungen, Programmierung eigener BASIC-Befehle und -Funktionen, Möglichkeiten zur Einbindung ins Betriebssystem sowie viele weitere Tips & Tricks zur Maschinenprogrammierung. Dieses Buch sollte jeder haben, der wirklich intensiv mit der Maschinensprache des COMMODORE 64 arbeiten will.

MASCHINENSPRACHE FÜR FORTGESCHRITTENE, 1984, ca. 200 Seiten, DM 39,–

Macht Druck.

DAS GROSSE DRUCKERBUCH für Drucker-Anwender mit COMMODORE-Computern ist endlich da! Es enthält eine riesige Sammlung von Tips & Tricks, Programmlistings und Hardwareinformationen. Rolf Brückmann und Klaus Gerits beschäftigen sich mit Sekundäradressen, Anschluß einer Schreibmaschine am Userport, Druckerschnittstellen (Centronics, V 24, IEC-Bus), hochauflösender Grafik, Text- und Grafikhardcopy, Grafik mit Standardzeichensatz, formatierter Datenausgabe, Plakatschrift, Textverarbeitung und vieles mehr. Zusätzlich wird das Betriebssystem des MPS801 zerlegt, mit Prozessorbeschreibung (8035), Blockschaltbild und einem ausführlich kommentierten ROM-Listing. Thomas Wiens schrieb den Teil über die Programmierung des Plotters VC-1520: Handhabung des Plotters, Programmierung von Sonderzeichen, Funktionendarstellung, Kuchen und Säulendiagramme, Entwurf dreidimensionaler Gegenstände. Natürlich wieder viele interessante Listings. Unentbehrlich für jeden, der einen COMMODORE 64 oder VC-20 und einen Drucker besitzt.

DAS GROSSE DRUCKERBUCH, 1984, über 300 Seiten, DM 49,–

Tausendsassa.

Fast alles, was man mit dem COMMODORE 64 machen kann, ist in diesem Buch ausführlich beschrieben. Es ist nicht nur spannend zu lesen wie ein Roman, sondern enthält neben nützlichen Programmlistings vor allem viele, viele Anwendungsmöglichkeiten des C64. Dabei wurde besonderer Wert darauf gelegt, daß das Buch auch für Laien leicht verständlich ist. Eine Auswahl aus der Themenvielfalt: Gedichte vom Computer, Einladung zur Party, Diplomarbeit – professionell gestaltet, individuelle Werbebriefe, Autokosten im Griff, Baukostenberechnung, Taschenrechner, Rezeptkartei, Lagerliste, persönliches Gesundheitsarchiv, Diätplan elektronisch, intelligentes Wörterbuch, kleine Notenschule, CAD für Handarbeit, Routenoptimierung, Schaufensterwerbung, Strategiespiele. Teilweise sind Programmlistings fertig zum Eintippen enthalten, soweit sich die „Rezepte" auf 1-2 Seiten realisieren ließen. Wenn Sie bisher nicht immer wußten, was Sie mit Ihrem 64er alles anfangen sollten, nach dem Lesen des IDEENBUCHES wissen Sie's bestimmt!

DAS IDEENBUCH ZUM COMMODORE 64, 1984, über 200 Seiten, DM 29,–

Prof. 64.

Ein faszinierendes Buch, um in die Welt der Wissenschaft einzusteigen, hat Rainer Severin geschrieben. Zunächst werden Variablentypen, Rechengenauigkeit und nützliche POKE-Adressen des COMMODORE 64 bezüglich den Anforderungen wissenschaftlicher Probleme analysiert. Verschiedene Sortieralgorithmen wie Bubble, Quick und Shell-Sort werden miteinander verglichen. Die Programmbeispiele aus der Mathematik nehmen dabei eine zentrale Stelle im Buch ein: Nullstellen nach Newton, numerische Ableitung mit dem Differenzenquotienten, lineare und nichtlineare Regression, Chi-Quadrat-Verteilung und Anpassungstest, Fourieranalyse und -synthese, Skalar-, Vektor- und Spatprodukt, ein Programmpaket zur Matrizenrechnung für Inversion, Eigenwerte und vieles weitere mehr. Programme aus der Chemie (Periodensystem), Physik, Biologie (Schadstoffe in Gewässern - Erfassung der Meßwerte), Astronomie (Planetenpositionen) und Technik (Berechnung komplexer Netzwerke, Platinenlayout am Bildschirm) und viele weitere Softwarelistings zeigen die riesigen Möglichkeiten auf, die der Computer in Wissenschaft und Technik hat.

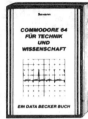

COMMODORE 64 FÜR TECHNIK UND WISSENSCHAFT, 1984, über 200 Seiten, DM 49,–

Grundkurs.

Das neue BASIC-Trainingsbuch zum C-64 ist eine ausführliche, didaktisch gut geschriebene Einführung in das CBM BASIC V2. Alle Befehle werden ausführlich erläutert. Dieses Buch geht aber über eine reine Befehlsbeschreibung hinaus, es wird eine fundierte Einführung in die Programmierung geben. Von der Problemanalyse bis zum fertigen Algorithmus lernt man das Entwerfen eines Programmes und den Entwurf von Datenflußplänen. ASCII-Code und verschiedene Zahlensysteme wie hexadezimal, binär und dezimal sind nach der Lektüre des Buches keine Fremdworte mehr. Die Programmierung von Schleifen, Sprüngen, bedingten Sprüngen lernt man leicht durch „learning by doing". So enthält das Trainingsbuch viele Aufgaben, Übungen und unzählige Beispiele. Den Schluß des Buches bildet eine Einführung ins professionelle Programmieren, in der es um mehrdimensionale Felder, Menuesteuerung und Unterprogrammtechnik geht. Endlich ein Buch, das Ihnen wirklich hilft, solide und sicher BASIC zu lernen.

BASIC TRAININGSBUCH ZUM COMMODORE 64, 1984, ca. 250 Seiten, DM 39,–

Sang und Klang!

Der COMMODORE 64 ist ein Musikgenie. DAS MUSIKBUCH hilft Ihnen, die riesigen Klangmöglichkeiten des C 64 zu nutzen. Die Themenbreite reicht von einer Einführung in die Computermusik über die Erklärung der Hardwaregrundlagen des COMMODORE 64 und die Programmierung in BASIC bis hin zur fortgeschrittenen Musikprogrammierung in Maschinensprache. Einiges aus dem Inhalt: Soundregister des COMMODORE 64, Gate-Signal, Programmierung der "ADSR"-Werte, Synchronisation und Ring-Modulation, Counterprinzip, lineare und nichtlineare Musikprogrammierung, Frequenzmodulation, Interrupts in der Musikprogrammierung und vieles mehr. Zahlreiche Beispielprogramme, komplette Songs und nützliche Routinen ergänzen den Text. Geschrieben wurde das Buch von Thomas Dachsel, dem Autor der weltbekannten Musikprogramme Synthimat und Synthesound. Erschließen Sie sich die Welt des Sounds und der Computermusik mit dem Musikbuch zum C-64!

DAS MUSIKBUCH ZUM COMMODORE 64, über 200 Seiten, DM 39,–

Nützlich.

Das Trainingsbuch zu MULTIPLAN bietet eine gute Einführung in die Grundlagen der Tabellenkalkulation. Dabei wird großer Wert auf ein möglichst schnelles Einarbeiten in die wichtigsten Befehle gelegt, so daß man bald sicher mit MULTIPLAN arbeiten kann, ob nun auf dem COMMODORE 64 oder einem anderen Rechner. Am Ende wird man in der Lage sein, den umfangreichen Befehlssatz von MULTIPLAN auch kommerziell zu nutzen. Übungen am Ende jedes Kapitels sorgen dafür, daß man das Gelernte lange behält. Grundlage des Buches sind viele Seminare, die der Autor zu MULTIPLAN konzipiert und erfolgreich durchgeführt hat.

DAS TRAININGSBUCH ZU MULTIPLAN, 1984, ca. 250 Seiten, DM 49,–

Für Tüftler.

Ein hochinteressantes Buch für Hobbyelektroniker hat Rolf Brückmann vorgelegt. Er ist ein engagierter Techniker, für den der Computer Hobby und Beruf zur gleichen Zeit ist. Vor allem aber kennt er den C-64 in- und auswendig. So werden einführend die Schnittstellen des COMMODORE 64 detailliert beschrieben und kurz die Funktionsweise der CIAs 6526 erläutert. Hauptteil des Buches sind die Beschreibungen der vielfältigen Einsatzmöglichkeiten des COMMODORE 64. Die vielen Schaltungen, von Rolf Brückmann alle selbst

entwickelt, sind jeweils umfangreich dokumentiert und leichtverständlich erklärt. Die Reihe der hier ausführlich behandelten Anwendungen mit dem COMMODORE 64 ist äußerst umfangreich: Motorsteuerung, Stoppuhr mit Lichtschranke, Lichtorgel, A/D-Wandler, Spannungsmessung, Temperaturmessung und vieles mehr. Dazu kommen noch eine Reihe kompletter Schaltungen zum Selberbauen, wie ein EPROM Programmiergerät für den C-64, eine EPROM-Karte, ein Frequenzzähler und Spracheln/ausgabe (!). Zusätzlich sind jeweils Schaltplan, Softwarelisting und zu einigen Schaltungen sogar zusätzlich Platinenlayouts vorhanden.

DER COMMODORE 64 UND DER REST DER WELT, 1984, ca. 220 Seiten, DM 49,–

Computerkünstler.

Das Grafikbuch zum COMMODORE 64 Buch aus der Bestseller-Serie von DATA BECKER stammt aus der Feder von Axel Plenge. Es geht weit über die reine Hardware-Beschreibung der Grafikeigenschaften des C-64 hinaus. Der Inhalt reicht von den Grundlagen der Grafikprogrammierung bis zum Computer Aided Design. Es ist ein Buch für alle, die mit ihrem C-64 kreativ tätig sein wollen. Themen sind z. B.: Zeichensatzprogrammierung, bewegte Sprites, High-Resolution, Multicolor-Grafik, Lightpenanwendungen, Betriebsarten des VIC, Verschieben der Bildschirmspeicher, IRQ-Handhabung, 3-Dimensionale Grafik, Projektionen, Kurven-, Balken- und Kuchendiagramme, Laufschriften, Animation, bewegte Bilder. Viele Programmlistings und Beispiele sind selbstverständlich. Das COMMODORE-BASIC V2 unterstützt die herausragenden Grafikeigenschaften des C-64 bekanntlich kaum. Hier helfen die vielen Beispielprogramme in diesem Buch weiter, die die faszinierende Welt der Computergrafik jedermann zugänglich machen. Kompetent ist der Autor dazu wie kaum ein anderer, schließlich hat er das äußerst leistungsfähige Programm SUPERGRAFIK geschrieben.

DAS GRAFIKBUCH ZUM COMMODORE 64, 1984, 295 Seiten, DM 39,–

Vielfalt.

Auf dem neuesten Stand ist VC-20 TIPS & TRICKS von Dirk Paulissen gebracht worden, der über hundert Seiten hinzufügte. Bisher schon enthalten waren Informationen über Speicheraufbau des VC-20 und die Erweiterungsmöglichkeiten, ein Grafikkapitel über programmierbare Zeichen, Laufschrift und die Supererweiterung. Stark erweitert wurde der Abschnitt über POKEs und andere nützliche Routinen. Ob es um die Programmierung der Funktionstasten, Programme die sich selber starten, „Maus"-Simulation mit dem Joystick oder die Änderung von Speicherbereichen geht, man ist immer wieder über die Fülle der Möglichkeiten erstaunt. Der Clou dieses

Buches sind aber die vielen Programmlistings. Die BASIC-Erweiterungen allein stellen schon ein erstklassiges Toolkit dar: APPEND (Anhängen von Programmen, AUTO (automatische Zeilennummerierung), BASIC-Befehle auf Tastendruck, PRINT POSITION, UNNEW, Strings größer als 88 Zeichen einlesen und vieles mehr. Die Bandbreite reicht von Spielen wie Goldgräber oder Starshooter bis zu nützlichen Programmen wie Cassetteninhaltsverzeichnis und -katalog mit automatischem Suchen nach Dateien und einem Terminkalender. Für den VC-20 Anwender ist dieser 324 Seiten-Wälzer eine wahre Fundgrube, in der es immer etwas neues zu entdecken gibt.

VC-20 TIPS & TRICKS, 3. erweiterte und überarbeitete Auflage, 1984, 324 Seiten, DM 49,–

Interessant.

Einen guten Einstieg in PASCAL bietet dieses Trainingsbuch. Es gibt eine leichtverständliche Einführung, sowohl in UCSD-PASCAL wie auch in PASCAL64, wobei allerdings EDV-und BASIC-Grundkenntnisse vorausgesetzt werden. Der Autor, Ottmar Korbmacher, ist Student der Mathematik. Ihm gelingt es, in einem sprachlich aufgelockerten Stil mit vielen interessanten Beispielprogrammen, dem Leser Programmstrukturen, Ein/Ausgabe, Arithmetik und Funktionen, Prozeduren und Rekursionen, Sets, Files und Records näherzubringen. Die Übungsaufgaben am Ende jeden Kapitels helfen dabei, das Gelernte zu vertiefen. Ein Anhang mit allen PASCAL-Schlüsselworten, der ansich schon ein umfangreiches Lexikon darstellt, macht das Buch für jeden PASCAL-Anwender interessant.

DAS TRAININGSBUCH ZU PASCAL, 1984, ca. 250 Seiten, DM 39,–

Bewährt.

Die bereits dritte Auflage von VC-20 INTERN ist wieder erheblich erweitert worden. Das Buch beschäftigt sich ausführlich mit der Technik und dem Betriebssystem des VC-20. Dazu gehört natürlich zuerst einmal ein ausführlich dokumentiertes ROM-Listing. Dazu gehört auch die Belegung der Zeropage, dem wichtigsten Speicherbereich für den 6502-Prozessor, eine übersichtliche Auflistung der Adressen aller Betriebssystemroutinen, ihrer Bedeutung und ihrer Übergabeparameter. Dies ermöglicht dem Programmierer endlich, den VC-20 von Maschinensprache aus sinnvoll einzusetzen. Denn warum Routinen, die bereits vorhanden sind, noch einmal schreiben? Weiterer Inhalt: Einführung in die Maschinensprache – Maschinensprachemonitor, Assembler, Disassembler – Verbindung von Maschinensprache- und BASIC-Programmen – Beschreibung der wichtigen IC's des VC-20 – Blockschaltbild – drei Original COMMODORE-Schaltpläne. Das Buch braucht jeder, der sich intensiv mit der Maschinenspracheprogrammierung des VC-20 auseinandersetzen möchte.

VC-20 INTERN, 3. Auflage, 1984, ca. 230 Seiten, DM 49,–

Starthilfe!

Das sollte Ihr erstes Buch zum COMMODORE 64 sein: 64 FÜR EINSTEIGER ist eine sehr leicht verständliche Einführung in Handhabung, Einsatz, Ausbaumöglichkeiten und Programmierung des COMMODORE 64, die keinerlei Vorkenntnisse voraussetzt. Sie reicht vom Anschluß des Geräts über die Erklärung der einzelnen Tasten und Funktionen sowie die Peripheriegeräte und ihre Bedienung bis zum ersten Befehl. Schritt für Schritt führt das Buch Sie in die Programmiersprache BASIC ein, wobei Sie nach und nach eine komplette Adressenverwaltung erstellen, die Sie anschließend nutzen können. Zahlreiche Abbildungen und Bildschirmfotos ergänzen den Text. Viele Anwendungsbeispiele geben nützliche Anregungen zum sinnvollen Einsatz des COMMODORE 64. Das Buch ist sowohl als Einführung wie auch als Orientierung vor dem 64er Kauf gut geeignet.

64 FÜR EINSTEIGER, 1984, ca. 200 Seiten, DM 29,-

Von A bis Z.

So etwas haben Sie gesucht: Umfassendes Nachschlagewerk zum COMMODORE 64 und seiner Programmierung. Allgemeines Computerlexikon mit Fachwissen von A–Z und Fachwörterbuch mit Übersetzungen wichtiger englischer Fachbegriffe – das DATA BECKER LEXIKON ZUM COMMODORE 64 stellt praktisch drei Bücher in einem dar. Es enthält eine unglaubliche Vielfalt an Informationen und dient so zugleich als kompetentes Nachschlagewerk und als unentbehrliches Arbeitsmittel. Viele Abbildungen und Beispiele ergänzen den Text. Ein Muß für jeden COMMODORE 64 Anwender!

DAS DATA BECKER LEXIKON ZUM COMMODORE 64, 1984, 354 Seiten, DM 49,-

Fundgrube.

64 Tips & Tricks ist eine hochinteressante Sammlung von Anregungen zur fortgeschrittenen Programmierung des COMMODORE 64, POKE's und andere nützliche Routinen, interessanten Programmen sowie interessanten Programmiertips & -tricks. Aus dem Inhalt: 3D-Graphik in BASIC – Farbige Balkengraphik – Definition eines eigenen Zeichensatzes – Tastaturbelegung und ihre Änderung – Dateneingabe mit Komfort – Simulation der Maus mit einem Joystick – BASIC für Fortgeschrittene – C-64 spricht deutsch – CP/M auf dem COMMODORE 64 – Druckeranschluß über den USER-Port – Datenübertragung von und zu anderen Rechnern – Expansion-Port – Synthesizer in Stereo – Retten einer nicht ordnungsgemäß geschlossenen Datei – Erzeugen einer BASIC-Zeile in BASIC – Kassettenpuffer als Datenspeicher – Sortieren von Stringfelder – Multitasking auf dem COMMODORE 64 – POKE's und die Zeropage – GOTO, GOSUB und RESTORE mit berechneten Zeilennummern, INSTR und STRING-Funktion – Repeat-Funktion für alle Tasten – und vieles andere mehr. Alle Maschinenprogramme mit BASIC-Ladeprogrammen. 64 Tips & Tricks ist eine echte Fundgrube für jeden COMMODORE 64 Anwender. Schon über 65000mal verkauft!

64 TIPS & TRICKS, 1984, über 300 Seiten, DM 49,-

Know-how!

350 Seiten dick ist die 4. erweiterte und überarbeitete Auflage von 64 INTERN geworden. Das bereits über 65000mal verkaufte Standardwerk bietet jetzt noch mehr Informationen. Hinzugekommen ist ein Kapitel über den IEC-Bus und viele, viele Ergänzungen, die sich im Laufe der Zeit angesammelt haben. Ebenfalls überarbeitet und noch ausführlicher ist jetzt die Dokumentation des ROM-Listings. Weitere Themen: genaue Beschreibung des Sound- und Video-Controllers mit vielen Hinweisen zur Programmierung von Sound und Grafik, der Ein/Ausgabesteuerung (CIAS), BASIC-Erweiterungen (RENEW, HARDCOPY, PRINTUSING), Hinweise zur Maschinenprogrammierung wie Nutzung der E/A-Routinen des Betriebssystems, Programmierung der Schnittstelle RS 232, ein Vergleich VC20 – C-64 – CBM zur Umsetzung von Programmen. Dies und viele weitere Informationen machen das umfangreiche Werk zu einem unentbehrlichen Arbeitsmittel für jeden, der sich ernsthaft mit Betriebssystem und Technik des C-64 auseinandersetzen will. Zum professionellen Gehalt des Buches tragen auch zwei Original-COMMODORE-Schaltpläne zum Ausklappen und zahlreiche ausführlich beschriebene und dokumentierte Fotos, Schaltbilder und Blockdiagramme bei.

64 INTERN, 4. überarbeitete und erweiterte Auflage, 1984, ca. 350 Seiten, DM 69,-

Erfolgreich.

64 für Profis zeigt, wie man erfolgreich Anwendungsprobleme in BASIC löst und verrät die Erfolgsgeheimnisse der Programmierprofis. Vom Programmentwurf über Menüsteuerung, Maskenaufbau, Parametrisierung, Datenzugriff und Druckausgabe bis hin zur guten Dokumentation wird anschaulich mit vielen Beispielen dargestellt wie Profi-Programmierung vor sich geht. Besonders stolz sind wir auf die völlig neuartige Datenzugriffsmethode QUISAM, die in diesem Buch zum ersten Mal vorgestellt wird. QUISAM erlaubt eine beliebige Datensatzlänge, die dynamisch mit der Eingabe der Daten wächst. Eine lauffertige Literaturstellenverwaltung veranschaulicht die Arbeitsweise von QUISAM. Neben diesem Programm finden Sie noch weitere Programme zur Lager- und Adressenverwaltung, Textverarbeitung und einen Reportgenerator. Alle diese Programme sind mit Variablenliste versehen und ausführlich beschrieben. Damit sind diese für Ihre Erweiterungen offen und können von Ihnen an Ihre persönlichen Bedürfnisse angepaßt werden. Steigen Sie in die Welt der Programmierprofis ein.

64 FÜR PROFIS, 2. Auflage, 1984, ca. 300 Seiten, DM 49,-

Rundum gut!

Endlich ein Buch, das Ihnen ausführlich und verständlich die Arbeit mit der Floppy VC-1541 erklärt. Das große Floppybuch ist für Anfänger, Fortgeschrittene und Profis gleichermaßen, interessant. Sein Inhalt reicht von der Programmspeicherung bis zum DOS-Zugriff, von der sequentiellen Datenspeicherung bis zum Direktzugriff, von der technischen Beschreibung bis zum ausführlich dokumentierten DOS-Listing, von den Systembefehlen bis zur detaillierten Beschreibung der Programme auf der Test-Demo-Diskette. Exakt beschriebene Beispiel- und Hilfsprogramme ergänzen dieses neue Superbuch. Aus dem Inhalt: Speichern von Programmen – Floppy-Systembefehle – Sequentielle Datenspeicherung – relative Datenspeicherung – Fehlermeldungen und ihre Ursachen – Direktzugriff – DOS-Listing der VC-1541 – BASIC-Erweiterungen und Programme – Overlaytechnik – Diskmonitor – IEC-Bus und serieller Bus – Vergleich mit den großen CBM-Floppies. Ein Muß für jeden Floppy-Anwender! Bereits über 45.000mal verkauft.

DAS GROSSE FLOPPY-BUCH, 2. überarbeitete Auflage, 1984, ca. 320 Seiten, DM 49,–

Füttern erwünscht!

Diese beliebte umfangreiche Programmsammlung hat es in sich. Über 50 Spitzenprogramme für den COMMODORE 64 aus den unterschiedlichsten Bereichen, von attraktiven Superspielen (Senso, Pengo, Master Mind, Seeschlacht, Poisson Square, Memory) über Grafik- und Soundprogramme (Fourier 64, Akustograph, Funktionsplotter) und mathematische Programme (Kurvendiskussion, Dreieck) sowie Utilities (SORT, RENUMBER, DISK INIT, MENUE) bis hin zu kompletten Anwendungsprogrammen wie „Videothek", „File Manager" und einer komfortablen Haushaltsbuchführung, in der fast professionell gebucht wird. Der Hit zu jedem Programm sind aktuelle Programmiertips und Tricks der einzelnen Autoren zum Selbermachen. Also nicht nur abtippen, sondern auch dabei lernen und wichtige Anregungen für die eigene Programmierung sammeln.

DATA BECKER'S GROSSE 64er PROGRAMMSAMMLUNG, 1984, 250 Seiten, DM 49,–

Bestseller aus bester Hand

BASIC-PLUS.

SIMON's BASIC ist ein Hit – wenn man es richtig nutzen kann. Auf über 300 Seiten erklärt Ihnen das DATA BECKER Trainingsbuch detailliert den Umgang mit den über 100 Befehlen des SIMON's BASIC. Alle Befehle werden ausführlich dargestellt, auch die, die nicht im Handbuch stehen! Natürlich zeigen wir auch die Macken des SIMON's BASIC und geben wichtige Hinweise wie man diese umgeht. Natürlich enthält das Buch viele Beispielprogramme und viele interessante Programmiertricks. Weiterer Inhalt: Einführung in das CBM-BASIC 2.0 – Programmierhilfen – Fehlerbehandlung – Programmschutz – Programmstruktur – Variablen – Zahlenbehandlung – Eingabekontrolle – Ein/Ausgabe Peripheriebefehle – Graphik – Zeichensatzerstellung – Sprites – Musik – SIMON's BASIC und die Verträglichkeit mit anderen Erweiterungen und Programmen. Dazu ein umfangreicher Anhang. Nach jedem Kapitel finden Sie Testaufgaben zum optimalen Selbststudium und zur Lernerfolgskontrolle.

DAS TRAININGSBUCH ZUM SIMON's BASIC, 2. überarbeitete Auflage, 1984, ca. 380 Seiten, DM 49,–

Schrittmacher.

Eine leicht verständliche Einführung in die Maschinenspracheprogrammierung für alle, denen das C-64 BASIC nicht mehr ausreicht. Sie lernen Aufbau und Arbeitsweise des 6510-Mikroprozessors kennen und anwenden. Dabei werden die Analogien zu BASIC Ihnen beim Verständnis helfen. Ein weiteres Kapitel beschäftigt sich mit der Eingabe von Maschinenprogrammen. Dort erfahren Sie auch alles über Monitor-Programme sowie über Assembler. Zum einfachen und komfortablen Erstellen Ihrer eigenen Maschinensprache enthält das Buch einen kompletten ASSEMBLER, damit Sie gleich von Anfang an komfortabel und effektiv programmieren können. Weiterhin finden Sie dort einen DIS-ASSEMBLER, mit dem Sie sich Ihre Maschinenprogramme oder die Routinen des BASIC-Interpreters und des BASIC-Betriebssystems ansehen können. Ein besonderer Clou ist ein in BASIC geschriebener Einzelschrittsimulator, mit dem Sie Ihre Programme schrittweise ausführen können. Dabei werden Sie nach jedem Schritt über Registerinhalte und Flags informiert und können den logischen Ablauf Ihres Programmes verfolgen. Eine unschätzbare Hilfe, besonders für den Anfänger. Als Beispielprogramm finden Sie ausführlich beschriebene Routinen zur Grafikprogrammierung und für BASIC-Erweiterungen. Natürlich sind alle Beispiele und Programme auf den C-64 zugeschnitten.

DAS MASCHINENSPRACHEBUCH ZUM COMMODORE 64, ca. 200 Seiten, DM 39,–

SYNTHIMAT

SYNTHIMAT verwandelt Ihren COMMODORE 64 in einen professionellen, polyphonen, dreistimmigen Synthesizer, der in seinen unglaublich vielen Möglichkeiten großen Systemen kaum nachsteht.

SYNTHIMAT in Stichworten:

drei Oszillatoren (VCOs) mit 7 Fußlagen und 8 Wellenformen – drei Hüllkurvengeneratoren (ADSRs) – ein Filter (VCF) mit 8 Betriebsarten und Resonanzregulierung – VCF mit Eingang für externe Signalquelle – ein Verstärker (VCA) – Ringmodulation mit allen drei VCOs – 8 softwaremäßig realisierte Oszillatoren (LFOs) – kräftiger Klang durch polyphones Spielen – zwei Manuale (Solo und Begleitung) – speichern von bis zu 256 Klangregistern – schneller Registerwechsel – speichern von 9 Registerdateien auf Diskette – „Bandaufnahme" auf Diskette durch direktes Spielen – keine lästige Noteneingabe – speichern von bis zu 9 „Bandaufnahmen" je Diskette – integrierte 24 Stunden-Echtzeituhr – einstellbares PITCH-BENDING – farblich gekennzeichnete, übersichtlich angeordnete Module – umfangreiches Handbuch – läuft mit einem Diskettenlaufwerk – Diskettenprogramm.

DM 99,–

SUPERBASE 64

Für viele ein Traum, für die meisten bisher zu teuer: die Rede ist von einer echten Datenbank für den 64er. SUPERBASE 64 füllt eine Lücke. Nicht allein die Kapazität, die verwaltet werden kann, bewegt sich in professionellen Regionen, die ausgeprägten Fähigkeiten des SUPERBASE 64 im Rechnen und Kalkulieren lassen dieses Paket beinahe als Rund-Um-Software erscheinen.

SUPERBASE 64 in Stichworten:

maximale Datensatzlänge 1108 Zeichen, verteilt auf bis zu 4 Bildschirmseiten – bis zu 127 Felder pro Datensatz, wobei Textfelder bis zu 255 Zeichen lang sein können – insgesamt 15 Einzeldateien können zu einer SUPERBASE-Datenbank verknüpft werden – Speicherkapazität nur durch Diskette begrenzt – umfangreiche Auswertungsmöglichkeiten und komfortabler Report-Generator – Kalkulationsmöglichkeiten und Rechnen – Import- (Einlesen von externen Daten) und Export- (Ausgabe von SUPERBASE Dateien als sequentielle Datei) Funktionen ermöglichen Datenaustausch mit anderen Programmen – durch leistungsfähige, eigene Datenbanksprache auch als kompletter Anwendungsgenerator verwendbar.

DM 398,–

STRUKTO 64

STRUKTO 64 ist eine fantastische neue Programmiersprache für strukturiertes Programmieren mit dem C-64 und für alle Programmierer geeignet, die den C-64 als Allround-Computer einsetzen und auf einfache Weise anspruchsvolle Programme erstellen wollen.

STRUKTO 64 in Stichworten:

Interpretersprache, die die Vorzüge von BASIC und PASCAL vereint – strukturiertes Programmieren – übersichtliche Programme – leichte Erlernbarkeit – einfache Bedienung – eingebautes Toolkit erleichtert das Eingeben und Verbessern von Programmen – leichteres Arbeiten mit der Floppy – Sprite-Editor ermöglicht das Einlesen der Sprite-Formen direkt vom Bildschirm – Graphikbedienung wird mit gut durchdachten Befehlen unterstützt – Abspielen von Musik ist unabhängig vom Programmablauf möglich – ca. 80 neue Befehle – lieferbar als Diskettenprogramm – ausführliches deutsches Handbuch.

DM 99,–

MASTER 64

MASTER 64 ist ein professionelles Programmentwicklungssystem für den C-64, das es Ihnen ermöglicht, die Programmentwicklungszeit auf einen Bruchteil der sonst üblichen Zeit zu reduzieren. MASTER 64 bietet einen Programmkomfort, den Sie nutzen sollten.

MASTER 64 in Stichworten:

70 zusätzliche Befehle – Bildschirmmaskengenerator – definieren von Bildschirmzonen – Eingabe als Zonen – formatierte Ausgabe – Abspeicherung von Bildschirminhalten – Arbeiten mit mehreren Bildschirmmasken – ISAM Dateiverwaltung, in der Datensätze über einen Zugriffsschlüssel angesprochen werden können – Datensätze bis zu 254 Zeichen – Schlüssellänge bis zu 30 Zeichen – Dateigröße nur von Diskettenkapazität abhängig – Zugriff über Schlüssel und Auswahlmasken – Bildschirm- und Druckmaskengenerator – Erstellung beliebiger Formulare und Ausgabemasken – BASIC-Erweiterungen – Toolkitfunktionen – Mehrfachgenaue Arithmetik (Rechnen mit 22 Stellen Genauigkeit).

DM 198,–

TEXTOMAT

Das Bearbeiten von Texten gehört zum wichtigsten Betätigungsfeld von Homecomputer-Anwendern. So ist es auch nicht verwunderlich, daß eine Unzahl verschiedener Textprogramme für den 64er angeboten wird. TEXTOMAT zeichnet sich dadurch aus, daß er auch vom Einsteiger sofort benutzt werden kann. Über eine Menuezeile können alle Funktionen angewählt werden. Selbstverständlich beherrscht TEXTOMAT deutsche Umlaute und Sonderzeichen.

TEXTOMAT in Stichworten:
Diskettenprogramm – durchgehend menuegesteuert – deutscher Zeichensatz auch auf COMMODORE-Druckern Rechenfunktionen für alle Grundrechenarten – 24.000 Zeichen pro Text im Speicher – beliebig lange Texte durch Verknüpfung – horizontales Scrolling für 80 Zeichen pro Zeile – läuft mit 1 oder 2 Floppies – frei programmierbare Steuerzeichen – Formularsteuerung für Randeinstellung u.s.w. – komplette Bausteinverarbeitung – Blockoperationen, Suchen und Ersetzen – Serienbriefschreibung mit DATAMAT – formatierte Ausgabe auf Bildschirm – an fast jeden Drucker anpaßbar – ausführliches deutsches Handbuch mit Übungslektionen.

DM 99,–

PAINT PIC

Malen (!) mit dem Computer, welch eine faszinierende Idee. Mit dem Malprogramm PAINT PIC für den COMMODORE 64 wird diese Idee Realität. Mit PAINT PIC ist es auch für den Einsteiger leicht, fantastische Computerbilder zu erstellen. Man kann die Bilder auf Diskette abspeichern und wieder laden und selbstverständlich steht auch weiterhin der COMMODORE-Zeichensatz zur Verfügung. Wichtig: PAINT PIC benötigt keine zusätzliche Hardware.

PAINT PIC in Stichworten:
Programmsteuerung: Tastatur – Steuerung des Stifts: Cursortasten und eckige Klammer (diag.) (Joystick kann benutzt werden) – Routinen: Linien, Rechtecke, Dreiecke, Parallelogramme, Kreise, Kreisbögen, Ellipsen, Bestimmung von Mittelpunkt, und perspektivischer Linie, Kopieren und Drehen von Teilbildern, Verdoppeln, halbieren und spiegeln von Teilbildern – Modi: Malstiftmodus (schmale Linie) Pinselmodus (8 verschiedene Breiten) (Art der Linie selbst definierbar) – Textmodus (kompl. Zeichensatz COMMODORE) (Hoch-Tiefschrift) – Speichern: Teilbilder (Blöcke) oder ganze Bilder – Menue: 1 Hauptmenue mit 8 Untermenues – mit ausführlichem deutschen Handbuch – Diskettenprogramm – Bilder kann man auf Diskette abspeichern.

DM 99,–

PROFIMAT

Wer sich tiefer in die Innereien des Computers begeben will, kommt ohne besonderes Werkzeug nicht aus. Einerseits muß der volle Einblick in alle Speicherbereiche möglich sein, andererseits soll der Umgang mit Maschinenprogrammen so komfortabel wie möglich gestaltet sein. PROFIMAT hat Lösungen für beide Probleme: Der Maschinensprache-Monitor PROFI-MON bietet alle Hilfsmittel zum Umgang mit Maschinenprogrammen; PROFI-ASS ist ein Macro-Assembler, der das Schreiben von Maschinenprogrammen fast so einfach macht wie das Programmieren in BASIC.

PROFIMAT in Stichworten:
Registerinhalte und Flags anzeigen – Speicherinhalte anzeigen – Maschinenprogramme laden, ausführen und speichern – Speicherbereiche durchsuchen, vergleichen, füllen und verschieben – echter Einzelschrittmodus – Setzen von Unterbrechungspunkten – schneller Trace-Modus – Rückkehr zu BASIC – formatfreie Eingabe – Verkettung beliebig vieler Quellprogramme – erzeugter Objektcode kann in Speicher oder auf Diskette gehen – formatiertes Assemblerlisting – ladbare Symboltabellen – redefinierbare Symbole – Operatoren – Unterstützung der Fließkommaarithmetik – bedingte Assemblierung – Assemblerschleifen – MACROS mit beliebigen Parametern.

DM 99,–

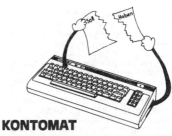

KONTOMAT

KONTOMAT ist ein menuegesteuertes Einnahme-Überschußprogramm nach §4(3) EStG mit Kassenbuch, Bankkontenüberwachung, automatischer Steuerbuchung, AFA Tabellenerstellung, Kontenblättern, Ermittlung der USt.-Voranmeldungswerte und Monats- und Jahresabrechnung. Der neue KONTOMAT ist voll parameterisiert und läßt sich damit an Ihre Bedürfnisse anpassen. Für alle Gewerbetreibenden, die nicht laut HGB zur Buchführung verpflichtet sind. KONTOMAT ist für den gewerblichen Einsatz, aber auch als Lernprogramm oder zur Haushaltsbuchführung geeignet.

KONTOMAT in Stichworten:

Diskettenprogramm – maximal 120 Konten – Beträge mit bis zu 6 Vor- und 2 Nachkommastellen – 4 Mehrwert- und Vorsteuersätze – intervallmäßige Belegeingabe – 4 Buchungsarten (SOLL, HABEN, SOLL/HABEN und HABEN/SOLL) – Anzeige der Soll- und Habensumme bei mehrfachen Buchungssätzen – komfortable Belegeingabe mit Datum, Buchungstext, Stuerkennzeichen und Betrag – Druck des Journals während der Belegeingabe – Druck von umfangreichen Kontenblättern – Druck einer Summen- und Saldenliste mit Monats- und Jahresumsatzsummen – betriebswirtschaftliche Auswertung mit Druckausgabe – Ermittlung und Druckausgabe der Umsatzsteuerzahllast – Speicherung der Anlagegüter und automatische Abschreibung am Jahresende – übersichtliche AfA-Liste – arbeitet mit 1 oder 2 Laufwerken – umfangreiches deutsches Handbuch.

DM 148,–

integrierte Lagerbuchführung mit Ausgabe einer Inventurliste – Rechnungsbeträge und Datum werden in der Kundendatei festgehalten – Druck von: Rechnung (mit Abbuchen aus Lager), Rechnung (ohne Abbuchen aus Lager), Lieferschein – deutsches detailliertes Handbuch mit Übungs- und Anwendungsteil – deutsche Bedienerführung innerhalb des Programms (z. B. „Artikel nicht vorhanden" anstelle „RECORD NOT PRESENT").

DM 148,–

FAKTUMAT

Mit FAKTUMAT ist das Schreiben von Rechnungen kein Alptraum mehr. Eine Sofortfakturierung mit integrierter Lagerbuchführung. Individuelle Anpassung von Steuersätzen, Maßeinheiten und Firmendaten. Kunden- und Artikelstamm voll pflegbar. Schneller Zugriff auf Kunden- und Artikeldaten, über freidefinierbaren, 6-stelligen Schlüssel. Automatische Fortschreibung von Artikel- und Kundendaten, individuell nutzbar. Alles in allem die Arbeits- und Zeitersparnis, die Sie sich schon immer gewünscht haben.

FAKTUMAT in Stichworten:

voll menuegesteuert – läuft mit einer oder zwei Floppies – Diskettenwechsel (eine Floppy) nur beim Wechsel vom Hauptmenue ins Unterprogramm und umgekehrt – mit Ausnahme des Ausschaltens der Floppy während der Verarbeitung werden alle Fehler abgefangen (z. B. Drucker nicht eingeschaltet – arbeitet mit 1525, 1526 (?), MPS 801, EPSON Drucker und DATA BECKER Interface – voll parameterisiert: Firmenkopf, MWSt. und Rabattsätze, Größe der Dateien beliebig wählbar – 5 Zeilen für Firmenkopf je 30 Zeichen (erste Zeile erscheint auf der Rechnung in Breitschrift – 4 Mehrwertsteuer-Sätze; während der Rechnungsschreibung können also Artikel mit unterschiedlichem Mehrwertsteuer-Satz verrechnet werden – 10 Rabattsätze (Rabattsatz 1 vorbelegt mit 0%), bei der Rechnungsschreibung kann jedem Artikel ein Rabattsatz zugewiesen werden – maximal 1900 Artikel bei 50 Kunden oder 950 Kunden bei 100 Artikel (max. Artikel = [1000-Kunden]*2; max. Kunden = [2000-Artikel]/2) – manuelle Eingabe von Artikeln und/oder Kunde während der Rechnungsschreibung – d. h. es können mehr Artikel verrechnet weden als überhaupt in die Datei passen (bei Verzicht auf Lagerbuchführung) bzw. es können Rechnungen an Kunden geschrieben werden, die nicht erfaßt wurden –

UNI-TAB

Heute schon die Bundesliga-Tabelle von morgen kennen, das geht mit UNI-TAB. Alle Rechnereien, die man ohne dieses Programm nie machen würde, lassen sich in Sekundenschnelle durchführen. Wer will, kann mit simulierten Spielergebnissen den Weltmeister '86 vorausberechnen. Aber nicht nur Fußball-Ligen können tabellarisch erfaßt werden, fast alle Sportarten sind UNI-TAB-fähig. Gag am Rande: für viele Sportarten stehen die bekannten Piktogramme zur Verfügung.

UNI-TAB in Stichworten:

Menuesteuerung über die Funktionstasten mit leicht verständlichen Auswahlmöglichkeiten – Bedienfreundlich (Mannschaften werden über Kennzahlen gesteuert) – Ligen mit 4 bis 20 Mannschaften können verwaltet werden (6 bis 38 Spieltage möglich) – unsinnige Ligen (z. B. 13 Mannschaften sollen 5 Spieltage absolvieren) sind ausgeschlossen – favorisierte Mannschaft kann während des Programmablaufs durch reverse Darstellung gekennzeichnet werden – Tabelle kann geändert werden (wichtig bei Spielanullierungen) – drei verschiedene Tabellenarten können abgespeichert und später eingelesen werden (die aktuelle Tabelle [unabhängig von der Vollständigkeit eines Spieltages], der komplette Spieltag [Vollständigkeit und Nummer des Spieltages werden automatisch errechnet], die simulierte Tabelle [der Anwender kann so selbst Schicksal spielen und seinen Tip später mit dem tatsächlichen Geschehen vergleichen]) – zwei verschiedene Arten der Saisonübersicht (die statistische Übersicht zeigt an, welchen Tabellenplatz das jeweilige Team bei Punkte- und Torverhältnis an den einzelnen Spieltagen einnahm; die graphische Übersicht zeigt die Leistungskurve jeder Mannschaft) – alle Tabellen und Graphiken sind als Hardcopy auf einem Drucker darstellbar – bei Fehlbedienung (z. B. gewünschte Druckausgabe bei nicht eingeschaltetem Drucker) erscheinen leicht verständliche deutsche Fehlermeldungen.

DM 69,–

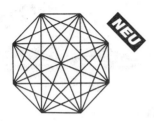

SUPERGRAFIK 64

Entdecken Sie die faszinierende Welt der Computergraphik mit SUPERGRAFIK 64, der starken Befehlserweiterung mit den vielseitigen Möglichkeiten. Durch die neue verbesserte Version jetzt noch leistungsstärker.

SUPERGRAFIK 64 in Stichworten:
2 unabhängige Graphikseiten (320 x 200 Punkte) – logische Verknüpfung der beiden Graphikseiten (AND, OR, EXOR) – 1 Standard Low-Graphik Seite (80 x 50 Punkte) – Normalfarben Graphik (300 x 200 Punkte) – Multicolor-Graphik (160 x 200 Punkte) – verdecktes Zeichnen (z. B. Text sichtbar, Graphikseite 2 wird erstellt) – Textfenster in der Graphik – 183 Befehle und Befehlskombinationen (1. Für jeden Befehl wählbare Zwischenmodi: Zeichnen, Löschen, Punktieren, Graphik-Cursor bewegen, Zeichnen mit/ohne Farbsetzung, Punkte zählen; 2. Durch einfache Befehle zu steuernde Graphikfiguren: Punkt, Linie, Linienschar, Linie vom Graphik-Cursor, Kreise, Kreisbögen, Ellipse, Ellipsenbögen, selbstdefinierbare Figuren, rotieren und vegrößern dieser Figuren, Rahmen, Feld, Text in Graphik; 3. Weitere Graphikbefehle: Graphikseiten- und Moduswechsel, Graphik löschen, Graphik invertieren, Scrolling von Text und Graphik, Wählen der Rahmen-, Hintergrund-, Zeichen- oder Punktfarbe) – Speichern, Laden von Graphik (auch verdeckt) – Kopieren des Textbildschirms in die Graphikseite – Hardcopies für EPSON, Seikosha GP100VC, Farb(!)drucker Seikosha GP700 und andere mit DATA BECKER Interface – 16! Sprites gleichzeitig auf dem Bildschirm – alle Sprite-Eigenschaften veränderbar – Positionieren und Bewegen (!) von 16 Sprites gleichzeitig und unabhängig voneinander, während das übrige Programm weiterläuft (IRQ) – Sprite-Kollisionsüberprüfung, Joystickunterstützung – automatische Unterbrechung des BASIC-Programms bei Kollisionen (Interrupt), Sprung in Unterbrechungsroutine, dann Weiterführung des Hauptprogramms – komfortable Soundprogrammierung mit Verstellung aller möglichen Sound-Parameter (Lautstärke, Klang, Filter, Tonhöhe, Tonlänge), ebenfalls unabhängig vom übrigen Programmlauf – zahlreichen Programmiertools (MERGE, RENUMBER usw.) – umfangreiche Anleitung – Diskettenprogramm.

DM 99,–

PASCAL 64

Beim Wort „Compiler" fällt dem Eingeweihten sicher der Begriff „Geschwindigkeit" ein. Ein PASCAL-Compiler sollte jedoch weitere Assoziationen wecken. Strukturiertes Programmieren heißt das Zauberwort. PASCAL wurde eigens zu didaktischen Zwecken entwickelt und erfüllt diese Aufgabe auch heute noch. Der PASCAL 64 Compiler bringt diese phantastische Programmiersprache auf den 64er. Gerade die neue, verbesserte Version unterstützt die Möglichkeiten des C-64 in jeder Hinsicht und macht leistungsfähige Programme möglich.

PASCAL 64 in Stichworten:
besitzt einen sehr umfangreichen Befehlsvorrat – erlaubt Interruptprogrammierung und bietet Schnittstellen zu Monitor und Assembler – erzeugt sehr schnelle Programme in reinem Maschinencode – unterstützt relative Dateiverwaltung, Graphik und Sound bietet die Datentypen REAL, INTEGER, CHAR und BOOLEAN sowie Aufzähltypen und POINTER, die zu Datenstrukturen RECORD, SET, ARRAY und PACKED ARRAY kombiniert werden können – erlaubt vorzeitigen Abschluß von Prozeduren mit EXIT, uneingeschränkte Rekursionen und komfortable Verarbeitung von Teilfeldern (Strings) – ist ein ausgereiftes, deutsches Produkt und wird mit ausführlichem Handbuch geliefert.

DM 99,–

DISKOMAT

Der Umgang mit Diskettenlaufwerken ist für viele noch immer mit Geheimnissen belastet. Andere stören sich an den wenig komfortablen Diskettenbefehlen der BASIC V2. DISKOMAT bringt Abhilfe; alle Diskettenbefehle des BASIC 4.0 stehen zur Verfügung. Außerdem können mit dem Programm SUPERTWIN zwei 1541-Laufwerke wie ein Doppellaufwerk verwaltet werden. Für Benutzer, die sich die Fähigkeiten der Floppy 1541 ganz erschließen wollen, steht der DISK-MONITOR bereit; er macht es endlich möglich, den direkten Zugriff auf einzelne Blocks einfach und bequem vorzunehmen.

DISKOMAT in Stichworten:
Diskettenprogramm – DISK BASIC unterstützt Diskettenbefehle des BASIC 4.0 (CONCAT, HEADER, APPEND, RENAME, OPEN, COLLECT, DSAVE, SCRATCH, DCLOSE, BACKUP, DLOAD, DIRECTORY, RECORD, COPY, CATALOG, DS & DS$) – SUPER TWIN behandelt 2 Laufwerke 1541 wie ein Doppellaufwerk – DISK-MONITOR ermöglicht direkte Analyse und Manipulation von Disketten (direktes Lesen und Schreiben einzelner Blöcke, ändern von Blöcken mittels Bildschirm-Editor, Anzeige des Diskettenstatus, direktes Absenden von Disketten-Befehlen) – ausführliches deutsches Handbuch beschreibt jeden einzelnen der 3 Programmteile.

DM 99,–

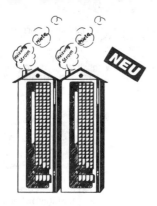

DATAMAT

Daten verwalten kann ein schier endloses Hantieren mit Karteikästen und Aktenordnern bedeuten; kann aber auch C-64 plus DATAMAT heißen. Dann wird Suchen und Sortieren zum Spaß. Der DATAMAT bietet in seiner neuen Version einiges, was in dieser Preisklasse bisher unvorstellbar schien. Nicht nur Geschwindigkeit und Bedienungsfreundlichkeit wurden weiter verbessert, auch die Anpassung an die meisten Drucker ist inzwischen machbar.

DATAMAT in Stichworten:

menuegesteuertes Diskettenprogramm, dadurch extrem einfach zu bedienen – für jede Art von Daten – völlig frei gestaltbare Eingabemaske – 50 Felder pro Datensatz – 253 Zeichen pro Datensatz – bis zu 2000 Datensätze pro Datei je nach Umfang – Schnittstelle zu TEXTOMAT – läuft mit 1 oder 2 Floppies – völlig in Maschinensprache – extrem schnell – deutscher Zeichensatz auch auf COMMODORE-Druckern – fast jeder Drucker anschließbar – ausdrucken über RS 232 – duplizieren der Datendiskette – verbesserte Benutzerführung – Hauptprogramm komplett im Speicher (kein Diskettenwechsel mehr) – integrierte Minitextverarbeitung – deutsches Handbuch mit Übungslektionen
Sie können:
jeden Datensatz in 2 – 3 Sekunden suchen – nach beliebigen Feldern selektieren – nach allen Feldern gleichzeitig sortieren – Listen in völlig freiem Format drucken – Etiketten drucken.

DM 99,–

HAUSVERWALTUNG

Jetzt können alle Hausbesitzer aufatmen: das Programm HAUSVERWALTUNG bietet ihnen eine sehr komfortable Verwaltung der Mietwohnungen mit dem COMMODORE 64.
Alles, was Sie dazu brauchen, ist ein COMMODORE 64, ein Diskettenlaufwerk 1541, ein anschlußfähiger Drucker und das obengenannte Programm HAUSVERWALTUNG. Die nachfolgenden und viele weitere leistungsfähige Features ermöglichen eine äußerst rationelle Verwaltung Ihrer Mietwohnungen.

HAUSVERWALTUNG in Stichworten:

Dikettenprogramm – Verwaltung von 50 Einheiten pro Objekt möglich – Stammdatenverwaltung für Häuser und Mieter – Verbuchen der Miete, Nebenkosten und Garagenmieten – Mietkontoanzeige – Haus- und Mieteraufstellung – Mahnungen – Verbuchen der anfallenden Kosten – Kostengegenüberstellung – Jahresendabrechnung mit automatischem Jahresübertrag – umfangreiches deutsches Handbuch.

DM 198,–

TRAININGSKURS zu ADA

Diese Programmiersprache der Zukunft, die das Pentagon in Auftrag gegeben hat, wird jetzt durch DATA BECKER auch dem C-64 Anwender zugänglich gemacht durch den TRAININGSKURS zu ADA, der eine sehr gute Einführung in diese Supersprache bietet. Der dazu gelieferte Compiler liefert ein umfangreiches Subset der Sprache.

ADA in Stichworten:

blockstrukturierte Programme – modularer Aufbau der Programme – ermöglicht die Behandlung von Ausnahmezuständen – Fehlerüberprüfung beim Übersetzen und zur Laufzeit – ermöglicht das einfache Einbinden von Maschinenprogrammen – sehr leichtes Arbeiten mit Programmbibliotheken – Programmdiskette enthält Editor, Übersetzer, Assembler und Disassembler – umfangreiches deutsches Handbuch.

DM 198,–

ZAHLUNGSVERKEHR

Umfangreicher Zahlungsverkehr kann zur Plage werden. Das Software-Paket ZAHLUNGSVERKEHR übernimmt den größten Teil dieser Arbeit. Außer den notwendigen Fähigkeiten für das Ausfüllen und Auflisten von Überweisungen und Schecks ist der ZAHLUNGSVERKEHR in der Lage, Sammellisten, Einzugslisten etc. selbständig zusammenzustellen.

ZAHLUNGSVERKEHR in Stichworten:

Diskettenprogramm – max. 100 Zahlungsempfänger pro Diskette – drei definierbare Absenderbanken – 25 Zahlungsdateien – 14 frei definierbare Formulare – Kontrolldruck bei Belegeingabe möglich – Eingabe von Rechnungsdaten oder eines Verwendungszwecks – Ausdruck einer Sammel-Überweisungsliste – Korrekturmöglichkeit der einzelnen Zahlungsdateien – arbeitet mit einer oder zwei Floppies – umfangreiches deutsches Handbuch.

DM 148,–